DE NARCISO A SÍSIFO

Blucher

DE NARCISO A SÍSIFO

Os sintomas compulsivos hoje

Organizadores

Julio Verztman

Regina Herzog

Teresa Pinheiro

De Narciso a Sísifo: os sintomas compulsivos hoje

Editora Edgard Blücher Ltda.

Série Psicanálise Contemporânea
Coordenador da série Flávio Ferraz
Publisher Edgard Blücher
Editor Eduardo Blücher
Coordenação editorial Jonatas Eliakim
Produção editorial Kedma Marques
Diagramação Thaís Pereira
Capa Laércio Flenic
Preparação de texto Samira Panini
Revisão de texto Ana Maria Fiorini
Imagem da capa Istockphoto

Blucher

Rua Pedroso Alvarenga, 1245, 4º andar
04531-934 – São Paulo – SP – Brasil
Tel.: 55 11 3078-5366
contato@blucher.com.br
www.blucher.com.br

Segundo o Novo Acordo Ortográfico, conforme 6. ed. do *Vocabulário Ortográfico da Língua Portuguesa*, Academia Brasileira de Letras, julho de 2021.

Dados Internacionais de Catalogação na Publicação (CIP)
Angélica Ilacqua CRB-8/7057

De Narciso a Sísifo: os sintomas compulsivos hoje / coordenado por Flávio Ferraz ; organizado por Julio Verztman, Regina Herzog, Teresa Pinheiro. – São Paulo: Blucher, 2023.

274 p. (Série Psicanálise Contemporânea)

Bibliografia
ISBN 978-65-5506-807-8

1. Psicanálise 2. Comportamento compulsivo I. Ferraz, Flávio II. Verztman, Julio III. Herzog, Regina IV. Pinheiro, Teresa

23-0712 CDD 150.195

Índice para catálogo sistemático:
1. Psicanálise

Agradecimentos

Nosso agradecimento a todos os participantes atendidos pelo NEPECC nas diversas pesquisas realizadas.

Nosso muito obrigado a todos os pesquisadores que cooperaram com o NEPECC ao longo dos 20 anos de nossa existência.

Nosso muito obrigado aos pesquisadores, membros do NEPECC que hoje compõem a equipe.

Agradecemos ao Instituto de Psiquiatria (IPUB) e a Pós-graduação em Teoria Psicanalítica (PPGTP/IP) ambos da Universidade Federal do Rio de Janeiro (UFRJ) pelo suporte institucional.

E também à CAPES, ao CNPq e à FAPERJ pelas bolsas e auxílios concedidos ao longo dos 20 anos de funcionamentos do NEPECC.

Somos imensamente gratos aos convidados externos presentes nos vários encontros que realizamos, em especial os convidados do ultimo encontro – Luis Cabré, Jô Gondar, Octavio de Souza e Jurandir Freire Costa – que discutiram conosco a pesquisa que trazemos nesse livro.

Conteúdo

Apresentação

Julio Verztman
Regina Herzog
Teresa Pinheiro

Este livro comemorativo dos vinte anos de existência do Núcleo de Estudos em Psicanálise e Clínica da Contemporaneidade (NEPECC), é resultado de um longo processo de elaboração e de escrita. Trata-se da apresentação, para o público em geral, do que pudemos refletir sobre uma pesquisa clínica iniciada em 2014 e encerrada com esta publicação. Sendo fiéis aos nossos compromissos com a universidade pública brasileira e com o movimento psicanalítico, trazemos o nosso testemunho sobre o desafio de insistir na escuta psicanalítica dentro de um serviço público do SUS, no âmbito de uma pesquisa. Dessa forma, o que trazemos para apreciação está visceralmente ligado a esse contexto. Nosso objetivo é, eminentemente, fazer aparecer algo de nosso laço social e de nossa clínica na voz de sujeitos que afirmam o vazio e a inutilidade da ação quando esta é tão somente a repetição escravizada de atos compulsivos. Mas procuramos algo a mais. Não pretendemos publicar uma coleção de ilustrações do que já sabemos.

A psicanálise possui grande conhecimento acumulado sobre a neurose obsessiva, categoria nosológica que tem nessa disciplina a sua origem. A correlação entre o pensar obsessivo – com sua característica intrusiva, ilógica e repetitiva – e os atos compulsivos – paradigmaticamente representados pelos rituais de anulação – foi magistralmente discutida por Freud ao longo de toda sua obra e exemplificada definitivamente pelo relato clínico do "Homem dos ratos". A característica de se tratar de uma neurose e de ter ligações cada vez mais heterogêneas com o processo de recalcamento fez a neurose obsessiva ocupar uma posição bastante singular no canteiro de obras da psicanálise. A famosa "virada dos anos 20", que trouxe para nossas teorizações uma nova dualidade pulsional e uma nova tópica, desarrumou os modos como concebíamos o sofrimento psíquico. Considerada, anteriormente, um território ou um dialeto da histeria, a neurose obsessiva, na pena de Freud, foi paulatinamente se afastando desta neurose para ser comparada com destinos subjetivos, como a melancolia. A hipótese sobre a desfusão pulsional como mecanismo regressivo *princeps* da neurose obsessiva trouxe incertezas que o tratamento do "Homem dos ratos" não entreviu. Inúmeros autores e tradições psicanalíticas já se debruçaram sobre o enigma que obsessões e compulsões colocam cotidianamente para nosso ofício. O intuito deste livro, todavia, não é colocar as diversas hipóteses conhecidas na mesa para compará-las, escolhendo aquelas que permitirão a produção de ilustrações clínicas mais condizentes com o aporte teórico escolhido.

Apesar de termos feito uma imersão suficiente nessa literatura, o fizemos a fim de encontrar brechas, problemas e assuntos não resolvidos. Precisávamos examinar se nosso material contém novos elementos ou, ainda, se, mais de um século após a publicação do relato clínico do "Homem dos ratos", o sofrimento compulsivo ainda se produz a partir das mesmas linhas de força supostas por Freud ou por seus diferentes seguidores.

Um ponto, especialmente, aguçava nossa curiosidade. A erotização do pensamento característica do sujeito obsessivo – com a consequente produção de uma teia complexa de sentidos, atingindo a caricatura de uma religião privada – ainda é pregnante na clínica atual das compulsões? Nossas investigações anteriores indicavam que sintomas compulsivos e impulsivos dos sujeitos até então atendidos não eram um modo de aplacar o sofrimento derivado da ideação de cunho obsessivo. Supusemos que a contemporaneidade trouxesse novidades na forma de apresentação sintomática do sujeito compulsivo e estas apontassem para problemas muito mais abrangentes na sua forma de subjetivação, no seu laço social e no seu vínculo transferencial. Essa foi a indagação inicial que nos fez construir um projeto de pesquisa clínica a fim de escutar sujeitos que apresentavam tal configuração. Mas nossa escuta nos ofereceu muito mais do que supúnhamos, e este livro é uma tentativa de sistematizar o que encontramos.

Assim, no primeiro capítulo traçamos o itinerário de nosso grupo de pesquisa até desembocarmos na pesquisa atual. Além de contextualizar e limitar o alcance de nossas hipóteses, com seus vieses e seus achados, percebemos que os elementos recolhidos e interpretados possuem um solo anterior de trabalho comum que precisa ser conhecido pelo leitor a fim deste formar sua própria opinião. Como foi o surgimento do grupo? De onde partimos? Como trabalhamos? Quais vêm sendo nossos objetivos? Essas e outras questões são desdobradas nesse capítulo visando produzir uma primeira imersão em nossa trajetória. Qualquer pesquisa, em nossa opinião, deve situar o leitor sobre quais valores a embasam.

No Capítulo 2 percorremos, de modo não sistemático, o universo conceitual que solidificou a noção de neurose obsessiva como categoria nevrálgica das nosologias freudiana e pós-freudiana. Procuramos, sempre que possível, discutir o impacto das recentes transformações culturais nos regimes de autonomia. Inquieta-nos se novos processos de subjetivação, que culminaram com o sofrimento compulsivo contemporâneo, encontrariam aí um ponto de ancoragem. Nos interessou, por exemplo, indagar quais foram as consequências, para as apresentações compulsivas, do deslocamento do conflito moral internalizado para uma configuração em que a noção de conflito interno é mais dificilmente concebida. Perguntamos até que ponto a hipotrofia do pensamento obsessivo clássico nas apresentações compulsivas atuais poderia ser condizente com amplos remanejamentos de nossa moralidade.

Nos Capítulos 3, 4, 5, 6 e 7 apresentamos os casos construídos a partir do atendimento clínico de nossa equipe. É importante informar ao leitor que nosso projeto foi aprovado pelo Comitê de Ética em Pesquisa (CEP), sob o número CAAE 32774314.0.0000.5263. Todos os participantes assinaram, como consequência, um termo de consentimento livre e esclarecido (TCLE). Como será detalhado no Capítulo 1, essa apresentação constituiu um esforço enorme para expressarmos fielmente nosso modo de trabalhar. Trata-se de uma escrita coletiva em cada capítulo. Dividimos a equipe em cinco grupos que se dedicaram à discussão de cada caso. Um detalhe importante: os analistas de cada sujeito atendido participaram de um grupo que escrevia sobre outro paciente. Desse modo, não é a voz em primeira pessoa do analista que sobressai nessas construções e elaborações do trabalho clínico. Levamos às últimas consequências a noção de *clínica partilhada* em nossa equipe de pesquisa, noção que será discutida em diversas partes do livro. Cada um desses capítulos foi submetido à equipe como um todo e aos analistas do caso, em um processo de validação interna.

No Capítulo 8, discutiremos o modelo de supervisão do NEPECC (Núcleo de Estudos em Psicanálise e Clínica da Contemporaneidade), dispositivo decisivo para nossos resultados. Daremos ênfase especial a aspectos pouco discutidos sobre o processo de supervisão em equipe, como as resistências particulares que esta produz, o impacto de nossas relações com a instituição em que ocorre a pesquisa, os tipos de assimetria que nossa configuração favorece e limita, a solidariedade entre o material examinado e as relações sincrônicas e diacrônicas dos membros da equipe, além de inúmeros outros aspectos.

No Capítulo 9, que encerra o livro, nos dedicamos à tarefa de realizar a discussão de certos elementos clínicos, bem como a avaliação de todo nosso material. Elegemos alguns critérios que nos permitirão perceber melhor a singularidade de cada caso a partir das diferenças com os demais. Esse capítulo é decisivo para a organização e a delimitação de nossos resultados. Será aí que, ainda estupefatos, poderemos aquilatar a heterogeneidade nosológica, sintomática, de histórias de vida, de relações de objeto, de vínculos, entre os casos pesquisados. Advogaremos pelo caráter transnosográfico do sintoma compulsivo na atualidade, mesmo que os nossos sujeitos de pesquisa tivessem apresentado o mesmo diagnóstico psiquiátrico de Transtorno Obsessivo-Compulsivo (TOC).

Para terminar, cabe dizer que apesar deste ser um livro com vários autores e autoras, ele não é uma coletânea de artigos. Cada capítulo possui uma relação orgânica com os demais, e esperamos que este formato expresse nosso modo coletivo de trabalhar. Sendo assim, a ordem de leitura importa, mesmo quando esta diz respeito à sequência de casos examinados. É com muita satisfação e sensação de dever cumprido que convidamos quem chegou até aqui a encontrar sua própria voz no exame deste material. Todos esses anos de trabalho só encontrarão seu sentido e seu endereçamento a partir de agora.

1. Da clínica à teoria: o percurso de um grupo de pesquisa em psicanálise

Teresa Pinheiro

Diane Viana

O NEPECC (Núcleo de Estudos em Psicanálise e Clínica da Contemporaneidade) nasceu como um grupo de pesquisas em 2002, a partir de um acordo entre o Programa de Pós-graduação em Teoria Psicanalítica e o Instituto de Psiquiatria, ambos da Universidade Federal do Rio de Janeiro. Ao longo desses 20 anos de existência, realizou 3 grandes projetos de pesquisa teórico-clínicas, atendeu e acompanhou longitudinalmente muitos pacientes e participou da formação de inúmeros pesquisadores.

Desde seus primeiros passos esse grupo abraçou o desafio de construir uma forma original de fazer pesquisa psicanalítica na universidade, a qual vem sendo aprimorada e consolidada como método clínico e de investigação. A cada novo projeto renovamos o compromisso com o desenvolvimento da aliança entre terapêutica, pesquisa e formação de estudantes-pesquisadores.

Premissas e modo de funcionamento da equipe

A formação desse núcleo de pesquisa se deu a partir da reunião de algumas premissas fundamentais. A primeira delas é a de que um sintoma não corresponde diretamente a um tipo específico de organização ou dinâmica psíquica. Esse fundamento é baseado na formulação de Sándor Ferenczi (1914/2011) em "O homoerotismo: nosologia da homossexualidade masculina". Nesse texto o autor, pela primeira vez na psicanálise, demonstra como o sintoma não responde a um determinado tipo de organização psíquica e pode estar presente nas mais diferentes formas de ordenação do psiquismo, se contrapondo, assim, às postulações freudianas apresentadas nos "Três ensaios sobre a teoria da sexualidade" (Freud, 1905/1996), em que a homossexualidade tinha vínculo direto com a estrutura perversa. É por esse pressuposto ferencziano que as pesquisas do NEPECC partem de estudos com pacientes que apresentam um determinado sintoma, para a partir daí investigar a problemática e os desdobramentos clínicos que orbitam em torno do mesmo. Nesse sentido, tínhamos como pressuposto que os sintomas não necessariamente mantinham uma linha direta que os unisse a uma única maneira do sujeito estar no mundo. Nos interessava mais como os acordos de sintoma poderiam atender a defesas diferentes, a modos diferentes de subjetivação.

A segunda premissa é de que o NEPECC deveria funcionar a partir da escuta de pacientes atendidos pela equipe. São as questões oriundas dessa clínica que devem orientar os seminários de estudo e a bibliografia a ser trabalhada. Desse modo, a construção do referencial teórico ao qual o grupo se debruça a cada semestre é determinada pelas questões que a clínica nos exige. Aqui é a clínica que desenha a busca teórica, e não o contrário. Dependendo da etapa da investigação, o aporte conceitual é mais delimitado e circunscrito, mas, nos momentos preliminares de indagações provenientes dos atendimentos clínicos, o recurso exploratório do campo teórico-conceitual pode ser largamente utilizado, comumente extrapolando as fronteiras da psicanálise e se estendendo para os campos da filosofia, antropologia, sociologia, história e áreas afins.

A terceira premissa repousa na existência de um dispositivo de validação externa, ou seja, de um espaço para que a pesquisa possa ser confrontada por profissionais externos ao grupo. Visando a esse aspecto, o NEPECC organizou vários encontros em que determinados colegas foram convidados a discutir alguns resultados da pesquisa e, até mesmo, impasses teóricos com os quais os membros do grupo se viram confrontados. Assim, esses encontros impediram o risco de uma produção teórica entrópica, proporcionando, muitas vezes, novas direções de trabalho. Objetivamos, com isso, evitar o fechamento em torno de nossos pressupostos, exercitar a capacidade da equipe de transmitir os achados da pesquisa a interlocutores externos que possam lançar luzes para pontos cegos ou inconsistentes, manter a equipe aberta para eventuais correções de rota ou de pontos pouco explorados. Desses debates ricos e instigantes nasceram novos projetos de pesquisa.

Ao todo realizamos até aqui sete encontros fechados da equipe com vinte participantes externos convidados, nos quais colegas brasileiros e estrangeiros contribuíram com aportes importantes aos nossos rumos teóricos e às nossas discussões clínicas. Alguns desses eventos ficaram conhecidos como os "Encontros de Itatiaia" (NEPECC, 2003, 2004, 2005, 2015), porque nos reunimos na cidade serrana de Itatiaia (RJ), como em um retiro de estudos em meio à natureza, onde o convívio distante de nossa habitual sala de reuniões, aliado a momentos agradáveis de socialização e acolhida aos colegas convidados, proporcionou uma atmosfera especial de trabalho e novos insights.

Outros encontros ocorreram na própria cidade do Rio de Janeiro, associados a instituições parceiras (NEPECC, 2009, 2011, 2012, 2018a, 2018b). Além disso, organizamos dois colóquios abertos ao público com a apresentação de trabalhos derivados de nossas pesquisas junto de professores externos convidados. Na ocasião da vinda de professores estrangeiros, como os psicanalistas Marie-Claude Lambotte (NEPECC, 2003, 2004) e René Roussillon (NEPECC, 2013), organizamos, para além de nosso encontro interno, conferências abertas.

Como quarta premissa, o NEPECC estabeleceu que deveria ser um centro de produção bibliográfica significativo e de fácil acesso a qualquer pesquisador externo. Nesse sentido, muitos artigos dos membros da equipe baseados nas pesquisas desenvolvidas, desde que autorizados pelos editores, encontram-se disponíveis no site do NEPECC.[1] Dois livros que foram produzidos com o apoio do PRODOC/CAPES e distribuídos gratuitamente no formato impresso estão também disponíveis em formato digital em nosso site: o primeiro deles, de 2012, intitulado *Sofrimentos narcísicos* (Verztman et al., 2014) e o segundo, de 2014, *De Édipo a Narciso: a clínica e seus dispositivos* (Herzog & Pacheco-Ferreira, 2014). Ambos contam com artigos de nossos membros sobre as pesquisas realizadas e, também, com textos de pesquisadores convidados, que colaboraram com as discussões de validação externa às nossas investigações.

A quinta premissa era que o NEPECC deveria ser um centro de formação de pesquisadores. Desse modo, desde a sua criação contamos com a participação de alunos de graduação – muitos com bolsa de iniciação científica – que participam de todas as atividades: seminários, supervisão e encontros. A esses é exclusivamente dedicada a realização de um grupo de estudos, o qual é

---

1 http://nepecc.psicologia.ufrj.br/

conduzido no esquema de revezamento por um colega pesquisador mais experiente. A entrada de novos alunos de graduação e iniciação científica é sempre ensejada, oportunizando a atividade de pesquisa aos jovens estudantes e, ao mesmo tempo, garantindo à equipe um novo ciclo de renovação.

Já passaram pelo NEPECC 26 alunos de graduação, a maior parte com bolsa do Programa Institucional de Bolsas de Iniciação Científica (PIBIC), sendo que: 19 destes seguiram para a realização de uma pós-graduação; 25 mestres e mestrandos; 19 doutores e doutorandos, sendo que 15 destes se tornaram professores; 8 doutores; e 5 pesquisadores médicos ou psicólogos.

Atualmente a equipe é composta de 3 coordenadores, 2 pós-doutores, 3 doutores, 4 doutorandos, 2 mestres, 4 mestrandos, 3 psicólogas e 6 alunos de graduação em iniciação científica. Diversos níveis de formação profissional são reunidos em nosso grupo, e esta heterogeneidade proporciona a articulação entre o fazer pesquisa e o compromisso com a formação teórico-clínica de nossos pesquisadores.

Vale dizer que as pesquisas individuais de iniciação científica, mestrado e doutorado guardam em relação às pesquisas do NEPECC sempre alguma articulação, de modo que as investigações se retroalimentam. Esse núcleo de pesquisa funciona como uma espécie de "guarda-chuva" de inúmeros projetos de seus colaboradores. Esse funcionamento em rede se dá não apenas no entrelaçamento das pesquisas, mas principalmente na forma deste grupo *fazer pesquisa*. Poderíamos dizer que essa é a marca registrada do NEPECC. Expliquemos melhor as tramas dessa rede.

Desde sua fundação, todos os integrantes se reúnem semanalmente em encontros de duas horas. A agenda de trabalho é dividida entre seminários teóricos, supervisões dos casos atendidos e discussões clínicas. Em momentos de conclusão de pesquisa essa agenda também inclui a preparação de material para publicação de resultados (artigos, livros, colóquios).

Concomitantemente aos estudos teóricos, alguns pesquisadores do grupo se dedicam também aos atendimentos dos pacientes da pesquisa em curso. Cada analista-pesquisador fica responsável por um caso clínico e se compromete por pelo menos dois anos à frente da condução do tratamento.

A supervisão dos casos é realizada em média na periodicidade bimestral pelos três coordenadores em reunião de equipe com todo o grupo presente, que acompanha de perto o caminho terapêutico de cada paciente da pesquisa. É importante ressaltar que, embora os atendimentos sejam individuais e conduzidos por um determinado analista do grupo, os pacientes são *da pesquisa* e não *do colega* em questão. Uma série de razões nos levaram, assim, a nomear nosso método de trabalho de "clínica partilhada":[2] um projeto teórico-clínico gestado em modo de partilha em equipe; supervisões em grupo; construção coletiva no modo de conceber a prática e o próprio enquadre clínico; discussão sobre efeitos transferenciais diversos, dada a especificidade da inserção "partilhada" do paciente, que é, ao mesmo tempo, paciente de outros serviços (nossas fontes de encaminhamento), do NEPECC e do analista que o atende; análise dos desdobramentos dessa especificidade de trabalho sobre os casos atendidos, sobre a prática dos analistas, sobre os efeitos que os casos geram na equipe e vice-versa.[3]

No decorrer das investigações é comum que o cronograma da ementa teórica que orienta nosso estudo seja alterado para receber inclusões bibliográficas decorrentes de questões advindas das

---

2 Sobre nossa metodologia de pesquisa e a noção de clínica partilhada, consultar: Verztman, Pinheiro, Saceanu & Viana (2006); Verztman (2013); Verztman & Viana (2014).

3 Para um maior detalhamento de cada um desses tópicos, consultar: Verztman, J. & Viana (2014).

supervisões clínicas partilhadas, bem como a supervisão de um caso não raro lança luz sobre outro da mesma pesquisa.

Breve histórico das pesquisas realizadas

O estudo acerca das novas subjetividades – tanto no que se refere às suas condições históricas de emergência quanto à forma como elas comparecem na clínica – foi desde o princípio o campo de interesse para o qual o NEPECC dirigiu seus esforços de pesquisa. A forma como o grupo situou seu recorte de investigação na vastidão desse território clínico-conceitual se deu a partir da explicitação de um modelo narcísico-melancólico, para a partir e por meio dele pensar as dinâmicas psíquicas envolvidas em determinados casos paradigmáticos, do que se convencionou chamar como a clínica da atualidade. Podemos dizer que essa tem sido uma ferramenta de leitura fundamental que perpassa as três grandes pesquisas realizadas até o presente momento pelo grupo.

A proposição de um estudo a partir da metapsicologia da melancolia e do modelo do narcisismo (Pinheiro, 1999, 2002) se constituiu pelo entendimento de que os balizadores teóricos e clínicos que sustentam o modelo das psiconeuroses não mais serviam para dar conta das manifestações subjetivas e psicopatológicas da contemporaneidade. Foi preciso focalizar o modelo narcísico, em contraposição ao modelo histérico, para nos aproximarmos técnica e teoricamente dos casos que desafiavam o dispositivo analítico freudiano da tríade associação livre – escuta flutuante – interpretação.

No extenso rol dos quadros clínicos ou sofrimentos psíquicos denominados por uma diversidade de nomeações, advindas desde a primeira geração de pós-freudianos até as recentíssimas designações psicopatológicas, entre eles os "pacientes difíceis", os "casos-limites", as "personalidades narcísicas", os "somatizadores" etc., a tônica depressiva era comumente observada nesta pluralidade de configurações.

Assim como a clínica, os estudos socioculturais que embasavam nossa leitura histórica das formas contemporâneas de sofrimento apontavam para a consideração da depressão como o sintoma cultural de nossa época. A narrativa desse sofrimento orbitava em torno de um corpo poliqueixoso ou de um transtorno com a autoimagem; de uma relação de "achatamento" da temporalidade, com imensa dificuldade de se projetar no futuro; construção fantasmática mais próxima de uma cena parada (Pinheiro, 1999, 2002), rareamento de sonhos e atos falhos, pouca presença da dimensão do sexual em contraposição a uma acentuada angústia *de* e *sobre* existir.

Foi assim que a retomada do modelo melancólico em Freud passou a ganhar relevo como ponto de partida da formação desse grupo de pesquisa, ao lado do arcabouço teórico-clínico ferencziano, e estudos posteriores em torno dessa temática, como o trabalho de Abraham e Torok (1995), de Julia Kristeva (2002) e as pesquisas em torno da melancolia de Marie-Claude Lambotte (1997, 2000). A metapsicologia da melancolia ganhou, então, um relevo importante para a análise dos casos que se aproximavam pela semelhança na sintomatologia mencionada no trecho anterior, ainda que apresentassem uma gama múltipla e diversa de configurações subjetivas.

Feito esse breve histórico da referência teórico-conceitual, cabe agora uma pequena retomada do que foi o pontapé inicial da primeira pesquisa clínica realizada pelo grupo alguns anos depois. Em 1998, ainda antes da constituição do NEPECC, a convite do Centro de Pesquisa em Psicanálise e Linguagem (CPPL) em Recife, Teresa Pinheiro realizou uma apresentação aos colegas pernambucanos sobre sua pesquisa acerca da melancolia e as novas subjetividades. A equipe da Dra. Gilda Kelner, então presente, identificou semelhanças entre as descrições da melancolia e o histórico de pacientes portadoras de Lúpus Eritematoso Sistêmico (LES) atendidas em hospitais gerais de Recife. Ficaram evidenciadas a partir dessa interlocução as funções que o corpo e a doença somática podem desempenhar em determinadas configurações subjetivas.

Tais dados preliminares conduziram à hipótese de que as pacientes lúpicas apresentavam características em comum com o modelo narcísico que vinha sendo pesquisado, cujo principal paradigma seria a melancolia.

Desse modo, o projeto de pesquisa que deu início às atividades do grupo se intitulou "Patologias narcísicas e doenças auto-imunes: estudo clínico comparativo sob a ótica da psicanálise". Esse estudo teve como objetivo analisar a aproximação entre nossas propostas teórico-clínicas acerca da melancolia e das patologias narcísicas e a história de alguns pacientes portadores de LES.

Recebemos em tratamento psicanalítico pela nossa equipe 11 pacientes[4] divididas em duas subamostras, uma constituída por pacientes com diagnóstico de LES encaminhadas pelo serviço de colagenoses do Hospital Universitário Clementino Fraga Filho (UFRJ) e outra por pacientes com história de pelo menos 2 episódios depressivos (consideradas melancólicas pela equipe), encaminhadas pelo ambulatório do Instituto de Psiquiatria da UFRJ.

As análises do material clínico da pesquisa se deram em torno de três balizadores,[5] quais sejam: (1) a relação com o tempo; (2) a

4 Dada a incidência do LES ter prevalência em pessoas do sexo feminino, esta pesquisa recebeu exclusivamente pacientes mulheres.

5 O leitor pode ter acesso às análises completas dessa pesquisa consultando: Pinheiro & Verztman (2003); Pinheiro, Verztman, Venturi et al. (2006); Pinheiro, Verztman & Barbosa (2006); Verztman et al. (2007).

relação com o corpo (imagem de si e olhar do outro); e (3) a narrativa e transferência (lugar do analista). Essa pesquisa, iniciada em 2002, teve duração de quatro anos, embora os atendimentos a alguns de seus pacientes tenham se estendido para além disso.

Guardadas as devidas diferenças entre os casos estudados, podemos dizer que alguns aspectos dessa clínica (Verztman & Pinheiro, 2012) se destacaram. O corpo como protagonista principal do sofrimento, apontando para acidentes narcísicos importantes, cujas consequências recaíram sobre uma constituição vacilante da unidade corporal e da área da certeza de si (Ferenczi, 1913/2011; Pinheiro & Viana, 2011). A vivência da dimensão corporal marcada pela dor e pela doença foi, para muitas dessas pacientes, o único território possível para atestar a sua existência como sujeito. Sua experiência temporal indicava uma hipertrofia do presente, com grandes lacunas da história pessoal pregressa e muita dificuldade de se representar no futuro. A narrativa predominantemente empregada tinha uma característica imagética, unívoca e sem polissemia, muito próxima da objetividade. A nomeação de sentimentos e atributos não comparecia em seus discursos, revelando uma sensação permanente de exterioridade de si e do mundo. O modelo transferencial era menos aquele pautado na clássica acepção da neurose de transferência freudiana e mais um solo quiçá passível de construção de si mesmo a partir da convocação do olhar do analista.

A questão do olhar adquiriu nuances importantes nessa pesquisa. Retomamos brevemente aqui duas delas. Percebemos a recorrência nas pacientes pesquisadas da sensação de transparência, como se seus pensamentos, sentimentos e todo seu mundo interno fossem transparentes ao olhar do outro. Isso se coaduna com a constatação da ausência da dimensão de segredo na vida desses sujeitos, indicando para um processo de exteriorização subjetiva bastante pregnante nesses casos. *Quem sabe de mim é o outro*, poderíamos pensar como uma formulação representativa dessa realidade psíquica.

Algumas vinhetas extraídas dessa clínica são bem ilustrativas: "vim aqui pra você falar de mim", diz uma paciente endereçando à analista um pedido de atribuição de qualificações e sentidos, ao mesmo tempo uma suposição de que a mesma pudesse dela tudo saber. Outra paciente que acabara de iniciar o tratamento diz: "Como a senhora *sabe*, doutora, eu não sou de me encostar em ninguém"; ou, ainda, uma terceira relata: "como a senhora pode *ver*, eu sou assim... deprimida. Tenho dificuldades de me relacionar com as pessoas". Como se num relance a analista pudesse *saber*, *ver*, *falar sobre* a paciente que se apresenta, e até mesmo constatar "a verdade" absolutamente evidente que dela emana, tão transparente e cristalina quanto vidro e água, como fica evidente no exemplo a seguir.

A paciente chega na sessão, senta-se à frente de sua analista e pergunta: "A senhora está notando alguma coisa?". Diante da dificuldade da analista de "notar alguma coisa" a paciente, decepcionada, levanta a manga de sua camisa e mostra o pulso até então coberto pela roupa, dizendo: "perdi meu relógio". Consideramos essa "cena analítica" muito ilustrativa da sensação de transparência psíquica e externalidade subjetiva que encontramos nesta pesquisa.

A outra nuance importante de retomar aqui, ao lado dessa noção de transparência psíquica, é a requisição do olhar do outro com função atributiva. Essas pacientes, além de serem elas mesmas espectadoras da própria vida, colocam o analista na posição de observadores. Seja por intermédio de um discurso imagético-parnasiano (Pinheiro & Martins, 2001), seja também por essa convocação de serem olhados e cuidados. A esse respeito discutimos, em diversos outros trabalhos (Pinheiro, 2003, 2014; Pinheiro & Viana, 2011; Verztman & Pinheiro, 2012), a função do analista como testemunha de uma construção narcísica, podendo, assim, funcionar como polo de apropriação de sentidos para o paciente.

Muitos anos dedicados ao estudo da melancolia e a casos como esses que acabamos de mencionar nos levaram à problemática da culpa e da vergonha. Em um dos encontros do NEPECC com a psicanalista Marie-Claude Lambotte, na discussão clínica sobre casos, esta levantou a questão da vergonha. A discussão aparece a partir da afirmativa de Freud (1917/1996) de que os melancólicos não tinham vergonha das autoacusações que proferiam contra si próprios. Lambotte nos lança a questão: a vergonha comparece no discurso do sofrimento desses pacientes deprimidos que estávamos apresentando ou não?

Alguns pacientes narcísico-melancólicos que atendíamos não eram alheios à questão da vergonha, mesmo que apresentassem a mesma configuração que a melancolia clássica descrita por Lambotte. Surgiu nesse momento a dúvida de como a vergonha se manifestava nos casos atendidos nessa primeira pesquisa, incluindo as pacientes por nós consideradas como francamente melancólicas. As pacientes lúpicas principalmente traziam muitas vezes a questão da vergonha como um sentimento muito sofrido. Essa indagação trazida no Encontro de Itatiaia (NEPECC, 2004) por Lambotte nos levou a separar em dois grupos os pacientes que apresentavam a queixa da vergonha e os que não apresentavam, e a procurar também se existiriam outros sintomas diferenciais entre eles.

Essa indagação inaugurou um novo direcionamento de pesquisa para nós. As questões acerca da transparência e da exteriorização das subjetividades, que já eram um dos pontos centrais de nossos achados clínicos, ganharam, assim, uma nova inflexão na articulação com a noção de vergonha e todas as suas derivações que se seguiram a partir desse estudo.

A célebre assertiva freudiana (Freud, 1917/1996) de que o melancólico é capaz de afirmar as piores coisas de si próprio sem sentir vergonha não parecia se confirmar em casos de depressão não melancólica. Enquanto para os melancólicos o sofrimento central orbita em torno da culpa e das acusações superegoicas, para os pacientes gravemente deprimidos da atualidade a vergonha aparecia como queixa central em sua narrativa. Nossa hipótese se organizou, então, em torno da vergonha como um conceito analisador das diferenças entre algumas formas de depressão, e a melancolia.

Tínhamos clareza da ausência de vergonha nos quadros tipicamente melancólicos que atendíamos, e da presença de um projeto de alcançar a absoluta transparência perante o mundo. Contudo, além desse marcador diferencial importante, entendemos, a partir da clínica de nossas pesquisas, que a vergonha também comparecia como um índice de sofrimento narcísico em outras organizações subjetivas da contemporaneidade. Para essas outras configurações psíquicas, qual seria o lugar que a vergonha ocupava? E que outras relações possíveis poderíamos encontrar entre a vergonha e a ideia de transparência?

Foi assim que nasceu o segundo projeto de pesquisa do NEPECC, intitulado "Tratamento psicanalítico da fobia social" e voltado para atender sintomas relacionados com o sentimento de vergonha. Com início em 2007, recebemos nesse projeto 11 pacientes em tratamento, vindos já com o diagnóstico psiquiátrico de fobia social ou encaminhados com a autodesignação de pessoas tímidas. Dessa vez o estudo comparativo foi estabelecido entre timidez e fobia social, tendo como contraste a ausência de vergonha na melancolia.

Adentramos nessa temática explorando estudos de autores pós-freudianos de correntes heterogêneas (Avrane, 2007; Ciccone & Ferrant, 2009; Green, 2003; Miller, 2003; Tisseron,

1992; Zygouris, 1995) e ampliamos nosso escopo de leitura incluindo uma recorrida a estudos de historiadores, sociólogos e filósofos (Benedict, 1946/1989; Debord, 1997; Dodds, 1988; Ehrenberg, 1998; Gaulejac, 1996; Giddens, 2002; Sennett, 2004; Williams, 1997). Encontramos uma farta bibliografia nessas áreas vizinhas de saber e chegamos à análise de importantes discussões sobre, por exemplo, o que seriam as culturas da culpa e as culturas da vergonha (Benedict, 1946/1989; Verztman, 2005; Williams, 1997). Esses estudos nos orientaram historicamente para pensar os balizadores da constituição da subjetividade na atualidade e de alguns de seus modos de padecimento psíquico centrados na experiência da vergonha, ao contrário daqueles centrados na culpa e dívida neurótica da modernidade.[6]

Insígnias culturais contemporâneas, como o estímulo à superexposição da intimidade (Giddens, 2002), a necessidade permanente de exposição da autoimagem e atuações performáticas de autodesempenho vinculados a uma cultura do espetáculo (Debord, 1997), são apenas alguns dos fatores implicados em uma profunda transformação das sociedades ocidentais que engendrou a produção do sujeito envergonhado, acometido de constante sentimento de insuficiência e inadequação (Ehrenberg, 1998; Verztman, 2005).

A dissociação entre vergonha e honra[7] na contemporaneidade insere a conduta vergonhosa muito mais ao lado do déficit e da insuficiência pessoal ante expectativas ideais de desempenho do que como um sentimento moral de desonra. Daí a presença de um

6 Como consequência dessa investigação nos debruçamos também sobre o tema da reparação e suas possibilidades no âmbito da experiência analítica. Chegamos, a partir dessa reflexão, ao estudo de referências da filosofia e da psicanálise acerca da noção de perdão e suas vicissitudes correlacionadas à culpa e à vergonha. Para mais esclarecimentos, consultar: Verztman (2012).

7 Sobre a articulação entre vergonha e honra, ver: Benedict (1946/1989) e Williams (1997).

componente narcísico ressaltado na experiência vergonhosa dos sujeitos na atualidade. O surgimento do diagnóstico psiquiátrico de fobia social e a alta prevalência dessa doença nas sociedades atuais apontam para a transformação da vergonha em sintoma (Pinheiro, Verztman, Venturi & Barbosa, 2006).

A pesquisa teórico-conceitual e o início dos atendimentos a esses sujeitos levaram-nos à formulação da hipótese de que a experiência da vergonha se expressava em duas vertentes: a vergonha vivida como embaraço e a vergonha vivida como humilhação[8] (Verztman, 2014). A primeira tem na ideia de embaraço um sinal de alarme contra o perigo de sentir vergonha, com uma função antecipatória protetiva. Chegamos a supor que nesses casos haveria uma "hipertrofia do embaraço" (Verztman, 2014), dada a intensidade com que o sistema de alarme se ativa contra a possibilidade de viver uma situação de exposição ao olhar supostamente crítico e depreciativo do outro. Uma das pacientes relatava não gostar de andar de ônibus, pois ao sentar sentia-se imediatamente exposta como em uma vitrine que seria vista por todos do lado de fora. Sua fantasia persecutória era de que protagonizaria uma cena ridícula, o que causava enorme angústia que acompanhava seus permanentes esforços para não chamar a atenção. Outra paciente sofria terrivelmente se tivesse que comer fora de casa, gerando um sentimento excessivo de exposição e o consequente medo de rejeição. Atividades banais, como andar de transporte coletivo e se alimentar em ambientes públicos, eram suficientes para desencadear um profundo sentimento de transparência ao olhar do outro, seguido de ansiedade e medo.

A segunda – vergonha como humilhação – comporta a presença de uma experiência real de rebaixamento, de se sentir humilhado pelo outro ou por seus próprios ideais. Um de nossos

---

8 Para a distinção entre embaraço e humilhação consultar: De la Taille (2002).

pacientes – gravemente fóbico e deprimido – foi alvo de intensa rejeição e segregação na infância pelo fato de ter problema de visão e usar óculos. Ao contrário do sujeito embaraçado, esse que foi alvo de humilhação por uma característica que corresponde à sua imagem não organiza a mesma defesa antecipatória diante da ameaça de sentir vergonha, ele sofre pela *vergonha de ser* (Ciccone & Ferrant, 2009). Extremamente retraído, restou-lhe como recurso para lidar com a alteridade potencialmente agressora o lema: "desconfiar para não se decepcionar". Aqui a vergonha é menos uma projeção narcísica desvalorizada no olhar do outro, como nos primeiros exemplos, e mais a confirmação de uma desqualificação vivida como vergonha *de* e *por* existir.

O acidente narcísico em questão para muitos pacientes tímidos atendidos pela pesquisa desencadeou profunda vergonha de si mesmo, ao contrário dos sujeitos melancólicos da pesquisa anterior. Enquanto estes almejavam a transparência no sentido de serem percebidos e reconhecidos pelo outro (e pelo olhar do analista, como nos exemplos mencionados), o tímido padece do temor do que o outro pode ver nele, além de se considerar permanentemente exposto e atravessado por esse que tudo pode ver, como num "tribunal do olhar" (Avrane, 2007).

O desenvolvimento da análise do material clínico dessa segunda pesquisa se deu por intermédio de três balizadores:[9] (1) a relação com o outro; (2) a questão do olhar; e (3) a relação com o ato.

Observamos a presença da vergonha como humilhação em casos que apresentavam gravidade, como pacientes severamente deprimidos ou fronteiriços. Já a vergonha como embaraço compareceu na

9 O leitor pode ter acesso às análises completas dessa pesquisa, consultando: Verztman (2005, 2014); Pinheiro, Verztman, Venturi, & Barbosa (2006); Verztman, Herzog, Pinheiro & Pacheco-Ferreira (2012); Andrade, Ferreira & Verztman (2013).

queixa de pacientes com perfil mais histérico ou quadros de neurose obsessiva com traços histéricos. Constatamos, a partir dessa clínica da vergonha, que mesmo quando encontrávamos a presença de ordenações neuróticas nos sujeitos pesquisados, o caráter narcísico do sofrimento sobressaía. Consideramos essa uma marca inequívoca da contemporaneidade. O modelo das neuroses – pautado no conflito, no recalque e no sintoma como formação de compromisso – construído como corpo teórico da psicanálise por Freud hoje encontra uma faceta diferente. Aspectos narcísicos ganham relevo na clínica atual, no escopo da neurose, mas também para além delas em casos-limites, falso-*self* e tipos graves de depressão e demandam uma contínua discussão acerca de seus desdobramentos sobre o dispositivo clínico, a técnica e o manejo (Andrade, Mello & Herzog, 2012; Ferreira, Mello & Verztman, 2013; Herzog & Pacheco-Ferreira, 2012; Pacheco-Ferreira & Herzog, 2014).

A intercessão entre a segunda e a terceira de nossas pesquisas se deu a partir do reconhecimento da presença de atos compulsivos e impulsivos em alguns casos de fobia social, os quais nos levaram a um estudo mais aprofundado desta temática. Uma das pacientes atendidas, cuja queixa principal era o sentimento de vergonha nas relações sociais e insegurança para vivenciar situações cotidianas em que se sentisse exposta ao olhar do outro, apresentou, ao longo de seu tratamento, atos autoagressivos. Cortar a pele e arrancar os cílios surgiram como sintomas compulsivos, com caráter de automutilação, desempenhando um papel defensivo ante à ligação fusional com o objeto materno. O corte, corporalmente marcado, indicava uma tentativa de ruptura com a figura invasiva da mãe e um esboço de diferenciação de seu universo psíquico, delimitando uma mínima unidade narcísica para seu eu. A análise do aspecto compulsivo nesse caso passou pela interpretação de que tais autoagressões representavam a única forma, ainda que precária, da paciente encontrar um modo de se separar e escapar de uma identificação mortífera à relação de submissão materna (Andrade & Herzog, 2014).

Assim como esse, outros casos atendidos manifestavam uma necessidade de reasseguramento narcísico implicada no arranjo sintomático compulsivo, com presença recorrente do recurso à corporeidade como tentativa de delimitação de um espaço de singularização.

Tais pacientes não pareciam obedecer à lógica da neurose obsessiva nem àquela das neuroses traumáticas. Deparamo-nos com a questão: como poderíamos analisar a compulsão nesses casos? Com que grade de leitura nos aproximaríamos dela? A centralidade do conflito psíquico na sexualidade não comparecia na montagem defensiva do sintoma. Também não podíamos satisfatoriamente explicá-la pelo trauma envolvido na segunda tópica freudiana, embora aspectos típicos da compulsão à repetição se fizessem presentes.

Desse modo, o vasto campo clínico-conceitual da compulsão – e de seus correlatos: impulsividade, ato e angústia – passou a ter para nossa pesquisa um importante relevo. Percebíamos que em torno desses conceitos orbitavam múltiplas configurações psíquicas, e nossa interrogação foi, sobretudo, acerca da função do sintoma compulsivo para cada um dos sujeitos atendidos.

Consideramos importante empreender uma revisão abrangente na neurose obsessiva em Freud e em autores que se dedicaram a esse tema. Incluímos também em nossos estudos a leitura de Ferenczi (1921/2011) para a compulsão apresentada em 1921 em suas reflexões sobre os tiques. Posteriormente, mergulhamos na vasta pesquisa teórico-clínica produzida por Pierre-Henri Castel (2012a, 2012b) sobre a temática do ato, obsessão e compulsão articulada a uma análise histórico-contextual da sociedade atual.

Em 2014 iniciou-se, assim, o projeto denominado "Estudo psicanalítico das compulsões em pacientes com diagnóstico psiquiátrico de Transtorno Obsessivo-Compulsivo (TOC) e patologias afins: uma pesquisa exploratória". Estabelecemos como critério de exclusão pacientes com compulsão relacionada à dependência de substâncias psicoativas ou transtornos alimentares. Recebemos 7 pacientes, 5 entraram em tratamento, sendo que 4 dos pacientes ainda permanecem em atendimento.

A hipótese central foi a de que a repetição compulsiva do ato estava intimamente ligada a necessidades de ordem narcísica, envolvendo a área da certeza de si (Ferenczi, 1913/2011), e de que o conflito psíquico e a sexualidade não compareciam de forma central nesses casos. Nesse sentido, tal compulsão parecia guardar uma diferença substancial em relação ao sintoma descrito pela neurose obsessiva. O desdobramento das discussões acerca dessas diferenças e do percurso teórico que percorremos em torno do tema será apresentado no capítulo a seguir.

O que podemos antecipar acerca dessa terceira pesquisa – e que o leitor poderá acompanhar ao longo do livro – é que, uma vez mais, nossas investigações clínicas nos levaram à vertente narcísica do sintoma. Depressão e melancolia, vergonha e fobia social, patologias da ação e compulsões, universos psicopatológicos distintos e uma variação significativa de configurações subjetivas. Um único e importante aspecto se manteve presente no atravessamento das três pesquisas: a tônica narcísica do sofrimento e do arranjo sintomático.

Metodologia de trabalho da análise dos dados

Após 5 anos de estudo teórico sobre o tema, supervisões e discussões aprofundadas em equipe, iniciamos a análise sistemática dos dados clínicos em 2019. Descreveremos a seguir a metodologia de trabalho que empregamos para a construção dos artigos que compõem este livro, os quais representam um novo esforço do NEPECC para tratar e produzir seus resultados de pesquisa.

A equipe foi dividida em subgrupos, os quais foram cuidadosamente compostos por membros de diversos níveis de formação, de modo que cada célula de trabalho mantivesse a diversidade de olhar e de escuta que compõe o grande grupo. Cada subgrupo ficou responsável pela produção de um artigo referente a um caso clínico da pesquisa. Vale ressaltar – e essa informação é de suma importância – que o analista à frente do caso em questão não esteve incluído no subgrupo que trabalhou o caso por ele atendido. Isso se deu por algumas razões: propiciar a experiência da clínica partilhada e sustentar com isso que o paciente é *da pesquisa* e não do analista que fica à frente de seu atendimento, proporcionar o efeito do grupo sobre a análise do caso e produzir uma certa distância do caso em relação ao seu analista. Objetivamos, com isso, criar dentro do próprio grupo de pesquisa um olhar "de fora". Esse modo de trabalhar permitiu que um novo enfoque fosse lançado às análises dos casos, os subgrupos viram e "ouviram" dados clínicos que escaparam aos analistas dos casos em questão e proporcionaram novas inflexões e insights.

Por 2 anos (2019-2021), em paralelo às reuniões semanais da equipe, os subgrupos montaram sua agenda própria de trabalho, e aproximadamente a cada 2 ou 3 meses submetiam a toda equipe suas hipóteses para discussão. Cada subgrupo trabalhou a seu modo, mas todos tinham em comum os seguintes procedimentos: consulta aos relatos de sessão do analista, entrevistas com o analista do caso, construção de fundamentação teórica para as questões clínicas evidenciadas, discussões em equipe, primeira montagem da escrita, apresentação ao grande grupo para nova discussão, etapa final da escrita.

Os principais balizadores de análise sobre os quais se debruçaram os grupos de trabalho foram: (1) papel do sintoma; (2) funcionamento do eu; (3) relação de objeto; (4) transferência e contratransferência; (5) formas de intervenção/manejo clínico; e (6) posição do analista. O material clínico foi extensamente atravessado por esses eixos analíticos e submetido às discussões com a integralidade do grupo.

As rodadas dessas apresentações se mostraram surpreendentemente ricas, pois permitiram o aprofundamento do estudo do caso, ao mesmo tempo que se produziam efeitos de correlação e intersecção entre os casos clínicos. Aproximações e diferenças entre a função do sintoma em cada organização psíquica estudada começaram a ser nuançadas e estabelecidas. O trabalho de um subgrupo informava e complexificava o trabalho de outro.

Depois de alcançada a consistência teórico-clínica desejada e reunidos todos os elementos alinhados em supervisão e discussão de equipe, os pequenos grupos se dedicaram à escrita do caso. A apreciação dos primeiros esboços textuais também foi cuidadosamente trabalhada coletivamente, sobretudo com respeito ao aprimoramento da ficcionalização do caso e da proteção ao anonimato do paciente.

O que o leitor encontrará a seguir é o resultado de uma intensa experiência de escrita psicanalítica coletiva, inspirada naquilo que Ogden (2010) nomeou de ficção da clínica. Em seu interessante trabalho intitulado "Sobre a escrita psicanalítica", o autor nos apresenta características intrínsecas à experiência de escrita analítica, definida por ele como um gênero literário que conjuga interpretação e obra de arte. A transmissão do vivido pelo par analítico deverá encontrar na escrita literária um destino ficcional que reproduza em quem lê uma experiência semelhante da que se passou no *setting* de análise. De acordo com Ogden:

> *Ao criar para o leitor, na experiência de leitura, algo semelhante à experiência que ele teve com o analisando, o escritor analítico vê-se recrutado às tropas de escritores imaginativos. Entretanto, diferente dos escritores de ficção, poesia ou teatro, um autor que escreve no gênero analítico deve manter-se fiel à estrutura fundamental do que realmente ocorreu entre ele e o paciente (da forma como viveu a experiência). O autor analítico está sempre colidindo contra uma verdade paradoxal: a experiência analítica (que não pode ser dita ou escrita) deve ser transformada em "ficção" (uma versão imaginativa de uma experiência em palavras), para que a verdade da experiência seja transmitida ao leitor... Ao mesmo tempo, a "ficção" que é criada em palavras deve refletir a realidade do que ocorreu. A experiência daquela realidade permanece viva no escritor analítico não apenas na forma de memória, mas, igualmente importante, no modo como ele foi mudado e continua sendo mudado por ela (Ogden, 2010, p. 140).*

Os capítulos clínicos do presente livro foram escritos a partir do desafio de pôr em prática essa experiência de escrita analítica desenvolvida por Ogden. A ficcionalização partiu da construção de cenas para que cada caso clínico transmitisse a atmosfera e o teor da relação intersubjetiva vivida pela dupla analista-analisando. Além disso, aspectos teórico-conceituais foram articulados de acordo com a pertinência da discussão eleita como principal para cada caso.

O processo de validação dessa escrita dos casos se deu em três dimensões. A primeira delas foi a do analista do caso em questão. No contexto ficcional em que o caso foi construído, o principal indicador de validação foi o analista se reconhecer e reconhecer o paciente na narrativa do texto. O estranhamento do analista em relação à leitura do caso que ele atendeu, mas não escreveu, não deve ultrapassar o que é esperado do distanciamento entre o atendimento e a escrita. O não reconhecimento de si mesmo na ficcionalização, ou do paciente atendido, implicou na reformulação da experiência de escrita. Consideramos que esse foi um desafio para a equipe, que produziu desdobramentos relevantes nas análises de resultados da pesquisa. Esperamos que o leitor encontre nos artigos clínicos a seguir a transmissão da potência das ideias nascidas desse método de trabalho.

A segunda foi a da equipe, que discutiu os efeitos do grupo e do fator pesquisa sobre o caso, e vice-versa, do caso sobre o grupo, que em algumas situações produziu um "efeito contratransferencial[10] coletivo". Exemplos típicos da ocorrência desse modo de situação contratransferencial grupal foram encontrados com preponderância nessa última pesquisa. Uma das pacientes mobilizou a equipe envolvendo-a em um "efeito torcida" que se atualizava a cada supervisão; como se estivéssemos assistindo a uma peça teatral e torcêssemos pela protagonista na conquista da próxima cena. Outra paciente, ao contrário, produziu um efeito de rechaço, tendo ficado à margem da atenção do grupo no primeiro tempo de seu tratamento, efeito esse que foi posteriormente analisado. Esse foi um aspecto importante a ser considerado na análise dos casos, e o

10 A bibliografia trabalhada (Ogden, 1996) sobre contratransferência pela equipe nessa etapa da pesquisa nos levou a vários aspectos da questão transferencial, para além daqueles evidenciados por Freud. Não temos aqui o espaço para o desenvolvimento dessa questão, mas consideramos importante o apontamento para uma dimensão intersubjetiva da contratransferência.

leitor encontrará a oportunidade de acompanhar os desdobramentos dessa questão nos capítulos a seguir.

A terceira dimensão da validação foi proveniente da permanente orientação e supervisão dos coordenadores em todas as etapas do processo de pesquisa. De modo que cada caso pesquisado recebeu ao menos 4 perspectivas de análise: do analista, de cada subgrupo de trabalho, da equipe como um todo e dos coordenadores/supervisores.

Esperamos que a riqueza dessas múltiplas dimensões de trabalho encontre o leitor em mais uma forma de *partilharmos* e *compartilharmos* a experiência de fazer pesquisa em psicanálise na universidade pública de nosso país, na esperança de renovarmos sempre o desafio de oferecer acesso ao atendimento clínico e ensino de qualidade.

Referências

Abraham, N., & Torok, M. (1995). *A casca e o núcleo*. Escuta.

Andrade, A. B., Mello, R., & Herzog, R. (2012). A associatividade na clínica psicanalítica atual: considerações sobre a técnica. In J. Verztman et al. (Orgs.), *Sofrimentos narcísicos*. Cia de Freud. UFRJ. CAPES PRODOC.

Andrade, A. B., Ferreira, F. P., & Verztman, J. S. (2013). Transparence psychique et traumatisme. Considérations à partir d'une recherche clinique. *Recherche em Psychanalyse*, *16*, 213-221.

Andrade, A. B. T., & Herzog, R. (2014). Bater em si: a automutilação como resistência à indiferenciação. In A. B. Freire (Org.), *O corpo e suas vicissitudes*. 7 Letras.

Avrane, P. (2007). *Les timides*. Seuil.

Benedict, R. (1946/1989). *The chrysanthemum and the sword: patterns of Japanese culture*. Houghton Mifflin.

Castel, P. H. (2012a). *Ames scrupuleuses, vies d'angoisse, tristes obsedés* (T. 1). Edition Ithaque.

Castel, P. H. (2012b). *la fin des coupables, suivi de le cas paramord* (T. 2). Edition Ithaque.

Ciccone, A., & Ferrant, A. (2009). *Honte, culpabilité et traumatisme*. Dunod.

De la Taille, I. (2002). *Vergonha: a ferida moral*. Vozes.

Debord, G. (1997). *A sociedade do espetáculo*. Contraponto.

Dodds, E. R. (1988). *Os gregos e o irracional*. Gradiva.

Ehrenberg, A. (1998). *La fatigue d' être soi*. Odile Jacob.

Ferenczi, S. (1913/2011). Fé, incredulidade e convicção sob o ângulo da psicologia médica. In S. Ferenczi, *Obras completas* (Psicanálise II). Martins Fontes.

Ferenczi, S. (1914/2011). O homoerotismo: nosologia da homossexualidade masculina. In S. Ferenczi, *Obras completas* (Psicanálise II). Martins Fontes.

Ferenczi, S. (1921/2011). Contribuição para a discussão sobre os tiques. In S. Ferenczi, *Obras completas* (Psicanálise III). Martins Fontes.

Ferreira, F. P., Mello, R., & Verztman, J. S. (2013). Algumas peculiaridades do manejo clínico nos sofrimentos narcísicos. In C. L. Figueiredo, B. B. Savietto, O. Souza, (Orgs.), *Elasticidade e limite na clínica contemporânea*. Escuta.

Freud, S. (1905/1996). Três ensaios sobre a teoria da sexualidade. In S. Freud, *Edição standard das obras psicológicas completas de Sigmund Freud* (Vol. VII). Imago.

Freud, S. (1917/1996). Luto e melancolia. In S. Freud, *Edição standard das obras psicológicas completas de Sigmund Freud* (Vol. XIV). Imago.

Gaulejac, V. (1996). *Les sources de la honte.* Desclée Brouwer.

Giddens, A. (2002). *Modernidade e identidade.* Jorge Zahar Editor.

Green, A. (2003). Énigmes de la culpabilité, mystère de la honte. *Révue Française de Psychanalyse: Honte et Culpabilité, LXVII.* PUF.

Herzog, R., & Pacheco-Ferreira, F. (2012). A posição do analista frente aos sofrimentos narcísico-identitários. *Cadernos de Psicanálise SPCRJ.*

Herzog, R., & Pacheco-Ferreira, F. (Orgs.) (2014). *De Édipo a Narciso: a clínica e seus dispositivos.* Cia de Freud. UFRJ. CAPES PRODOC.

Kristeva, J. (2002). *As novas doenças da alma.* Editora Rocco.

Lambotte, M.-C. (1997). *O discurso melancólico.* Cia de Freud.

Lambotte, M.-C. (2000). *Estética da melancolia.* Cia de Freud.

Miller, J. A. (2003). Notes sur la honte. *Revue de la Cause freudienne,* (54).

NEPECC (2003). *I Encontro de Itatiaia/RJ* com a participação de Marie-Claude Lambotte (Paris XIII) e diversos convidados nacionais.

NEPECC (2004). *II Encontro de Itatiaia/RJ* com a participação de Marie-Claude Lambotte e diversos convidados nacionais.

NEPECC (2005). *III Encontro de Itatiaia/RJ* com a participação de diversos convidados nacionais.

NEPECC (2009). *Encontro sobre as formas de apresentação da vergonha na clínica atual,* com a participação de diversos convidados nacionais.

NEPECC (2011). *Encontro sobre discussão metodológica de pesquisa clínica em psicanálise e inter-relação entre angústia, vergonha e culpa nas suas diferentes relações com o trauma*, com participação de convidados nacionais.

NEPECC (2012). *Sofrimentos narcísicos*. Seminário aberto em comemoração de 10 anos do NEPECC, com a participação de palestrantes convidados nacionais. Campus Praia Vermelha UFRJ.

NEPECC (2013). *Pesquisa clínica em psicanálise*. Seminário aberto com a participação do psicanalista convidado René Roussillon (Lyon 2) no Instituto de Psicologia da UFRJ.

NEPECC (2015). *IV Encontro de Itatiaia/RJ*. Encontro preparatório para a terceira pesquisa do grupo sobre os sofrimentos compulsivos.

NEPECC (2018a). *Seminário de pesquisa Compulsão, impulsividade e ato: resultados da atual pesquisa clínica do NEPECC*. Com participação de convidados nacionais. IPUB: UFRJ.

NEPECC (2018b). *Encontro interno do grupo para discussão de dados clínicos da terceira pesquisa*, com a participação de Luis Martín Cabré (Associação Psicanalítica de Madri) e convidados nacionais.

Ogden, T. (1996). *Os sujeitos da psicanálise*. Casa do psicólogo.

Ogden, T. (2010). *Esta arte da psicanálise: sonhando sonhos não sonhados e gritos interrompidos*. Artmed.

Pacheco-Ferreira, F., & Herzog, R. (2014). De Édipo a Narciso: a técnica em questão. In R. Herzog & F. Pacheco-Ferreira (Orgs.), *De Édipo a Narciso: a clínica e seus dispositivos*. Cia de Freud. UFRJ. CAPES PRODOC.

Pinheiro, T. (1999). Em busca de uma metapsicologia da melancolia. In J. Birman, (Org.), *Sobre a psicose*. Contra Capa.

Pinheiro, T. (2002). Escuta psicanalítica e novas demandas clínicas: sobre a melancolia na contemporaneidade. *Psychê, VI*(9).

Pinheiro, T. (2003). Uma outra visão possível do corpo na Psicanálise. *Cadernos de Psicanálise, 19*(22), 13-28.

Pinheiro, T. (2014). Histeria e falso self aproximações e diferenças. In R. Herzog & F. Pacheco-Ferreira (Orgs.), *De Édipo a Narciso* (pp. 149-160). Cia de Freud.

Pinheiro, T., & Martins, K. H. (2001). O texto imagético: parnasianismo e experiência analítica. In A. C. Lo Bianco (Org.), *Formações teóricas da clínica* (pp. 57-72). Contra Capa.

Pinheiro, T., & Verztman, J. (2003). As novas subjetividades, a melancolia e as doenças auto-imunes. In T. Pinheiro (Org.), *Psicanálise e formas de subjetivação contemporâneas*. Contra Capa.

Pinheiro, T., Verztman, J., & Barbosa, M. (2006). Notas sobre a transferência no contexto de uma pesquisa clínica. *Cadernos de Psicanálise* (Sociedade de Psicanálise/RJ), *22*, 291-313.

Pinheiro, T., Verztman, J., Venturi, C., & Barbosa, M. (2006). Por que atender fóbicos sociais. Justificativa de uma pesquisa clínica. In A. Bastos (Org.), *Psicanalisar hoje*. Contra Capa.

Pinheiro, T., Verztman, J., Venturi, C., Viana, D., Canosa, L., & Caravelli, S. (2006). Patologias narcísicas e doenças auto-imunes: algumas considerações sobre o corpo na clínica. *Psicologia clínica, 18*(1), 193-204.

Pinheiro, T., & Viana, D. (2011). La perdida de la certeza de sí mismo. In J. P. Boschán (Org.), *Sándor Ferenczi y el psicoanalisis del siglo XXI*. Letra Viva.

Quintella, R. R., Pinheiro, T., & Verztman, J. S. (2010). Distinção teórico-clínica entre luto, depressão e melancolia. *Psicologia Clínica (PUC-RJ), 22*(2), 147-168.

Sennett, R. (2004). *A corrosão do caráter: conseqüências pessoais do trabalho no novo capitalismo.* Record.

Tisseron, S. (1992). *La honte: psychanalyse d'un lien social.* Dunod.

Verztman, J. (2005). Vergonha, honra e contemporaneidade. *Pulsional Revista de Psicanálise, VIII*(181), 88-100.

Verztman, J. (2012). O perdão é um tema que interessa à psicanálise? In J. Verztman et al. (Orgs.), *Sofrimentos narcísicos.* Cia de Freud. UFRJ. CAPES PRODOC.

Verztman, J. (2013). Estudo psicanalítico de casos clínicos múltiplos. In A. M. Nicolaci-da-Costa & D. R. Dias (Orgs.), *Qualidade faz diferença: métodos qualitativos para a pesquisa em psicologia e áreas afins.* Loyola.

Verztman, J. (2014). Embaraço, humilhação e transparência psíquica: o tímido e sua dependência do olhar. *Ágora (PPGTP/UFRJ), XVII*, 127-140.

Verztman, J. (2016). Édipo, Narciso e o sintoma compulsivo em Freud. In J. B. L. Fulgêncio, D. Kupermann & E. L. Cunha (Orgs.), *Amar a si mesmo e amar o outro: narcisismo e sexualidade na psicanálise contemporânea* (Vol. 1, pp. 202-214). Zagodoni.

Verztman, J., Herzog, R., Pinheiro, T., & Pacheco-Ferreira, F. (2012). *Sofrimentos narcísicos.* Cia de Freud.

Verztman, J., & Pinheiro, T. (2012). Corpo, tempo e transferência numa pesquisa clínica. In J. Verztman et al. (Org.), *Sofrimentos narcísicos.* Cia de Freud. UFRJ. CAPES PRODOC.

Verztman, J., Pinheiro, T., Barbosa, M., Jordão, A., & Montes, F. (2007). Patologias narcísicas e doenças auto-imunes: a vivência da temporalidade. *Psychê, 11*, 63-84.

Verztman, J., Pinheiro, T., Saceanu, P., & Viana, D. (2006). Patologias narcísicas e doenças auto-imunes: discussão da metodologia de pesquisa. *Revista Latinoamericana de Psicopatologia Fundamental*, 9(4).

Verztman, J., & Viana, D. (2014). Reflexões sobre uma ferramenta metodológica para a pesquisa clínica em psicanálise. In R. Herzog & F. Pacheco-Ferreira (Orgs.), *De Édipo a Narciso: a clínica e seus dispositivos*. Cia de Freud.

Williams, B. (1997). *Shame and necessity*. University of California Press.

Zygouris, R. (1995). A vergonha de si. In R. Zygouris, *Ah! As belas lições!*. Escuta.

2. Da neurose obsessiva às compulsões contemporâneas: as hipóteses de pesquisa[1]

Julio Verztman
Thais Klein

O tempo parece atropelar a todos; os corpos, por sua vez, devem seguir o ritmo simultaneamente acelerado e descompassado – uma marcha progressiva para o futuro. A contemporaneidade guarda a marca da aceleração temporal: é preciso nos antecipar, estar sempre um passo à frente. O tédio e a hesitação são sinônimos de covardia. Acompanhar o compasso se coaduna com um ideal de "proatividade" e agir torna-se um imperativo. Ainda que o corpo estremeça, ainda que o pensamento falhe, é no próximo ato que repousa a suposição de alguma esperança. Se seguirmos as indicações de Castel (2012), esse contexto se caracteriza por uma modificação substancial no regime do ideal de autonomia a que estamos todos expostos: da autonomia-aspiração (autonomia como uma capacidade que se conquista ao longo da vida) à autonomia-condição (autonomia que se impõe a todas as idades como uma condição

1 Este capítulo foi precedido das publicações de outros artigos que introduziram hipóteses aqui desenvolvidas, já no âmbito de nossa pesquisa clínica atual. São eles: Verztman (2016); Verztman & Ferreira (2018); Verztman (2021). Verztman, J. S. Podcast "Reflexões psicanalíticas sobre os tiques". In: Ferenczi, a arte da psicanálise, GBPSF, 2021.

política que deve ser protegida e incentivada). Esses dois desenhos do regime de autonomia, seguindo as indicações de Castel (2012), serão determinantes também para o modo como o julgamento das ações será efetuado, nas suas palavras: "a autonomia-aspiração privilegia a lenta interiorização da *contrainte* [obrigação] dentro da culpabilidade, a autonomia-condição, a sua assimilação direta na ameaça da vergonha" (Castel, 2012, p. 15). Em relação a este último aspecto, fica evidente como a insuficiência da ação é a contrapartida do ideal de autonomia.

Nessa direção, pode-se dizer que os deslocamentos circunscritos em torno do regime de autonomia trouxeram consequências fundamentais para a concepção de sofrimento: se já nascemos sob a injunção de sermos autônomos, sofremos sobretudo com a incapacidade e a inadaptação da ação. Ora, nesse sentido, como esse regime de autonomia se expressa na dimensão dos sintomas no contemporâneo? Que tipo de questões surgem como desafios para o psicanalista? Muito embora o escopo dessas perguntas seja deveras extenso, o caminho aberto por elas constitui um ponto de encontro entre as duas últimas pesquisas do Núcleo de Estudos em Psicanálise e Clínica da Contemporaneidade (NEPECC). Isso porque, remetendo-nos à pesquisa intitulada "Tratamento psicanalítico da fobia social" (2005-2010), um dos aspectos destacados em relação aos modos de sofrimento contemporâneos diz respeito a certa prevalência da vergonha em relação à culpa (Venturi & Verztman, 2012; Verztman, 2005). A discussão, evidentemente, não foi encaminhada na direção de decretar a extinção dos culpados, mas de reconhecer uma inflexão narcisista de peso nas expressões psicopatológicas contemporâneas, inflexão esta que tem a vergonha como eixo central. Foi interessante notar que, em alguns dos sujeitos marcados pela vergonha, a problemática em torno do ato também se colocava presente. Nesses casos, a dimensão compulsiva parecia remeter à problemática narcísica, já que o sintoma compulsivo não se apresentava como resultado de um conflito entre desejo e interdição, isto é, como máscara da verdade do desejo. A impressão era de que esses sintomas se caracterizavam como uma espécie de parasita que coloniza o psiquismo, engendrando sensação de fadiga e até mesmo exaustão. Ora, nada mais condizente com uma temporalidade acelerada e a exigência de ação articulada ao regime de autonomia-condição – o ato enquanto suposta promessa de alcançar a autonomia acaba por se tonar uma falsa inflexão.

Nesse sentido, o que desafia o psicanalista nos dias de hoje não é completamente homólogo ao sintoma compulsivo descrito pela obra freudiana, mais especificamente em sua primeira elucidação etiológica por intermédio da categoria de neurose obsessiva compulsiva circunscrita pelo próprio Freud. Para Castel (2012), a neurose obsessiva (denominada pelo autor de "*névrose de contrainte*"), enquanto uma categoria eminentemente freudiana, consiste na pedra angular da psicanálise, posição frequentemente atribuída à histeria. De toda forma, se a clínica da histeria permitiu a Freud investigar sobretudo aquilo que tange ao corpo e à memória, a clínica da neurose obsessiva alcançou papel preponderante na sua investigação sobre o pensamento e a ação. *Grosso modo*, conforme veremos adiante, a dimensão compulsiva, especialmente quando esta se articula a uma tentativa de anulação retroativa, demonstra a imbricação do inconsciente na construção de um ato. Trata-se, portanto, de um aspecto importante da neurose obsessiva articulada também a imperativos impossíveis de serem seguidos e realizados, frente aos quais devem ser construídos modelos defensivos extremamente limitadores da vida relacional – Freud destacou um amplo campo de possibilidades de expressão para o universo sintomático característico desta neurose. Apesar dessa pluralidade, não seria possível negar que sua raiz comum, fruto de uma resposta particular ao Édipo, foi amplamente sugerida e demonstrada ao longo de toda a obra freudiana. A dimensão edípica e os imperativos superegoicos estão articulados a uma espécie de "*contrainte intérieure*", para usar uma expressão de Castel (2012), dimensão que se tornou a condição da ação do homem moderno capturado pelo olhar e pela escuta da psicanálise. A psicanálise contribuiu, assim, para a naturalização da relação do sujeito com a ação, num caminho intermediário entre a civilização da moral e a civilização da ciência em conjunção com a mudança do regime de autonomia – o que consolidou a psicanálise como um fato total até meados de 1960.

A intensa difusão da compulsão em nossa cultura e em nossa clínica nos coloca diante de outros problemas; isto porque cada vez mais o campo da compulsão torna-se extenso e heterogêneo, deixando de poder ser abarcado sob o guarda-chuva da neurose obsessiva compulsiva. O arcabouço conceitual que repousa sobre a estrutura edípica, sobre a dívida culpada que lhe é correlata e sobre a interiorização do conflito psíquico que é sua consequência parece deixar de lado questões centrais postas em marcha por certos tipos de subjetividade contemporânea – marcados, por sua vez, pela autonomia-condição. A popularização da categoria psiquiátrica do Transtorno Obsessivo-Compulsivo (TOC) parece ser simultaneamente um indício desse movimento e sua própria sustentação. A compulsão que dá nome ao transtorno, distanciando-se da descrição freudiana, remete a uma tendência disfuncional para agir em função de comportamentos consolidados historicamente, associados a modos equivocados de organizar a cognição. Retira-se, portanto, as características subjetivas presentes na neurose obsessiva, por exemplo, o estreito vínculo com o desejo inconsciente. Não há praticamente nenhum vestígio do antigo vocabulário psicanalítico no DSM-5 (APA, 2013).[2] Com base em uma proposta descritiva e supostamente ateórica, o TOC consiste em uma conjunção de

---

2 Esse movimento instaurou-se na psiquiatria principalmente a partir do DSM-III (1980) quando se observa um distanciamento da psicanálise e uma tentativa de tornar os diagnósticos ateóricos e descritivos (Russo & Venâncio, 2006).

sintomas diante dos quais não há qualquer verdade subjetiva a ser desvelada – quais questões esta forma de conceber a compulsão e o distanciamento da linguagem psicanalítica revelam?

Nossa primeira hipótese de pesquisa ancorava-se na ideia de que, na atualidade, o ato compulsivo pode aparecer sem correlação direta com a descrição clássica da compulsão, assemelhando-se a outro sintoma da ordem da ação descrito pela psiquiatria, sem confundir-se, entretanto, com ele: o ato impulsivo. Neste último, ao contrário do que acontece na compulsão da neurose obsessiva, não existe *a priori* uma correlação com uma forma estabilizada de pensamento obsessivo. É evidente que essa hipótese não se sustenta em uma comparação de nosografias diferentes, sejam elas psicanalíticas ou psiquiátricas, mas deixa entrever a possibilidade de pensar a compulsão para além do paradigma da neurose. Como já sabemos, na neurose, mesmo quando os mecanismos de defesa ocultam o vínculo entre o ato compulsivo e o desejo, sua correlação segue sendo possível, o que não ocorre quando tratamos dos pacientes que recebemos no marco de nossa investigação clínica. Ao avançarmos nessa primeira hipótese, as contribuições de Ferenczi colaboram, conforme veremos adiante, no sentido de circunscrever essas formas de compulsão que se produzem sem a mediação do pensamento e não se restringem a uma dimensão de excesso pulsional.

Apesar da heterogeneidade do papel subjetivo do sintoma compulsivo entre os sujeitos por nós atendidos – que ficará evidente nos próximos capítulos do livro –, o nosso caminho teórico implicou na sustentação da hipótese de que as queixas de compulsão ou de sua parente próxima, "a impulsividade", poderiam denotar mecanismos articulados ao narcisismo, que se afastariam do modelo de conflito edípico proposto para as compulsões na neurose obsessiva clássica. As compulsões podem se configurar, por exemplo, como uma espécie de próteses das quais se lança mão para dar estabilidade ao eu. Ademais, uma hipótese auxiliar foi construída principalmente no que concerne à impossibilidade de coincidência entre o que a psiquiatria denomina de Transtorno obsessivo-compulsivo (TOC) e a Neurose obsessiva. Se, por um lado, as expressões compulsivas nos levam para além da neurose, a dimensão da compulsão presente no diagnóstico de TOC não é evidentemente suficiente para, enquanto psicanalistas, circunscrevermos a compulsão na contemporaneidade –, trata-se, portanto, de um desafio para nossa disciplina.

Diante desse quadro, com o objetivo de acompanhar o percurso teórico-clínico que sustentou nossa hipótese de pesquisa, percorreremos brevemente, em um primeiro momento, a articulação da compulsão com a neurose obsessiva na obra freudiana, para, em seguida, destacar a contribuição de outros autores, sobretudo Ferenczi. Trata-se de deixar entrever um caminho para pensar a compulsão que não se sustenta nem pelo paradigma edípico, nem por uma dimensão exclusivamente intensiva ligada à pulsão de morte. Por fim, a partir dessas considerações, deixaremos indicadas as hipóteses de pesquisa que serviram como pano de fundo para os relatos que virão nos próximos capítulos.

Freud e a Neurose Obsessiva Compulsiva

É impossível descrever as noções freudianas acerca da compulsão (*Zwang*) sem apontar minimamente para o edifício conceitual da neurose obsessiva (*Zwangneurose*). Diferente da histeria, circunscrita antes de Freud, ainda que este tenha lhe dado outra roupagem, a neurose obsessiva é um constructo psicanalítico, isto é, foi organizada sob a pena de Freud. Os termos em alemão entre parênteses, por sua vez, demonstram que apesar da tradução recorrente intitulada "neurose obsessiva", a palavra compulsão compõe a nomenclatura, sendo o original mais próximo de "neurose de compulsão". Nesse sentido, é interessante observar que, no contexto da literatura psicanalítica francesa, a expressão "*névrose de contrainte*" vem substituindo paulatinamente a expressão "*névrose obsessionelle*" no intuito de ressaltar a relação que esta configuração psíquica possui com a ação e com o corpo (Castel, 2011, 2012; Khan, 2014). A expressão "neurose obsessiva" parece enfatizar o pensamento, enquanto a "neurose de compulsão [*contrainte*]" faz considerar a ação em primeiro plano e, portanto, o aspecto compulsivo. Na obra de Freud, podemos encontrar a questão da compulsão (*Zwang*) principalmente a partir de dois pontos de vista: ligada à neurose obsessiva ou de compulsão (*Zwangeurose*) e articulada à própria noção de pulsão, em que *Zwang* se refere ao que seria o mais radical que existiria no funcionamento pulsional, a repetição inevitável (Gondar, 2001; Marinov, 2013).

De maneira geral, a neurose obsessiva, criada por Freud, enfatiza a experiência do conflito psíquico, estabelecendo uma estreita articulação entre pensamento e ação, entre obsessões e compulsões. De acordo com Freud (1909/1995), esse conflito pulsional envolve a hipertrofia do pensamento, junto com um modo de agir cuja finalidade principal é remover da consciência qualquer indício de desejo. Esses fenômenos, antes de serem reunidos sob o guarda-chuva da neurose obsessiva, eram divididos em várias categorias na psiquiatria, chegando, num extremo, a uma associação com a psicose (Janet, 1903; Zorzanelli & Verztman, 2012). As primeiras proposições sobre as obsessões e as compulsões na psicanálise apareceram no contexto da primeira hipótese traumática das neuroses (Freud, 1894/1995, 1895/1995, 1896/1995). Nesse âmbito encontramos a postulação de que o obsessivo, ao contrário da histérica, experimenta a sedução precoce de que teria sido alvo numa posição de atividade. Freud argumenta que a especificidade dessa neurose consiste em promover o desligamento amplo entre afeto e representação. Essas duas hipóteses foram logo abandonadas: a primeira em função da primazia da teoria da fantasia e a segunda – abandonada definitivamente apenas em 1909 – em função da percepção de que um desligamento dessa natureza é uma ocorrência geral do psiquismo e participa de diversas modalidades de defesa.

A neurose obsessiva foi um campo privilegiado para a descoberta/invenção do complexo de Édipo e para a universalização da fantasia de castração. A centralidade do conflito envolvendo a figura paterna foi um ponto decisivo para a compreensão do caso do "Homem dos ratos" (Freud, 1909/1995) – a correlação de tal conflito com a transferência e seu manejo definiu o destino do que se denomina frequentemente de neurose obsessiva clássica. Isso porque, tanto na primeira tópica (Freud, 1913/1995) quanto, de modo modificado, na segunda tópica (Freud, 1923/1995), as compulsões e os estranhos trajetos dessa "loucura moral" foram concebidos como resposta defensiva diante de um conflito de ambivalência articulado a uma situação triangular. A pronta adesão aos desígnios da autoridade, adesão mais aparente do que real, que marca o caráter de obediência à injunção paterna, consiste em um aspecto importante da descrição da neurose obsessiva em Freud. O amálgama entre ideal e interdição, contido nas primeiras concepções sobre o supereu, colocou o problema da compulsão no centro do dilema moral do neurótico. A anulação, que caracteriza a sua tentativa de suprimir uma ação a partir de outra a qual supostamente lhe é oposta, encena um aspecto decisivo da relação entre ato e moralidade. Como agir diante de uma prescrição que contém elementos tão contraditórios – como são as prescrições superegoicas – a ponto de colocar o sujeito frente ao indecidível? O obsessivo é aquele que age apenas para eliminar suas ações pretéritas, ele é personagem de uma ópera bufa na qual cumpre o papel de mostrar aos espectadores até que ponto se pode ir se acreditarmos na letra definitiva da lei.

Sendo assim, a neurose obsessiva guarda íntima correlação com o papel da fantasia de castração, conforme sustentado em *Totem e Tabu* (Freud, 1913/1995), no qual os obsessivos são sacerdotes de uma religião privada. A analogia entre o pensamento religioso e o pensamento obsessivo, entre os rituais religiosos e os rituais compulsivos, possibilitada pelo animismo e pelo pensamento mágico, coloca a ambiguidade da relação com o pai em primeiro plano. Agir, em seu sentido forte, é extremamente penoso porque evoca o assassinato primordial que está na base do pacto civilizatório. A impossibilidade de dar um destino favorável para a ambivalência, ou seja, a incapacidade de assumir que qualquer ato pode expressar fontes pulsionais heterogêneas e opostas - sem que o sujeito seja coibido a se paralisar - faz com que o obsessivo encontre na interdição a sua finalidade e no sintoma, especialmente o de feitio compulsivo, a sua única modalidade de satisfação.

Um maior aprofundamento na dinâmica da neurose obsessiva pode ser entrevisto no interesse de Freud pelas fixações em fases pré-genitais do desenvolvimento da libido já nas publicações contemporâneas ao caso do "Homem dos ratos" (Freud, 1908/1995), implicando uma dupla direção em seu quadro clínico. Por um lado, essas fixações, por meio de formações reativas, tomarão parte da constituição do denominado caráter anal. Por outro, participarão da formação dos sintomas (Freud, 1913/1995). As relações entre a fase anal e o surgimento do eu é um dos assuntos que parecem ter sido intuídos por Freud, mas nunca plenamente desenvolvido. Um ano antes de "Sobre o narcisismo: uma introdução" (1914/1995), Freud abraçou a sugestão de Ferenczi (1913/1995) em supor um descompasso entre o desenvolvimento da libido e o desenvolvimento das pulsões do eu. O obsessivo seria alguém que expressa o superinvestimento de certos aspectos das pulsões do eu em detrimento da lenta progressão do desenvolvimento da libido, fixada em estágios pré-genitais. Essas considerações foram, portanto, circunscritas antes de 1914, quando a noção de narcisismo passa a ser mais bem delineada.

O descompasso entre a formação do eu e da libido, sugerido em 1913, é descartado em 1914, quando libido e eu se tornam solidárias. A formação do eu na neurose obsessiva, no entanto, não será um assunto desenvolvido por Freud. Na maior parte dos escritos sobre a neurose obsessiva, Freud se concentrou nas relações entre o eu já constituído, as exigências pulsionais e a realidade. Mas como se forma o eu na neurose obsessiva? Esse é um tema sobre o qual Freud começou a refletir em "Disposição à neurose obsessiva" (Freud, 1913/1995), mas, em função de seu seminal artigo sobre o narcisismo, esta parece ter se tornado uma pergunta obsoleta. Se o Eu é constituído pela libido, será que o privilégio da fase anal (Freud, 1908/1995) ilumina o processo de construção dessa instância? Será que a tríade proposta por Freud – gosto pela ordem, parcimônia e obstinação – para o caráter anal é posterior à formação do eu, sendo apenas a cristalização neste de formações reativas de cunho defensivo? Essas serão perguntas colocadas de outra maneira na segunda tópica. Podemos constatar, por enquanto, que a nova dualidade, libido do eu *versus* libido objetal, cerne de uma visada intersubjetiva para o aparelho psíquico, não será levada às últimas consequências no que tange à neurose obsessiva.

O interesse clínico de Freud, despertado pelo novo paradigma teórico, será dirigido para o enigma da melancolia. A prova cabal de que o autor intuiu o problema com o qual estamos lidando foi a aproximação entre melancolia e neurose obsessiva na segunda tópica – o conceito de regressão torna-se central neste ponto. Regressão, fixação e recalque eram mecanismos interligados, postulados desde cedo para a compreensão da escolha da neurose e para a formação de sintomas. Mesmo com interrogações crescentes sobre a importância de cada um deles e sobre o modo como operam, para Freud, a regressão era um mecanismo disponível ao neurótico frente às exigências do recalque e às características de seus pontos de fixação. Assim, na primeira tópica, a regressão era uma ocorrência geral das neuroses, a qual contribuía para que formações de compromisso e formações reativas dessem um colorido singular à vida de obsessivos, histéricas, fóbicos, paranoicos e melancólicos. Cada um deles regride como pode e para o terreno que lhe é mais familiar.

A partir da segunda tópica e, principalmente, da segunda teoria pulsional, os laços que unem recalque, fixação e regressão se afrouxaram – sobretudo aqueles que unem regressão e recalcamento. O recalcamento manterá sua posição central na histeria, mas o mesmo não se pode dizer de seu papel na neurose obsessiva. Nesta, o mecanismo determinante para sua estratégia defensiva será a regressão. É importante notar que, nesse aspecto, Freud não está apenas interessado em seguir o trilhamento da libido pelas fases indicadas desde 1905 (Freud, 1905/1995) com suas múltiplas retificações posteriores: a regressão caracteriza-se por uma transformação na própria dinâmica pulsional, caracterizada pela desfusão entre as pulsões de vida e de morte. Não se pode imputar tal acontecimento apenas às artimanhas do recalque – a regressão alcança certa independência deste mecanismo no tipo de sujeito que estamos examinando.

Essas questões serão reorganizadas em 1926 em "Inibição, sintoma e angústia" (Freud, 1926/1995), texto que condensa alguns pontos sublinhados anteriormente no que tange à neurose obsessiva. O conflito fundamental diz respeito ao destino da libido envolvida no Édipo, a progressão libidinal é impedida, e a regressão é determinada por fatores constitucionais, tornando-se o mecanismo decisivo para sua organização. O fenômeno regressivo produz uma crescente incapacidade no obsessivo para construir mediações viáveis entre exigências pulsionais realizadas cada vez mais diretamente, buscando alvos opostos. A regressão também participa da construção de um Supereu superlativamente cruel, em relação ao qual o eu é profundamente desamparado. Nesse contexto, como sabemos, o mecanismo regressivo afasta inexoravelmente a neurose obsessiva da histeria e a aproxima de patologias narcísicas, como a melancolia (Freud, 1923/1995).

Muito embora não caiba no escopo deste capítulo um maior aprofundamento sobre as formas de conceber a regressão,[3] é importante destacar que a insistência no fator regressivo tem um alvo claro. Frente a forças defensivas cada vez mais intoleráveis e diante das quais é necessário se defender, não resta saída ao eu do obsessivo a não ser contar com a regressão. Operando desse modo, o eu retoma uma parte do controle sobre o seu destino, pagando dois preços bastante altos. O primeiro é a enorme restrição da experiência de satisfação, a qual, com a progressão do quadro, será somente localizada na relação com o sintoma (Freud, 1926/1995). O segundo designa a modificação do eu oriunda da busca de síntese da qual esta instância é tributária. "Sendo ele [o eu] de disposição pacífica, gostaria de incorporar o sintoma e torná-lo parte dele mesmo" (Freud, 1926/1995, p. 122). A fragilidade egoica sugerida por Freud entre os obsessivos não é uma fragilidade de origem, um percalço na constituição do narcisismo. Pelo contrário, é um recurso frente à dificuldade de dar destino aos investimentos edípicos. Como afirma Freud, diversamente ao que ocorre na histeria, o eu na neurose obsessiva tem um papel muito mais relevante na formação de sintomas (Freud, 1926/1995). A desfusão pulsional, fulcro de seu destino subjetivo e da regressão, testemunha até que ponto se pode ir diante dos impasses da trama edípica.

---

3 Ver mais em: Verztman (2016).

Diante desse quadro, é possível entrever que, desde suas primeiras propostas sobre a neurose obsessiva (Freud, 1894/1995, 1895/1995, 1896/1995), o obsessivo, diferente do histérico, experimenta ativamente a sedução precoce. Desde a hipótese de uma desconexão entre afeto e representação, passando pelas teorizações em torno do complexo de Édipo (Freud, 1909/1995, 1913/1995, 1923/1995) e o papel da fixação da fase anal no desenvolvimento da libido (Freud, 1908/1995), a compulsão aparece na forma de contrainvestimento em forma de ato, cuja expressão mais definida é chamada de ritual de anulação (Freud, 1909/1995). O ritual é fundamentalmente constituído como uma defesa contra o retorno do material recalcado inconsciente e, portanto, articulado à culpa. Dessa perspectiva, a compulsão na neurose obsessiva consiste na expressão de um conflito psíquico. Um bom exemplo disso é trazido à tona pela noção de anulação retroativa: o conflito psíquico pode se expressar e se camuflar na realização de atos que visam ao não agir. A ação é interrompida e substituída pela ritualização caricatural da compulsão. O modelo do conflito, definidor do inconsciente freudiano, encontra na compulsão a sua forma mais sofisticada de nos fazer compreender por que agimos, como agimos e o que nos impede de agir. A culpa, como elemento central desse impedimento, é articulada primeiro ao conceito de consciência moral e, subsequentemente, à definição da instância do Superego, articulada à ideia de uma doença derivada da culpa – concepção que marca o homem ocidental civilizado moderno.

É preciso, portanto, não perder de vista o fato de que o obsessivo descrito por Freud está inserido em um contexto cultural preciso, no qual o conflito moral ocupava o centro dos interesses e preocupações do homem ocidental (Castel, 2011, 2012). O obsessivo é, acima de tudo, um neurótico, isto é, um sujeito dividido entre imperativos diversos e heterogêneos. É alguém que se identifica com altos ideais, que serão internalizados na forma de um Superego cruel e tirânico. Como já dissemos, Freud foi o primeiro a reunir atos compulsivos e pensamentos obsessivos sob uma única categoria nosográfica. A noção de neurose obsessiva passou, nos anos 1960, para a linguagem comum, e desapareceu completamente do contexto científico e, notavelmente, dos manuais psiquiátricos. No entanto, muitos pós-freudianos, especialmente aqueles que têm acompanhado as múltiplas transformações do espaço público da década de 1980 (Green, 1974/1990; Pontalis, 1991; Roussillon, 2007), mostram a presença de novas organizações subjetivas, diferentes em muitos aspectos da neurose clássica descrita por Freud.

Conforme indicado anteriormente, nossa hipótese inicial sustenta que as "novas compulsões" são desenvolvidas sobre o pano de fundo de fragilidade narcisista, afastando-se da expressão de um conflito intrapsíquico. O ato compulsivo (e nos perguntamos se podemos pensar em termos semelhantes ao que se refere à impulsividade) é, nesse caso, uma resposta a essa fragilidade. O que pode ocorrer para a internalização do conflito se o processo de libidinização do eu, proposto no artigo sobre o narcisismo, não se der do modo esperado? Que tipos de fixação e viscosidade podemos aguardar quando a fonte exterior do narcisismo (as fantasias parentais que desembocam em "sua majestade o bebê") cumpre outra forma de circuito, encontrando outro objeto de satisfação ou objeto total nenhum? Os atos compulsivos, nesse contexto, seriam uma formação de compromisso, ratificando um narcisismo suficientemente constituído? Ou seriam uma tentativa suplicante e desesperada de construção de uma experiência de si, ainda por fazer? Essas perguntas permitem entrever uma aproximação da discussão da compulsão no contemporâneo e a questão traumática. Para desenvolver esse caminho, um percurso interessante consiste em relacionar mais especificamente três textos de Ferenczi

(1913/1993, 1919/1993, 1921/1993): "O Desenvolvimento do Sentido da Realidade e Seus Estágios", "Fenômenos de Materialização Histérica" e as "Reflexões Psicanalíticas Sobre os Tiques".

Ferenczi: do tique ao TOC

Após delinear o percurso freudiano em torno da neurose obsessiva e assinalar a importância de circunscrever a articulação da compulsão com o narcisismo, deslocando a problemática da culpa edípica para a dimensão narcísica (de Édipo a Narciso),[4] a obra de Ferenczi parece ser um caminho importante para traçarmos algumas questões sobre as compulsões no universo contemporâneo. Iniciaremos com alguns pontos de diferença das concepções ferenczianas sobre a neurose obsessiva em relação a Freud. Em "O Desenvolvimento do Sentido da Realidade e Seus Estágios" (1913/1993), trabalho em que Ferenczi comenta de modo profícuo o texto freudiano sobre os dois princípios do funcionamento psíquico (Freud, 1911/1995), já se observa a importância que ele atribui ao ambiente na constituição subjetiva. O autor descarta o fato de que, na neurose obsessiva, os pensamentos e as ações, aparentemente sem significado, são os substitutos camuflados dos movimentos de desejos reprimidos para se concentrar no sentimento de onipotência do obsessivo.

Ferenczi (1913/1993) retoma a noção de alucinação primária indicando que a aptidão para a representação simbólica representa um aperfeiçoamento da linguagem gestual; nas suas palavras: "ela permite que a criança sinalize não apenas os desejos que afetam diretamente seu corpo, mas também expresse desejos que se referem à modificação do mundo externo, daí em diante

---

4 Essa expressão faz alusão ao livro publicado pelo NEPECC (Herzog & Pacheco-Ferreira, 2014).

reconhecido como tal" (p. 47). A obsessão, nesse contexto, representa um retorno ao estágio de desenvolvimento do sentido da realidade, em que "desejar era idêntico a agir" (p. 53). Esse retorno é determinado por uma relação de objeto que satisfaz a criança pela arte da magia e inibe seu desejo. Poderíamos dizer que, nesse estágio, o obsessivo é descrito como alguém que foi cuidado com "muito amor" e que, como a criança, não renunciou à onipotência do pensamento.

No que se refere à dúvida obsessiva, Costa (1988) sugere que, enquanto Freud a coloca no polo da ambivalência do amor e do ódio dirigido ao pai, Ferenczi, ao contrário, descreve a dúvida como resultado de uma pergunta que perdeu sua direção original, e assim, para ele, as defesas obsessivas emergem como uma resposta ao ambiente. A descrição que Costa apresenta sobre o pessimismo da criança obsessiva, nesse artigo, reforça essa hipótese. Segundo Ferenczi, o pessimista é aquele que medita sobre a questão do amor e do ódio em referência aos seus objetos de amor.

Outro aspecto muito importante revelado na intuição de Ferenczi sobre a neurose obsessiva, em um sentido diferente do de Freud, são as considerações acerca das expressões motoras. Em 1919, em seu trabalho sobre os fenômenos de materialização histérica, Ferenczi havia delineado certos aspectos no que diz respeito ao conceito freudiano de conversão, especialmente a transição do psíquico ao somático e vice-versa, lançando luz na relação entre linguagem e corpo na histeria. Sua hipótese se baseava na ideia de que a sexualidade genital era a fonte da construção do idioma histérico: "Em síntese, estamos diante da produção de um idioma histérico, um jargão simbólico feito de alucinações e materializações" (Ferenczi, 1919/1993, p. 50). Por meio de formas regressivas, a sexualidade genital impõe suas regras de funcionamento em partes do corpo que são originalmente heterogêneas, como os músculos lisos do trato digestivo, região especialmente estudada por Ferenczi.

Três anos depois, Ferenczi explora outro modelo para entender certas expressões sintomáticas da motricidade, um modelo diferente do que ele havia proposto em relação a fenômenos de materialização histérica. Em nossa opinião, os atos compulsivos e impulsivos na contemporaneidade obedecem a uma lógica que pode se aproximar daquela presente em seu artigo "Reflexões Psicanalíticas Sobre os Tiques" (1921/1993). Nesse ensaio, Ferenczi propõe uma diferença entre duas formas de experiência motora sem desenvolvê-las plenamente: a compulsão como Freud a concebera em termos de neurose obsessiva e o tique. Da perspectiva de Ferenczi, os atos compulsivos se distinguem dos tiques e estereótipos por sua complexidade (no primeiro, aspectos narcísicos seriam menos prementes), mas, ao mesmo tempo, considera que há uma diferença radical entre esses fenômenos e os da materialização histérica. Para ele, na conversão histérica, a energia psíquica pertencente às memórias das coisas reprimidas serve para reforçar e, finalmente, para "materializar" as memórias do eu (corpo) associadas a elas: tal seria o mecanismo do "salto do psíquico para o somático" durante a formação do sintoma histérico. No tique, ao contrário, a memória traumática do eu (do corpo) se faz espontaneamente visível sempre que a ocasião surge.

A primeira distinção ocorre devido ao caminho percorrido entre o corpo (eu) e a genitalidade (libido objetal). A materialização histérica assume um caminho regressivo, no qual a fonte genital transforma em linguagem as funções do corpo que passam a ter qualidades psíquicas. Os tiques, pelo contrário, testemunham uma incapacidade no caminho progressivo. O caminho do autoerotismo na direção das relações objetais é esgarçado a tal ponto que as "qualidades genitais" não passam de mimeses precárias para as experiências autoeróticas, que não encontram uma integração narcisista satisfatória. A tentativa de conciliar a teoria da libido freudiana e as fases de desenvolvimento do Ego, como proposto por Ferenczi (1921/1993, p. 82) em "Reflexões Psicanalíticas sobre os Tiques", dá a esse artigo sobre os tiques um movimento em ziguezague. Mas sua insistência, por um lado, em explorar psiquicamente um sintoma que, segundo Freud, seria da ordem do orgânico, e, por outro, sua intuição para distingui-lo do modelo genital da histeria, tornam esse artigo uma ferramenta importante para pensar as relações entre o eu e sua expressão motora. Ferenczi está interessado em distúrbios que dizem respeito ao que ele chama de "sistema mnésico do eu". Esse sistema teria a tarefa de constantemente registrar os processos psíquicos ou somáticos do sujeito propriamente, e estaria

> *muito mais desenvolvido no caso do narcisista constitucional do que no caso do sujeito que atinge o amor objetal maduro, e um trauma particularmente poderoso poderia desencadear no tique, como nas neuroses traumáticas, uma fixação mnésica excessiva na atitude que o corpo apresentava no momento preciso do trauma, fixação que poderia ser tão forte a ponto de causar a reprodução permanente ou paroxística dessa atitude (Ferenczi, 1921/1993, p. 89).*

Ferenczi enfatiza a tendência à auto-observação por parte daqueles que sofrem de tiques. Eles prestam atenção excessiva e defensiva às suas sensações endossomáticas e endopsíquicas. Ele reitera, em muitas ocasiões, a origem narcisista dos tiques. Mesmo que não concordemos com a ideia do sujeito narcísico como alguém fechado na hiperestesia de seu eu, Ferenczi faz uma referência direta ao trauma. O trauma, que, como todos sabem, será melhor desenvolvido no final de sua vida, impede a repressão e sua temporalidade *a posteriori*. O tique é transformado em uma expressão motora desprovida de sentido, uma vez que é radicalmente separado da cadeia associativa representacional. Para o resto, o tique aponta para a auto-observação e pode assim contribuir para a reconstrução do eu. Apesar de Ferenczi mencionar uma forte fixação na etapa narcisista do desenvolvimento, a partir de um ponto de vista freudiano, ele acrescenta que essa fixação ocorre devido a obstáculos insuperáveis entre o autoerotismo e o amor de objeto, e encontra sua origem na via progressiva. O narcisismo primário, capaz de articulá-los, é insuficiente para proporcionar aquilo que Ferenczi chama de *certeza de si* (Pinheiro & Viana, 2011) no mundo das relações objetais. O tique seria a marca da ausência dessa operação, uma mensagem que se perdeu, um movimento corporal completamente desconectado do processo de representação (Costa, 1988).

O aspecto mais enigmático de todo o tique é o fato de que sua repressão ativa ou passiva causa angústia, enquanto suas manifestações estão "acompanhadas de todos os sinais de prazer" (Ferenczi, 1921/1993, p. 93). Para entender esse fato estranho, Ferenczi faz uso de explicações com base nas fases de desenvolvimento da libido, para mostrar que a descarga motora de tique é produto da economia pulsional; nesse caso, da estase pulsional retida nas partes do corpo – deixando entrever as contradições internas desse momento de sua obra. Se considerarmos as propostas sobre a origem narcisista mencionada nos trechos anteriores, devemos nos perguntar que tipo de prazer está em jogo. É fácil perceber que essa experiência de prazer escapa ao modelo de satisfação sexual proporcionado pelo sintoma neurótico. Se nos concentrarmos no esforço de Ferenczi para defender a hipótese da origem narcisista do tique, vemos que o autor faz da observação de si um aspecto crucial de seu argumento. O tique leva o sujeito a prestar atenção em seu próprio corpo ou a engendrar sensações repetitivas associadas a seu movimento. Podemos supor que o prazer associado ao tique diz respeito à experiência de encontrar a unidade do corpo quando este parece estar a ponto de desintegrar-se. No tique, certas partes do corpo estão fortemente investidas e representam, de forma sucinta, o conjunto do psiquismo, de acordo com as propostas de Freud (1914/1995) em "Narcisismo: uma introdução". Em seu texto sobre o narcisismo, Freud sustenta a hipótese, especialmente com relação à hipocondria e à doença orgânica, de que uma parte do corpo, ou um órgão interno, pode preservar todo o investimento do eu. Assim, o prazer em questão seria um *prazer do eu*, hipótese que terá maiores implicações no manejo do tratamento desses sujeitos.

Ora, mas quais seriam as semelhanças e diferenças desse modelo com o sintoma compulsivo? Nosso objetivo não é dizer que os tiques constituem um caso particular de compulsão, especialmente porque, como já apontamos, para Ferenczi, a diferença entre os tiques e as compulsões não é tão clara. O que complica sua diferenciação é provavelmente o aspecto narcísico da ação motora desses quadros, além do conflito de origem sexual. A intuição clínica de Ferenczi, nem sempre acompanhada de teorizações à altura, faz com que ele perceba que, mesmo nas compulsões neuróticas, há algo que não pode ser reduzido ao recalque e à castração. Ao contrário do fenômeno da materialização histérica, o comportamento compulsivo pode estar mais próximo do modelo do tique do que se poderia imaginar.

Ferenczi, portanto, nos ajuda a pensar em um aspecto compulsivo muito mais próximo daquele que estamos observando atualmente, afastando-se da neurose obsessiva de "O Homem dos Ratos" (Freud, 1909/1995). Esse caminho sugere um vazio nos processos de simbolização, característico dos "sofrimentos narcisistas"

(Verztman et al., 2012). Um dado clínico que pode confirmar essa abordagem é a incidência simultânea de atos compulsivos e impulsivos em pacientes não neuróticos que fizeram parte de nossa pesquisa, conforme o leitor observará adiante. Atos impulsivos, ao contrário dos compulsivos, são muitas vezes egossintônicos, o que significa que podem produzir certos tipos de prazer sem qualquer resistência. Muito parecidos com os tiques, eles constituem, diferentemente, fenômenos motores mais complexos, menos estereotipados, e repetitivos. Atualizam, na esfera motora, uma forma de intencionalidade radicalmente esvaziada de conteúdo discursivo. Eles são muito raramente motivo de queixa e representam um tipo de prazer corporal secreto. Os atos compulsivos que observamos em nossa clínica, apesar de seu maior grau de elaboração psíquica em comparação com os atos impulsivos, também parecem desconectados dos processos representacionais por outras defesas que não o recalque. Duas características clínicas reforçam essa hipótese, para além da já mencionada coexistência entre compulsão e impulsão: a diminuição ou a inexistência de pensamentos obsessivos complexos, e a experiência de exterioridade que o ato expressa. No que se refere à primeira característica, é bastante comum um paciente resistir a realizar o ato, mas, ao mesmo tempo, isso não o leva a dar um sentido à sua ação, que é fonte de apaziguamento. Estamos muito longe da ideia de uma "religião privada", permeada pela culpa, como a do homem dos ratos, por exemplo. A segunda característica, diretamente ligada à primeira, diz respeito a não experimentar a ação como uma experiência interna, fruto de seu próprio psiquismo. Ambas, por sua vez, exigiram que construíssemos hipóteses de pesquisa que sustentam um distanciamento do paradigma da compulsão calcado em uma dimensão do conflito edípico e nos aproximam de questões ligadas ao narcisismo.

Aspectos de nossa pesquisa: os sofrimentos compulsivos

Diante do exposto no item anterior, nos inspirando no caminho percorrido por Freud e por Ferenczi, nossa hipótese inicial consistiu principalmente na suposição de que certos pacientes com queixas compulsivas na atualidade encontram, por meio de seus sintomas, a única possibilidade de alcançar alguma estabilidade no âmbito da certeza de si. No entanto – conforme o leitor notará ao longo da incursão nos casos clínicos que será convidado a fazer nos próximos capítulos –, essa hipótese foi se configurando apenas como ponto de partida para a intuição de outros aspectos ou funções da compulsão. Revelar, de antemão, os caminhos percorridos a partir dessa primeira hipótese que se ramificam em diferentes direções seria antecipar a experiência do leitor de seguir seu próprio caminho. De toda forma, será interessante notar, a partir da riqueza e da diversidade dos próximos capítulos, que a queixa em relação às compulsões deixa, muitas vezes, de ocupar o papel central no percurso dessas análises. Nossa intenção será, portanto, indicar diferentes funções dessa forma de sofrimento.

A riqueza das experiências clínicas que se seguem deixam entrever a impossibilidade de tomar os sofrimentos compulsivos a partir de descrições objetivas, como aquelas dos manuais psiquiátricos – a não ser que se exclua uma série de aspectos relativos à maneira pela qual o sujeito os expressa, bem como as suas variadas funções na dinâmica psíquica. A popularidade do diagnóstico de Transtorno Obsessivo-Compulsivo (TOC) difundido pela psiquiatria e pela divulgação científica a partir de meados do século XX, pode ser concebida, simultaneamente, como um produto do ideal de autonomia-condição, como descrito por Castel (2012), e um índice da impossibilidade de consumação desse ideal. Em relação ao primeiro aspecto, seguindo as indicações de Ehrenberg (2009), o projeto da psiquiatria norte-americana a partir da publicação do DSM-III nos anos 1980, atualizada nas outras duas edições subsequentes, tem seu sucesso "menos relacionados a seus resultados científicos e práticos do que ao estilo de resposta dada para os problemas formulados pelo nosso ideal de autonomia individual generalizada" (Ehrenberg, 2009, p. 205). Ora, em uma direção parecida com a de Castel (2012), um regime de autonomia-condição (autonomia que se impõe a todas as idades como uma condição política que deve ser protegida e incentivada) pressupõe que o sofrimento seja descrito e tratado também de forma relativamente autônoma - com técnicas ou medicações que agem rápida e objetivamente. Por outro lado, a insuficiência desse ideal constitui um dos aspectos pelos quais a ação compulsiva torna-se cada vez mais uma forma de manifestação de sofrimento na contemporaneidade. Afinal, o que se espera de um sujeito autônomo senão se reinventar constantemente pela ação?

É interessante, portanto, que o outro lado da moeda dessa injunção por autonomia, conforme apontam Ehrenberg (2009) e Castel (2012), sejam sofrimentos depressivos, como se desenvolve o primeiro, e compulsivos, como assinala o segundo. Simultaneamente, o regime de autonomia-condição produz determinadas formas de sofrer, produtos da impossibilidade de se adequar a essa norma, isto é, um desvio da capacidade de autonomia. O deprimido não age, o compulsivo age incessantemente. Dessa perspectiva, o indivíduo deprimido ou compulsivo, portanto, deveria agir mais e melhor, agir para aprender técnicas para se tratar, agir para poder dançar de acordo com a música. Ora, essa saída parece se assemelhar às características de um *phármakon*: não seria essa mesma injunção um dos aspectos que colabora para a produção desse tipo de sofrimento?

Assim, entendemos que a avidez da psiquiatria e das técnicas comportamentais com a intenção da eliminar suas manifestações consideradas "indesejáveis" pode aumentar ainda mais as insuficiências narcísicas indicadas por Ferenczi, remetendo-se justamente à (in)certeza de si. Desse modo, olhamos com muito receio para práticas terapêuticas que visam apenas eliminar as compulsões. O relato das experiências analíticas a seguir deixa evidente que o papel dos sofrimentos compulsivos é tão importante e diverso a ponto de dificilmente ser possível encontrar um substituto à altura – trata-se, afinal, de substituí-los, de eliminá-los?

Por fim, inspirados no próprio Ferenczi, a aposta deste capítulo e deste livro consiste em sustentar formas cada vez mais sofisticadas de procurar dar um destino a esses sofrimentos, a essas mensagens aparentemente mudas que as compulsões carregam. Deixemos que nos próximos capítulos essas vozes (e, sobretudo, gestos), permeiem a experiência do leitor com sua própria vitalidade.

Referências

APA (2013). *Diagnostic and Statistical Manual of Mental disorders - DSM-5* (5th. ed.) American Psychiatric Association.

Castel, P. H. (2011). *Âmes scrupuleuses, vies d'angoisse, tristes obsédés.* (Vol. I: Obsessions et contrainte intérieure, de l'Antiquité à Freud). Éditions Ithaque.

Castel, P. H. (2012). *La fin des coupables, suivi de le cas paramord.* (Vol. II: Obsessions et contrainte intérieure, de la psychanalyse aux neurosciences). Éditions Ithaque.

Costa, J. F. (1988). Ferenczi e a clínica. *Cadernos de Psicanálise do Círculo Psicanalítico do Rio de Janeiro, 10*(6), 42-52.

Ehrenberg, A. (2009). O sujeito cerebral. *Psicologia Clínica, 21*(1), 187-213. http://pepsic.bvsalud.org/scielo.php?script=sci_arttext&pid=S010356652009000100013&lng=pt&tlng=pt.

Ferenczi, S. (1913/1993). O desenvolvimento do sentido de realidade e seus estágios. In S. Ferenczi, *Obras completas* (Psicanálise II). Martins Fontes.

Ferenczi, S. (1919/1993). Fenômenos de materialização histérica. In S. Ferenczi, *Obras completas* (Psicanálise III). Martins Fontes.

Ferenczi, S. (1921/1993). Reflexões psicanalíticas sobre os tiques. In S. Ferenczi, *Obras completas* (Psicanálise III). Martins Fontes.

Freud, S. (1894/1995). As neuropsicoses de defesa. In S. Freud, *Edição standard brasileira das obras psicológicas completas de Sigmund Freud* (Vol. III, pp. 57-74). Imago.

Freud, S. (1895/1995). Obsessões e fobias: seu mecanismo psíquico e sua etiologia. In S. Freud, *Edição standard brasileira das obras psicológicas completas de Sigmund Freud* (Vol. III, pp. 89-98). Imago.

Freud, S. (1896/1995). Novos comentários sobre as neuropsicoses de defesa. In S. Freud, *Edição standard brasileira das obras psicológicas completas de Sigmund Freud* (Vol. III. pp. 187-216). Imago.

Freud, S. (1905/1995). Três ensaios sobre a teoria da sexualidade. In S. Freud, *Edição standard brasileira das obras psicológicas completas de Sigmund Freud* (Vol. VII, pp. 129-256). Imago.

Freud, S. (1908/1995). Caráter e erotismo anal. In S. Freud, *Edição standard brasileira das obras psicológicas completas de Sigmund Freud* (Vol. IX, pp. 175-186). Imago.

Freud, S. (1909/1995). Notas sobre um caso de Neurose Obsessiva. In S. Freud, *Edição standard brasileira das obras psicológicas completas de Sigmund Freud* (Vol. X, pp. 159-318). Imago.

Freud, S. (1911/1995). Formulações sobre os dois princípios do funcionamento mental. In S. Freud, *Edição standard brasileira das obras psicológicas completas de Sigmund Freud* (Vol. XII, pp. 233-244). Imago.

Freud, S. (1913/1995). Disposição à neurose obsessiva. In S. Freud, *Edição standard brasileira das obras psicológicas completas de Sigmund Freud.* (Vol. XII, pp. 399-414). Imago.

Freud, S. (1914/1995). Sobre o narcisismo: uma introdução. In S. Freud, *Edição standard brasileira das obras psicológicas completas de Sigmund Freud* (Vol. XIV, pp. 89-122). Imago.

Freud, S. (1923/1995). O ego e o id. In S. Freud, *Edição standard brasileira das obras psicológicas completas de Sigmund Freud* (Vol. XIX, pp. 23-90). Imago.

Freud, S. (1926/1995). Inibições, sintoma e ansiedade. In S. Freud, *Edição standard brasileira das obras psicológicas completas de Sigmund Freud* (Vol. XX, pp. 107-210). Imago.

Gondar, J. (2001). Sobre as compulsões e o dispositivo psicanalítico. *Ágora, 4*(2), 25-35.

Green, A. (1990/1974). L'analyste, la symbolisation et l'absence dans le cadre analytique. In A. Green, *La folie privée*. Gallimard.

Herzog, R., & Pacheco-Ferreira, F. (2014). *De Édipo a Narciso: a clínica e seus dispositivos*. Cia de Freud.

Janet, P. (1903). *Les obséssions et la psychasténie* (Vol. 1). Alcan.

Khan, L. (2014). À propos de la traduction du terme Zwangsneurose, *Libres cahiers pour la psychanalyse, 2014/2*(30), 19-30.

Marinov, M. (2013). Chapitre 4. La névrose obsessionnelle : l'apport freudien. In C. Chabert (Org.), *Les nevroses*. Dunod.

Pinheiro, T., & Viana, D. (2011). La pérdida de la certeza de sí mismo. In P. J. Boschán (Org.), *Sándor Ferenczi y el psicoanalisis del siglo XXI* (Vol. 1, pp. 373-382). Letra Viva.

Pontalis, J. B. (1991). Não, duas vezes não. In J. B. Pontalis, *Perder de vista: da fantasia de recuperação do objeto perdido.* Jorge Zahar.

Roussillon, R. (2007). *Manuel de psychologie et de psychopatthologie clinique générale*. Elsevier-Masson.

Russo, J. E., & Venâncio, A. T. (2006). Classificando as pessoas e suas perturbações: a "revolução terminológica" do DSM III. *Revista Latinoamericana de Psicopatologia Fundamental, 9*(3), 460-483. https://doi.org/10.1590/1415-47142006003007.

Venturi, C., & Verztman, J. (2012). Interseções da vergonha na cultura, na subjetividade e na clínica atual. In R. Herzog, F. Pacheco-Ferreira, T. Pinheiro, & J. Verztman, (Orgs.), *Sofrimentos narcísicos* (pp.119-145). Cia de Freud.

Verztman, J., Herzog, R., Pinheiro, T., & Pacheco-Ferreira, F. (Orgs.). (2012). *Sofrimentos narcísicos*. Cia de Freud.

Verztman, J. (2005). Vergonha, honra e contemporaneidade. *Pulsional Revista de Psicanálise, 18*(181), 88-100.

Verztman, J. S. (2016). Édipo, Narciso e o sintoma compulsivo em Freud. In J. Birman, L. Fulgêncio, D. Kupermann & E. L. Cunha (Orgs.), *Amar a si mesmo e amar o outro: narcisismo e sexualidade na psicanálise contemporânea* (Vol. 1, pp. 202-214). Zagodoni.

Verztman, J. S., & Ferreira, F. P. (2018). O sintoma compulsivo na contemporaneidade: reflexões a partir de um estudo comparativo de casos à luz da teoria psicanalítica. In J. Birman, L. Fulgêncio, D. Kupermann & E. L. Cunha (Orgs.), *Modalidades de pesquisa em psicanálise: métodos e objetivos* (Vol. 1, pp. 115-132). Zagodoni.

Zorzanelli, R. T., & Verzt, J. (2012). O pavor do rubor: a emergência da timidez na medicina mental francesa do século XIX. In R. Herzog, F. Pacheco-Ferreira, T. Pinheiro & Verztman, J. (Orgs.), *Sofrimentos narcísicos* (pp. 1-15). Cia de Freud.

3. O "sem noção" e os problemas no âmbito do ser

Diego Sanzana
Ramon Reis
Carolina Ruggeri
Julia Borges
Regina Herzog

Introdução

O "sem noção", grosso modo, é alguém que não entende o que está fazendo, seja em relação aos outros, ou à realidade que o cerca. Por vezes, parece também carecer de juízo, não podendo mensurar o risco que causa a si ou aos outros. Por efeito dessa relação que estabeleceu no mundo, há situações em que esse alguém acaba por agir de maneira pouco convencional.

Renato tem dificuldade de interagir. Não por desconhecer o funcionamento do jogo social ou por desejar dele prescindir, mas por ser vítima de um desencaixe radical, espécie de exílio que prescreve a sua origem, o seu território e a sua errância.

Quando de sua entrevista inicial com os coordenadores do Núcleo de Estudos em Psicanálise e Clínica da Contemporaneidade (NEPECC) – antes mesmo de seu primeiro contato com a analista –, Renato apresenta um medo terrificante de "ir além do aceitável", corporificado sob a forma de preocupação pelo consumo compulsivo de conteúdo pornográfico, associado à compulsão masturbatória.

Incerto do que seria o "limite" quanto à contemplação desmedida desses vídeos, Renato remete para o cerne do que parece ser sua maior aflição: a fronteira entre o humano e o não humano.

Se de início os vídeos de pornografia heterossexual suscitavam prazer, a monotonia da repetição o redirecionou para a pornografia homossexual, "perturbando os seus pensamentos" e estabelecendo o enigma que se segue: "*E se eu for homossexual?*"; "E se, após descobrir-me homossexual, eu fosse além, buscando vídeos de pedofilia?". Esta última parecia ser para ele uma fronteira determinante que, uma vez extrapolada, o definiria terminantemente como não humano. A procura pelo dispositivo analítico corresponde à tentativa de solucionar este impasse, se de fato existia enquanto humano.

Sem saber quando estaria cruzando determinadas fronteiras do humano, Renato se perdia em meio a pensamentos nebulosos e se indagava sobre a "normalidade" de seus pensamentos e de sua própria existência: sua existência seria, de fato, uma existência humana, passível de ser reconhecida enquanto tal? Ademais, em casa, "*ninguém era normal*", posto que "*pessoas normais têm namorado, empregos e muitos amigos*". A dúvida sobre o que lhe acontecia, se seus modos de existência seriam os mesmos de outros humanos, se mantinha constante e, concomitantemente, apontava para o reconhecimento de que há um limite para a experiência humana – um limite materializado pela pedofilia enquanto substituta do tabu que prescreve a inclusão e a exclusão do universo humano.

E que limite seria esse? Renato ansiava por aprender a comportar-se como a maior parte das pessoas, a quem definia como "pessoas normais", assim como apelava para a necessidade de ser ele mesmo, de estar em um meio social no qual pudesse se sentir mais à vontade e ter um par. Desconfortável por se sentir deslocado no mundo e pelo sentimento de que não sabia interagir com colegas, frequentemente atribuía ao outro um olhar de julgamento, avaliação e recusa; parecia exilado, não em um território longínquo, mas nos interstícios que veiculam humano e inumano; confinado nos limiares. Uma vida nas bordas do "humano", na persistência incansável de assegurar a própria filiação à condição de humanidade.

A fim de ser reconhecido como um ser humano, Renato fazia muitos cursos, nos moldes de autoajuda, buscando habilitar-se a conversar e a se relacionar. Suspeitava ser uma pessoa desinteressante, afirmando "*não ter nada a acrescentar ao mundo*". Certo de que o comportamento aprendido lhe garantiria pertencimento ao domínio das "pessoas normais", Renato frequentemente frustrava-se ante os desacertos resultantes da apropriação descontextualizada de jargões e expressões corriqueiras, que conferiam um aspecto de inautenticidade no uso da linguagem. Por vezes, decorava frases prontas e as utilizava de maneira artificial.

Tinha dificuldade em interpretar empaticamente as expectativas e vontades de terceiros; certa vez relatou ter viajado para outro estado com a intenção de encontrar uma pessoa com quem estava se relacionando virtualmente e que, segundo o próprio, não havia dado indícios evidentes de que ansiava, de fato, recebê-lo. As mensagens "*não sei o que pensar de mim*" e "*sou um personagem*", endereçadas à analista, suscitavam uma impressão de inautenticidade, situações em que a experiência comunicativa perdia naturalidade.

Renato não sabia nomear o que lhe ocorria de diferente no próprio corpo – como quando recebeu, de sua analista, um termo para a dor resultante da ferida localizada no tecido interno da boca, afirmando que possivelmente seria uma afta. Manipulava seu corpo de maneira peculiar: cutucava-o com objetos pontiagudos, separava os dedos dos pés nas quinas dos móveis, arrancava a pele como forma de trazer um alívio para a vida – vazia, repleta de expectativas frustradas, insuportável. Na ausência do pleno reconhecimento de seus auspícios, Renato sentia-se esvaído de predicados e atributos, passando a reconhecer-se então como "o mais fracassado".

A existência, portanto, era um fenômeno episódico, uma sucessão de intensidades entre a plenitude da excitação e o completo esvaziamento do fracasso.

O atendimento de Renato compreende muitas nuances e variações ao longo dos 6 anos do processo de análise. A profusão do material a que todos os integrantes do NEPECC tiveram acesso ainda repercute e inspira diferentes leituras teóricas, inúmeras indagações e muitas alternativas de caminhos a serem trilhados, não tendo sido uma escolha fácil a direção que aqui elegemos. Assim, nosso trabalho terá como eixo condutor o questionamento e apontamento de Renato a propósito da problemática central: o limite do humano. Seu temor frente aos limites que ele próprio poderia ultrapassar, nos diferentes registros da subjetividade e da experiência, capturaram a equipe, preocupada sobretudo com a possibilidade de uma iminente tentativa de suicídio, expressa de forma contumaz na frase que segue: "azia sentimental. Um bate rebate horroroso dentro de mim. Eu preciso ir embora desse plano. É necessário ter coragem".

Essa descrição se colocou para nós como uma metáfora do modo de Renato relacionar-se consigo e com o mundo e desembocou na preocupação da equipe de que ele poderia efetivamente cometer suicídio. A queixa de sentir-se diferente dos outros e do medo de ir além do aceitável em ações e pensamentos contrastou significativamente com a afirmação, mais tardia em seu processo de análise: "*acho que já estou em condições de alta, [...] parece que o caos agora está lá fora e não mais aqui dentro*", afirmação que expressa, sem dúvida, a importância que este atendimento teve para o paciente.

As questões que atravessaram o grupo retratam também a estranheza frente à profundidade do que as palavras escolhidas por ele expressavam de seu sofrimento, como posto na mensagem endereçada à analista: "*tive um final de semana terrível. Caí em depressão, por mais banal que isso possa parecer. Uma neblina caiu em minha vista*". Posto isso, será possível designar seu arranjo defensivo de se manter constantemente estimulado, excitado para eclipsar o tédio, como uma forma de compulsão?

Da agonia à dor, uma compulsão?

Do ponto de vista fenomenológico, a apresentação dos sintomas e os modos de subjetivação salientes no paciente demarcam uma proximidade característica com a série de abrangência das compulsões. Renato se dizia siderado em um empuxo masturbatório, excessivo e recorrente, e em uma busca incansável de conteúdo pornográfico audiovisual, com função aparentemente estimulante frente ao tédio que o corroía. O gesto repetitivo de utilizar os dentes para retirar a pele da mão e dos dedos, assim como as pequenas lesões que infligia na parte interna dos lábios, ou mesmo quando movido por um ímpeto irresistível de descascar ferimentos ainda não cicatrizados e coçar regiões do corpo até que sangrassem, nos lançou, à primeira vista, a uma apresentação sintomatológica de teor decisivamente compulsivo (Lowenkron, 2009). Embora definitivamente díspares, as epistemologias psicanalítica e psiquiátrica partilham de uma racionalidade comum ao consagrar o sintoma como via de acesso à fenomenologia compulsiva, intercambiando os seus signos para fazer do sintoma a própria compulsão em estado bruto. Tal indagação nos conduziu a uma análise das diferenças descritivas com que o campo psicanalítico assimilou as noções de compulsão e impulsividade e, por fim, à nossa primeira suposição: a de que nos avizinhávamos do modelo psicopatológico da impulsividade (Dalgalarrondo, 2019; Lins & Rudge, 2012).

Isso porque nem a obstinação de seus pensamentos, veiculando a pornografia ao temor persistente de aceder à região sombria do não humano, nem as *manias de arrancar a pele,* que aliviavam o embaraço de enfrentar uma situação social temida, comunicavam os traços ocultos de uma luta defensiva primária (Freud, 1909/1995). Faltavam a essas formações as ordens, proibições, impulsos, desejos, tentações, reflexões e dúvidas típicas da alegoria obsessiva, cuja opacidade a interpretação dos conteúdos oníricos é capaz de revelar. Embora expresse admiração por seu jeito de falar tudo o que vem à cabeça, Renato se aborrece pelos momentos de impulso que suspendem até mesmo a sua capacidade de racionalizar. Uma vivência paradoxal, que conecta a própria demanda de análise – qual seja, a tentativa de eleger uma instância censória extrínseca no controle de seus pensamentos e ações – à medida de exigência que desafia o seu psiquismo ao suprimir o intervalo entre o impulso e a sensorialidade.

Por sua vez, nossa segunda suposição se orienta no sentido (paradoxal) de que a compulsão em Renato desempenhou, de forma dominante, a dupla função de fuga e suplementaridade. Suplementar porque corresponde a uma modalidade de territorialização do vazio existencial, e de fuga à medida que auxiliava a não lidar com seus pensamentos mais aterrorizantes. A dificuldade com a assimilação da impermanência dos estados mentais ditava o ritmo do deslizamento afetivo entre um polo e outro, tendo a alteridade uma marcada função de condensação nos extremos e manutenção de um psiquismo em estado de excitação. Qual era o modo dominante de se relacionar consigo mesmo? O que vem de Renato tem uma marca de pessoalidade? E, nesse caso, a pessoalidade era algo marcante? Acreditamos que Renato tinha que habitar seu corpo antes que pudesse ser si mesmo (Winnicott, 1960/1983). Subjacente a isso vem a ideia de que Renato estaria desesperadamente buscando se integrar, visto que a integração, mesmo provisória, era por ele sinalizada como "sentimento de sanidade" (Winnicott, 1960/1983, p. 138).

A pornografia, assim, poderia ser compreendida em sua extrapolação à dimensão da sexualidade, isto é, como intermédio garantidor da excitação, capaz de direcionar as sensações para o exercício do autocontorno de si. Da perspectiva de Renato, a tranquilidade é sem graça; contudo, ter graça é ser estimulado – e ser estimulado é garantia de existência –, somente na extrema tristeza ou no pleno entusiasmo é que o paciente se sente vivo e criativo – em outras palavras, quando as condições de excitabilidade de seu aparato psíquico cobram compensações por intermédio de atos impulsivos. Longe dessa atmosfera, a sua vida é vivida como insuportável, vazia e repleta de expectativas frustradas. Não à toa, há uma sobrevalorização do estímulo nesse aspecto. O estímulo, a excitação, a tensão, ocupam o corpo, não só adiando o contato com experiências desorganizadoras, bem como trazendo para cena constantemente um outro (ou outros).

Como trabalhar com aqueles que não conseguem falar dos sentimentos mais complexos? Como sabemos que nossas sensações podem ser sentidas por outros? Seguindo nossas considerações acerca da compulsão, qual a dinâmica narcísica no caso? Como podemos pensar as funções do eu aqui?

Descontinuidades narcísicas: entre o despreparo e o se deixar morrer

A questão da dinâmica narcísica é iluminada, nesse caso, a partir do enigma *o que é o humano* e de como ele se atualiza no desenvolvimento dos processos narcísicos do paciente. Renato faz mil coisas na vida, preserva a funcionalidade operacional, mas "*não sabe como se aproximar das pessoas*". A inabilidade quanto à compreensão do funcionamento dos jogos sociais nos remete à suposição de que algo na transmissão desses ficou comprometido, seu recebimento parece não ter tido tantas ressonâncias. Renato participa como um estrangeiro, um intruso que, se triunfa em dominar os seus códigos, jamais deixará de ser traído pelo sotaque que denuncia a sua condição de estrangeiridade. Daí o desencontro que acentua a idiossincrasia do seu senso de humor, mesmo tendo nas piadas a sua principal "*estratégia de marketing para ficar conhecido*", posto que elas geram no outro uma resposta. Parece-nos que se utiliza da imitação como uma especialidade (Winnicott, 1960/1983). Há um uso, mesmo que vacilante, de estereotipias sociais. Em certa medida, é lícito pensar que os mais diversos cursos que buscou funcionaram como tentativa de construir um instrumental em relação à vida social. O enigma dos limites por vezes se desloca para o eixo "o que eu sou para o outro?", "o que mostro para ele?". Inclusive, Renato falava de uma busca por reconhecimento, querer ser alguém famoso. A possibilidade de reunir atributos e formar uma certa unidade a partir disso não se colocava. A consequência de a impossibilidade de pessoas importantes atribuírem qualidades a Renato endossa a ideia de como o outro tem função de bússola para sustentar a construção do que ele é. Seu eu parecia ter uma existência incapaz de atribuições a ponto de endossar uma delimitação narcísica, um eu sou. Não raro traz episódios de ataques de fúria e sensações de vazio.

O contato com o outro é uma questão sempre presente no desenrolar desse caso. Os primeiros anos escolares remontam as primeiras impressões de excomunhão do universo humano. Foram anos que representaram para Renato um desafio doloroso, posto que, por ser muito apegado à mãe, ter muitos brinquedos e se sentir bem em casa, recusava-se a sair daquele ambiente para ir à escola. A impossibilidade de separar-se da figura materna, cuja perda a instituição escolar sumariamente representava, forneceu a convicção de que uma diferença radical o separava dos demais: algo exótico marcava a qualidade da divergência que justapunha a experiência subjetiva de seus pares à sua, pois nenhum outro aluno jamais precisou, como ele, que sua mãe passasse todo o turno escolar esperando na janela, enquanto ele assistia à aula. Desde então, concebendo que os outros não agiam como ele, Renato passou a tentar extrair do comportamento alheio o que é normal e o que não é normal. O que essa cena pode nos esclarecer quanto à dinâmica de sua constituição subjetiva? A partir da elaboração do conceito de narcisismo, Freud relaciona a constituição da subjetividade à invenção dos cuidadores da criança (Pinheiro, 2003). Assim, que tipo de mensagens teria Renato recebido? No caso de terem sido introjetadas, que modos de cuidado repercutiram na subjetividade do paciente? Que modos de cuidados teriam sido introjetados?

A concepção de constituição narcísica que abrange não somente as fantasias, mas igualmente as determinações e sutilezas dos processos narcísicos das figuras parentais, nos faz interrogar sobre os efeitos deste precipitado de identificações sobre a consolidação da subjetividade de Renato. Qual singularidade daí resultou? As declarações de que sua mãe nunca lhe ensinou algo e de que seu pai havia sido muito ausente insinuam a dinâmica das posições subjetivas operadas pelas figuras parentais. Se a indisponibilidade do pai é marcante, a presença materna preserva uma função um tanto controversa – entre a determinação e o esmaecimento.

Dela, reteve a sensação indigesta da mesma programação de rádio, tocada à exaustão todas as manhãs, como uma recordação que prefigurava a sua influência sobre ele. Nesse sentido, Green (1988) nos recorda a noção de objeto-trauma, que coloca em evidência um movimento dos objetos cujas características – assumidamente erráticas – representam, para o eu, uma apropriação dificultada. O objeto não é fixo, nem permanente; ao contrário, é aleatório tanto no tempo como no espaço. Muda de humor, de estado e de desejo. Apresenta-se "presente demais ou muito pouco presente, e ausente demais ou muito pouco ausente" (Green, 1988, p. 154). A questão aqui, nos parece, é que as relações primárias foram boas e más de uma maneira torturantemente irregular (Winnicott, 1960/1983).

Desde pequeno, Renato lembra da mãe falando mal de seu pai e dela passar o dia inteiro em casa, "*Lá em casa, todo mundo coloca a culpa um no outro*". Talvez, a mensagem que fica seja justamente a de que o outro não só não parece saber dele como, ao se aproximar, traz consigo a tristeza: "*só quem não está perto de mim é feliz*". Tal ideia se aproxima do que propõe Pinheiro (2003) acerca dos sujeitos que existem sem saber o que são: eles "não parecem partilhar o mundo misterioso da subjetivação" (p. 9). É nesse campo que Renato partilhava a sensação de não ser dotado de virtudes, à medida que as pessoas não enxergavam nele qualidade alguma, o que indica que aqueles implicados em sua criação não o fizeram alvo de investimentos, não lhe dirigiam um caldo de predicados. Renato certa vez afirmou: "*não tenho muito diálogo com a família, só conversas rasas que não levam a lugar nenhum*". Nesse sentido, detém familiaridade com a ideia de que lhe foi dirigido um olhar portador de juízo de existência, mas não de atribuição (Pinheiro, 2003). Desempenham as funções necessárias para sobrevivência, o alimentam e limpam, mas não lhe falam, não têm dele uma fantasia. A desarticulação desses juízos lança a sensação de existência em uma enorme fragilidade, "*tô vivendo, mas tô me deixando morrer*".

Nesse contexto, se por um lado a função imaginativa, tributária de um eu mais arrojado, parece desempenhar um papel tímido – situação que se modificou muito no processo –, por outro, a corporeidade desempenhava uma função estabilizadora, em certa medida compensadora. Castoriadis (1992) atribuía à função imaginativa do eu a possibilidade de ver em uma coisa o que ela não é, de vê-la para além do que é – imaginação entendida como a capacidade de colocar novas formas. Assim, à medida que o pensamento de Renato parecia inconsistente para lidar com angústias e sofrimentos, fazia coisas sem saber o motivo de tê-las feito, na direção de uma impulsividade.

Da mesma forma, a ausência de gradações entre a tristeza e o entusiasmo faz supor uma dificuldade particular com determinados estados afetivos. Renato traz diversas manifestações não elaboradas, com uma grande dissociação entre corpo e pensamento. Uma nuance em relação ao corpo, vale retomar, o recurso ao corpo, que detém certo caráter compulsivo como o morder a boca, parece conferir um mínimo de estabilidade para o eu de Renato. Além disso, a autolesão pareceu atuar de forma a interromper a atividade do pensamento, como uma estratégia de antipensamento tendendo a esvaziar o espaço interno para não ter que pensar (Sanzana, 2021). Os vídeos pornográficos, por sua vez, mantinham Renato em constante êxtase, pela dificuldade que sentia de suportar momentos mornos e de tédio. Assim, a autolesão se firma como um freio ao risco da desorganização e da perda dos limites (Dargent & Matha, 2011). Pensando na dor, o corpo aparece como um lugar de troca: "*troco a angústia pela dor*". Troca-se algo abstrato – uma angústia difusa – por algo concreto – a dor no corpo.

A todo tempo, Renato bordeja o ato, a instabilidade do campo do si mesmo, que se coloca de forma muito particular, "*não sei se levo uma vida de monge, ou se atiro para qualquer lado*". Nesse registro, a violência e o suicídio foram temas recorrentes, "*cheguei no fundo do poço não aguento mais, vou me matar*". Em diferentes momentos, Renato fala à analista de uma sensação de despreparo diante da vida, deixando à cargo de sua mãe que ela realize o que ele não sabe fazer. Na descontinuidade narcísica, os cuidados não são muito bem introjetados, os objetos não se deixam apagar, invadem a capacidade de utilizar símbolos, recurso que em Renato parece fragmentado (Winnicott, 1960/1983). Na impossibilidade de uma delimitação dos limites entre o eu e o outro, pode-se ter como contrapartida a intensificação de defesas, como clivagem, exclusão somática e expulsão pelo ato (Green, 1990/2017). A porosidade dos limites de si reflete na dificuldade de esses sujeitos distinguirem o eu do objeto, a interioridade da exterioridade.

Nesse caso, explorar a dimensão narcísica nos remete à relação com a alteridade, com a intersubjetividade que estaria na base da constituição narcísica. Para Renato, não era possível ter uma imagem clara de si mesmo, um termômetro próprio para seus hábitos e comportamentos. Seus modos de estar nas relações, pautados por livros de autoajuda, filmes, *reality shows* e cursos comportamentais dos mais variados, nos levou a pensar que esse era o modo pelo qual Renato podia se relacionar consigo e com o outro.

Reflexões acerca dos contornos em torno da problemática do "sem noção"

À vista desse modo particular com que Renato se relaciona consigo e com o mundo, cabe investigar a forma pela qual foi trabalhada a problemática do "ser sem noção", os sinais e sintomas exibidos fora e dentro das sessões de análise. Como a analista lidou com os processos de pensamento e afetivos de Renato? Que questões técnicas esses aspectos requerem? Como percebemos seus efeitos?

Um aspecto que nos chamou atenção foram as recorrentes crises de colapso, situações nas quais a questão da morte era constantemente anunciada. Sentindo-se rejeitado após consumada a sua primeira relação sexual, Renato apresentou à sua analista uma ideação suicida ainda não sistematizada. O anúncio de que intencionava se matar desabrocha a gravidade do caso. Reiterando não se tratar de um recurso cômico ou zombaria, liga para a analista e anuncia: "*tô no fundo do poço*", "*não é brincadeira*". A analista o acolheu: "*estou vendo que você não está brincando*", "*estou aqui à disposição*". Na ocasião, faltou à sessão seguinte com a analista, com a psiquiatra, e não respondeu às mensagens. A analista então ligou para a casa dele em um horário que sabia que ele estaria lá; ele atende e diz: "*sabia que ia ligar*".

Apesar de a analista ver se avolumar, no seio do tratamento, um processo transferencial "muito forte" que exigia não só constante disponibilidade, mas mesmo um conjunto de adequações técnicas, durante anos o processo terapêutico pareceu centrar-se em pensar junto em coisas que não se consegue pensar sozinho; amenizar a agonia; e a construção do enquadre. Capitaneado pela constância da analista, e pela confiabilidade proporcionada por sua permanência, o desenvolvimento do enquadre analítico facilitou uma transformação na qualidade do processo transferencial: foi sendo possível comunicar a relação de transferência, a ponto de ser factível, diante de um intervalo no processo analítico, a dupla conceber este diálogo: "*Estava sonhando com você, não sei o quê*" e "deve ser muito ruim ficar sem sua analista tanto tempo". Se num primeiro momento houve um investimento transferencial que exigia da analista uma sintonia maior em relação às necessidades emocionais de Renato, já em outros foi possível a adoção de uma postura com mais reservas.

Nesse sentido, vale destacar algumas especificidades que surgiram no eixo transferencial, bem como alguns pontos que marcaram uma mudança na apresentação do mesmo.

Um caso que requer muita atenção e boa vontade

Durante um intervalo significativo, o processo analítico transcorreu sem maiores referências a uma história com personagens infantis e figuras primárias dotadas de traços e qualidades. Contratransferencialmente, Renato requisitava que a analista fizesse comparecer alguns elementos de sua pessoalidade, à medida que exigia uma plasticidade e complacência tanto durante a sessão como fora dela. Ausências no horário acordado para o acontecimento das sessões, mensagens de texto numerosas, desmarcações, além de uma comunicação repleta de atuações, enunciados caóticos e confusão na nomeação de sentimentos, reclamavam a contrapartida da solicitação de supervisões extraordinárias, intensificação da articulação das redes de cuidado e de pesquisas teóricas, pelas quais a analista era diretamente convocada. Segundo suas próprias palavras, a analista sentia como se estivesse "*vendo um filme com uma legenda que não entende*". Como foi possível a interação? Era como se precisassem compor juntos a possibilidade de nomeação das coisas, de condições para o pensar. A experiência transferencial orbitava, segundo essa perspectiva, numa espécie de unidade dual: "a impressão que eu tinha era que compartilhávamos uma mesma cabeça, um mesmo corpo nas sessões, suponho que da perspectiva dele eu nada podia pensar para além do que era possível para ele". Por sua vez, a expectativa de Renato era de que a analista fosse capaz de sintonizar com os seus sentimentos: "Hoje percebo que, de tão sem perspectivas que estou, de tantas coisas que eu não consigo explicar sobre mim, minha vida virou mais um caso que requer muita atenção e boa vontade". A comunicação se dava num contexto cuja transmissão passava por pensamentos estranhos e sensações dispersas, esperando que algo tivesse ressonância no outro.

A analista, no início do processo, dizia ser difícil saber quando Renato estava melhor. Havia em Renato a tentativa permanente de comunicar e partilhar estados emocionais e situações ainda não integradas: "*Eu tô cansado, quase não respirando, pedindo pra ir embora porque não me aceito como humano*". Nesses casos, como bem lembra Winnicott (1974/1994), a tarefa é lembrar algo que ainda não ocorreu. Esse algo, é, com efeito, o próprio colapso, que "só pode ser experimentado como tal no aqui e agora da situação analítica quando a dependência se torna elemento fundamental da transferência" (Savietto & Souza, 2016, p. 101). E talvez a partir dessa, a experiência primitiva que compõe uma temporalidade possa, enfim, ingressar no passado (Winnicott, 1974/1994). Conquanto o *estar-com* parece ter sido o recurso técnico fundamental no início, à medida que viabilizou caminhos para uma variação considerável de formas de expressão, posteriormente ganha relevo a função de testemunho, cuja passagem "*não tenho nada que falar, mas vim para ver que estou bem*" alude bem à ampliação de possibilidades do paciente em "processar a sua existência, antes de habilitá-lo a processá-la por intermédio do pensamento" (Bollas, 1992, p. 50).

O que favoreceu a composição de um espaço que estimulasse a comunicação e o contato com as partes não integradas do sujeito? Interrogamo-nos se, contratransferencialmente, a disponibilidade da analista exerceu uma função determinante de continência pelo favorecimento à acomodação do campo transferencial, podendo ser afetada pelo paciente e dar lugar a outras formas de comunicação. Por exemplo, quando manda uma mensagem em que diz pretender sair deste "plano", a analista coloca: "fez bem me mandar mensagem, agora é alguma coisa que me envolve também".

Outras indagações importantes foram levantadas. A possibilidade de existência de uma forma latente de amor de transferência (Freud, 1915/2010), ou mesmo a viabilidade de aplicação teórica do modelo transferencial, tendo em vista que a dispersão dos limites egoicos tinha como correlato a percepção de uma analista ainda não inteiramente diferenciada. Essas questões nos levaram a revisitar e questionar diversos conceitos e noções. Em princípio, não se trata, conforme apontam Verztman e Pinheiro (2012), de colocar "em pauta a repetição que engendra o laço com a analista, por meio da identificação de traços dele com traços de outros objetos" (p. 77). O que fica de remanescente dessas questões é sua intensidade e dificuldade de delimitar um lugar. A analista tinha uma tarefa: a de funcionar como guardiã do enquadre,[1] zelando pela transferência em um dispositivo bastante elástico. A comunicação se deu, desde o princípio, marcada por um esforço intenso, "*tem muita coisa para dizer, mas eu não sei o que dizer*", comunica a analista durante a supervisão. Aquele excesso que não podia ser posto em palavras era um excesso aquém da linguagem verbal, daí seu caráter enigmático. A partir do relato da analista em supervisão, percebemos que foi necessário algum tempo até a dupla poder estabelecer seu código próprio de linguagem que permitisse a inteligibilidade. Vejamos: "*reparei que ele voltou a usar um band-aid no nariz para tapar a ferida das espinhas, aparato que parece somente ser usado quando Renato está bem*". O que alude como a comunicação "mimo-gesto-postural" (Roussillon, 2005) por vezes ganhava relevância, sendo necessário sutileza e cuidado para compreender gestos, tonalidade de voz, postura, apresentação física, silêncios, atos. Se fazia necessário indagar o que aquilo queria dizer. Quem estaria falando? Para quem se estava falando?

---

1 Estamos de acordo com a proposta de Pinheiro e Verztman (2012) no que se refere à necessidade de expandir o que chamamos de transferência no caso aqui trabalhado.

Aspectos primitivos de experiências subjetivas precoces, anteriores à linguagem, ali se apresentavam e exigiam da analista um árduo esforço de compreensão.

Sob essa ótica, nos interrogamos se no início se tratava de uma transferência do arcaico – ou, na terminologia de Roussillon (2019), de uma transferência sobre o enquadre. À proporção que sob o enquadre se depositava o aspecto "sem noção" – o que escapa ao universo simbólico –, o que há de mais primitivo e que precisa do outro para se encadear como acontecimento teve lugar como imagem e, então, se manifesta em palavra. Se houve a possibilidade de ocupar distintos lugares na transferência, nesse processo, ela se deu essencialmente a partir de uma disposição específica da analista. O "estar-com" remeteu a como Ogden (1982/1992) delimita o *enactment*,[2] como parte do processo de identificação projetiva – ao levar o outro a atuar uma parte de si mesmo é possível se reapropriar de sua parte. Nessa forma arcaica de comunicação, haveria implícita, no projetor, a esperança de que pela função de receptor se possa conter os aspectos não integrados, transformando-os e devolvendo-os de forma mais integrada (Ogden, 1982/1992).

Por esse ângulo, um componente importante do tratamento é representado no encontro da analista com modalidades heterogêneas de comunicação (Fédida, 1989). As *performances* que exibiam curativos sobre o rosto podem ser consideradas formas de uma enunciação que tinha como endereço a figura da analista, conforme suas palavras: "*Eu tinha que ver aquilo como mensagem*". Ler as nuances mais sutis era a forma que lhe permitia criar um texto para ela própria estabelecer uma bússola a partir dos aspectos de dentro e fora do enquadre. As mensagens e ligações

---

2 O *enactment*, *grosso modo*, além ser uma forma de comunicação do mundo interno do paciente, se apresenta nesses pacientes como um convite ao analista, uma oportunidade para a instalação de eventos psíquicos inaugurais que poderão resultar numa reorganização do funcionamento psíquico.

foram quase um recurso cartográfico – indicativo da necessidade de uma presença mais implicada da analista (que podia responder tecnicamente, com a alteração da periodicidade das sessões, por exemplo). Houve espaço para ele trazer poemas, silêncios, pinturas, lesões no corpo, no qual movimentos regressivos puderam ter lugar e outras dimensões da corporeidade serem incluídas na dinâmica. Tomando as palavras de Fédida (2002), o que ganhou relevo, com isso, foi a "percepção da analista de sua própria membrana de ressonância" (Fédida, 2002, p. 32).

A estranheza inquietante foi outro elemento que perpassou o aspecto transferencial-contratransferencial do caso, sobretudo no que diz respeito à relação que Renato mantém com o próprio corpo – e que se delimita na descrição de atos prazerosos e calmantes, mas cujo efeito de desordem produz em seu interlocutor uma reação difusa de caráter infamiliar. Essa estranheza "compartilhada" entre paciente e analista estaria relacionada com aquilo que Renato não reconhecia como ele próprio, mas como algo que aparecia, que se impunha. E a estranheza no caso de Renato não é a estranheza do íntimo, do familiar e do que é sentido como interno. É a estranheza da clivagem, daquilo que está dentro, mas separado, e, por isso, não é possível imaginar o outro.

Nesse registro, trabalhar com a estranheza não é uma tarefa simples, já que, para se comunicar com o outro, precisamos habitar o mesmo mundo. O desenho, recurso posteriormente inaugurado por Renato como um terceiro, pôde justamente ser esse mundo que os dois – analista e analisando – ocupam. É possível, nesse mesmo universo perceptível, se comunicar. Talvez o essencial da estratégia clínica adotada tenha sido a possibilidade de construir, habitar e imaginar o mesmo mundo que o paciente; pela dificuldade de traduzir a experiência clínica em um depoimento compartilhado, testemunhamos não somente a composição pouco integrada do universo dual analista-analisando, mas igualmente as ressonâncias diretas do caso clínico sobre as discussões existentes dentro da equipe de pesquisa. Para nós, em razão dessas situações levarem a analista a partilhar uma experiência em certa medida familiar ao paciente, da mesma maneira que ele não conseguia dizer o que sentia, tampouco era possível a ela falar/contar sobre Renato. Contratransferencialmente, habitar esse mundo prototípico implica ensaiar o esquecimento do mundo particular da analista e se deparar com a própria estranheza que a habita. Não há *Unheimlich* sem *Heimlich*, nos dirá Pontalis (1991, p. 22). Nesse sentido é que identificamos que a analista se esforçou para não retirar a estranheza do que era inquietante.

Posteriormente, a intensidade dos fluxos transferenciais começou a arrefecer. Uma situação inédita aconteceu: a analista ficou incerta quanto ao que ficou combinado para próxima sessão. Além da incerteza quanto ao término das reformas no ambulatório de saúde mental onde ocorriam as sessões, Renato havia faltado ao último compromisso. Ao fazer contato telefônico com o paciente, Renato afirma que já estava lá. "*Então ele foi, mesmo sem ter a certeza se eu ia ou não*". Um outro indício relevante foi a situação na qual perguntou à analista "*se estava tudo bem*". Essa foi a primeira vez em que se referiu a ela como "*alguém que está separado*" – momento que, em seu entendimento, prefigura uma transformação importante da relação transferencial.

Antecedência e procedência

Explorar a dimensão narcísica nos remeteu à questão da relação com o outro, relação fundamental para o processo de constituição narcísica e para os processos de subjetivação. No tópico anterior, frisamos a escassez de dizeres que remetesse, de maneira manifesta, à história com seus objetos primordiais. A historicização, caracterização e percepção das figuras parentais foram sendo melhor construídas, um ganho paulatino da análise. Partindo do pressuposto de que a relação de objeto está relacionada com "explorar relacionamentos entre pessoas reais externas e imagens e resíduos internos relacionados com elas e o significado de tais resíduos para o funcionamento psíquico" (Greenberg & Mitchel, 1994, p. 7), como foram as trocas que auxiliaram a compor a figura do "sem noção"?

Na primeira parte do tratamento, Renato vivia a relação com o outro atravessada por uma percepção difusa e persistente de indiferença; indiferença do outro em si mesmo – esse "outro" que não equivale ao "próximo", mas que se verte no seu contrário: o "distante". Sentindo-se constantemente desinteressante ao outro, Renato se via emaranhado na impossibilidade de acrescentar algo de si ao mundo. Essa sensação de falta de importância era reforçada em circunstâncias domésticas simples, por exemplo, quando descoberto em casa bebendo álcool, obtém como resposta da mãe apenas silêncio. Ela nada fala, apenas vai para o quarto e reza. A indiferença também se manifesta com relação à sua dieta "*digo que quero perder pso* [sic.] *mas a comida é sempre macarrão*". Essa configuração se apresentava de diferentes formas, e o longo tempo de atendimento as revelou progressivamente. Um olhar julgador proveniente do outro, de constante avaliação e, por fim, de recusa, permeia suas relações. A origem dessas convicções se firma na certeza de não ser interessante. Suas experiências com o mundo – mulheres, colegas de longa data e família – ratificam a sensação de ser dispensável e, ao mesmo tempo, a expectativa de ser admirado e reconhecido por ser ele mesmo.

Na perspectiva de Renato, o fato de ter uma atitude introvertida e valorizar a solidão – além de, sobretudo, receber acompanhamento psiquiátrico – seriam razões suficientes para receber o rótulo (autoatribuído) de "*a pessoa mais problemática da família*". Apesar da percepção de si mesmo receber algum endosso de seu grupo familiar, a própria irmã de Renato, constatando nele uma melhora (devido a uma maior disponibilidade de se expor a situações sociais), solicita que leve seu sobrinho para sair:[3] "quem sabe não poderia passar essa fórmula para meu filho", questiona. Seu sobrinho, que passa dias a fio mergulhado nos jogos virtuais, não construía interações para além da internet. Tal situação alude a uma variação considerável da dinâmica entre Renato e seu entorno, ilustrando como seus familiares passaram a nele notar qualidades e comunicá-las. No transcorrer das sessões, Renato foi alinhavando algumas sutis semelhanças – e também diferenças – com seus familiares. Assim como sua irmã, ele também tinha dificuldade em lidar com excessos, mas "*agora está bem diferente dela*".

A especificidade de suas relações primordiais, derivada da qualidade da dependência do objeto, promoveu em Renato um importante impasse de que temos notícia pela sua extrema relutância em abandonar a posição de dependência infantil, mas também por sua enorme pretensão de poder dela renunciar. Ao mesmo tempo que sente que são muitas obrigações a cumprir, Renato, a despeito de não querer a ajuda de sua mãe, demonstra justamente a necessidade de que ela intervenha a seu favor. Nesse sentido, Renato tratava seus objetos como meio de satisfação das suas exigências e não como pessoas totais, possuidoras de valor, identidade própria, ou pensamento.

No que diz respeito ao processo analítico, os atrasos para as sessões – que chegavam a 40 minutos – não costumavam causar-lhe grandes questões, apesar das mensagens pedindo desculpas à analista. Esse modo de uso do *setting* foi, sobretudo no início, recorrente. Como sugere Winnicott (1971), para relacionar-se com

3 Em um primeiro momento Renato concordou com a ideia. No entanto, voltou atrás, pois gostaria de sair para programas de adulto e o menino não poderia entrar, já que tem apenas 15 anos. Renato fala: "*como eu que mal consigo me levar para sair sozinho posso levar um menino de 15 anos para sair?*".

objetos é inevitável que o mundo seja antes apresentado ao indivíduo de modo satisfatório – uma justaposição entre a onipotência e o princípio de realidade. Sendo assim, o que precede a primeira relação de objeto é justamente a unidade dual do par mãe-bebê. Nessa perspectiva, seria possível conceber uma relação de objeto no início do processo de Renato? Teria ele percebido a analista enquanto alguém diferente dele?

Por fim, a analista teve que lidar com o paradoxo de estar presente quando necessário, mas sem invadir. Para tal, o objeto deve estar na justa medida, não deve desaparecer do horizonte nem forçar uma presença. Missão às vezes impossível, mas uma demanda que foi acolhida e metabolizada pela analista. O processo, como um todo, pode ser sintetizado como um espaço onde foi possível uma diferenciação, uma singularização. Nesse período, destacamos a possibilidade de Renato criar algum esboço de familiaridade e diferenciação com outras pessoas. Embora Renato perceba traços familiares com a figura materna, já não reconhece a ele e sua mãe como duplos equivalentes. Observamos que muitas aquisições, ampliações e novas formas de se relacionar foram propiciadas pelo encontro de Renato com a analista, o que nos leva ao próximo tópico, com a pergunta: O que, nesse atendimento, se configurou como um ponto de virada no processo terapêutico de Renato? Nos atendo à problemática do "sem noção", acreditamos que como direção de tratamento um elemento decisivo foi a questão: como se colocar na mesma paisagem de um estrangeiro?

O modelo da ultrassonografia

A despeito dos inúmeros impasses clínicos e teóricos, é possível observar a busca da analista por ferramentas que contribuíssem para a sustentação do encaminhamento do caso, que resultou no desenvolvimento de um pensamento clínico (Green & Urribarri, 2019) composto pelos operadores de seu fazer clínico. Assim, manter o enquadre mais rígido ou torná-lo mais elástico, por exemplo, demonstra a operação do seu pensamento clínico. Tal articulação facilitou a instauração de condições para Renato "pensar seus pensamentos" (Bion, 1994). Destacaremos em seguida alguns desses operadores fundamentais para a função psíquica que desalojou a desordem, reespacializando-a além dos limites de si: "acho que já estou em condições de alta, [...] parece que o caos agora está lá fora e não mais aqui dentro [*sic*]".

Fazendo referência a Winnicott (1962/1983), foi fundamental a analista manter-se com vitalidade, bem e desperta. As questões relativas ao enquadre foram aos poucos tematizadas. Conforme ressaltamos anteriormente, o que possibilitou essa transmutação foi a disposição da analista em acolher as diferentes expressões de Renato, o que permitiu não apenas assegurar e legitimar os conteúdos a ela endereçados, mas igualmente metabolizar elementos brutos, tornando-os mais palatáveis, processáveis, assimiláveis. Renato se perdia com experiências sensórias e emocionais, sem ter consciência delas, às vezes sem senti-las como suas.

Ante à linguagem concreta e ao pensamento desarticulado, a capacidade de simbolização da analista encontrava obstáculos, e a mesma se sentia "*perdida*". A narrativa de Renato, seu modo de apresentação e a repercussão na subjetividade da analista nas sessões, ao mesmo tempo que podiam desnortear, pareciam dar notícia do colapso que compunha a história do "sem noção". A dependência engendrada na transferência revelava certas expectativas e necessidades de sua infância, de maneira que: "*Me senti convidada a entrar no funcionamento subjetivo dele, como se fosse uma ultrassonografia*". Sua função *alfa*, seu enquadre interno permitiram olhar uma coisa e ver outra, ouvir uma coisa e escutar outra, figurar algo que não podia ser figurado. Usar a observação do campo sensorial, com a ideia de que pode, no momento adequado, formular alguns pensamentos e comunicar ao paciente. Tal inclinação nos indica que algo se passava a nível tácito, justamente por estar disponível e interessada em conhecer aquele outro mundo. Além disso, foi preciso tolerar as mobilizações trazidas por Renato, suportar as turbulências em si, ora acolhendo-as, ora podendo representar e comunicar. É como se a analista se perguntasse: que morte é essa que sempre se apresenta? Essa postura tem familiaridade com a ideia de *rêverie* que, *grosso modo*, compreende os pensamentos do analista durante a sessão, imagéticos ou não, como a capacidade do analista, análoga à da mãe, em acolher os elementos beta que lhe chegam via identificação projetiva e transformá-los em elementos pensáveis (Bion, 1994). Mas por que acolher tais emoções e pensamentos foi algo importante? É que os sentimentos despertados são mais importantes que as imagens ou os conteúdos para uma aproximação com o estado emocional dos pacientes (Ogden, 1982), e aos poucos foi possível ter a noção de que experiências dolorosas podem caber na vida, que terrores podem ser vividos sem que isso nos destroce.

Estratégias como tolerância aos atrasos e a expansão do *setting* contribuíram ativamente para a criação e manutenção da "situação psicanalítica" (Balint, 1968). Nessa perspectiva, "não interpretar" o material clínico (Bonominio, 2011) funciona como possibilidade para Renato ter um espaço sem ruídos e interferências. Outros elementos compuseram um fundo "silencioso, para construção de seu ego corporal" (Winnicott, 1956/2000). Em um momento posterior, Renato questiona a analista sobre uma formação incomum no interior de sua boca, de origem desconhecida. A analista, ao realizar um juízo de atribuição corporal, lhe ajuda a nomear o que era até então uma parte estranha de si – e a si. Seus limites, descontinuidades e rupturas foram se (re)arrumando, ganhando espessura, contribuindo para um aumento da capacidade de temporalização e, principalmente, de integração do sujeito.

No decorrer dos anos, ao falar de suas "esquisitices", Renato questiona se a analista tinha em seu corpo algo familiar ao dele – se o que havia nele também havia nela. Renato estava "catando equivalentes simbólicos"[4] (Haag, 1990). Constatavam-se aí alguns saltos qualitativos. Ele não só a percebia como uma pessoa, como questionava se eles tinham semelhanças. A analista colocou sua pessoalidade? Como podemos pensar uma atitude mais ativa na postura – complexa – da analista de emprestar a sua própria fantasia, tal qual sublinhado por Pinheiro (1995), para a construção daquilo que se coloca como lacuna e que não tem memória nem palavra?

A tarefa da analista extrapolava simplesmente aquela do tradutor. Mais que exercer um papel de tradução, ela emprestava os signos de seu psiquismo, partilhava o discurso e inventava, com Renato, um dialeto comum. Nesse "mundo comunitário", no território da *polis*, as pessoas têm formações diferentes: carregam os traços específicos que denotam a sua individualidade, mas nem por isso são integralmente destituídas daqueles que autorizam o reconhecimento do outro como um "semelhante". A analista resgatou nesse processo o que há de mais encantador na psicanálise, como "trabalho lúdico" (Bollas, 1998, p. 30), capaz de viabilizar a atualização das virtualidades do sujeito, de construir seu corpo próprio, voz própria, e tornar-se personagem de sua própria história. Sua bússola clínica foi se sedimentando também a partir de suas próprias impressões sensíveis (Gondar, 2010); todas as formas de pensamento, desde as mais elementares às mais complexas, são mobilizadas e efetuam trabalho de simbolização. Em algum

---

4 Como nas tentativas de Renato de descrever algumas de suas sensações: "*Uma elevação maior, uma 'dobra' na bochecha perto dos caninos*".

momento do processo, Renato começa a produzir desenhos e os traz: *"Eu estou vendo isto aqui, e você? Eu pensei nisso, e você ?"*.

A mesma excitação que mantinha o psiquismo em estado constante de "transbordamento" derramava sobre os seus objetos de amor – os vínculos, as pessoas – um conjunto de ações impulsivas às quais, frequentemente, Renato não podia se responsabilizar. Esses atos destrutivos/disruptivos, outrora tão pregnantes ante o temor da emergência de um tédio insuportável, ocuparam um espaço paulatinamente mais restrito em seu funcionamento mental conforme Renato desenvolvia, em cooperação com sua analista, uma verdadeira capacidade de se habitar. Interpondo o pensamento entre a sensação e o ato, Renato passou, em paralelo, a partilhar o conjunto dos hábitos, dos costumes e comportamentos passíveis de ensaiar a sua inserção neste *ethos* que não era mais exclusivamente dele, mas da própria coletividade.

No transcorrer do processo analítico, Renato foi alinhavando algumas sutis semelhanças – e diferenças – com seus familiares. Ao fim do tratamento, eram evidentes os ganhos trazidos pelo processo analítico. Em especial, a ampliação da capacidade reflexiva e o controle da impulsividade. Após anos de trabalho, Renato tem pensado mais e conseguido se controlar, mas ainda havia medo: a sombra do que já foi ainda paira sobre ele, seja pelo excesso, quando passa do ponto, seja pelo retraimento, quando deposita na solidão a maior das cumplicidades.

Referências

Balint, M. (1968/1993). *A falha básica: aspectos terapêuticos da regressão*. Artes Médicas.

Bion, W. R. (1994). *Estudos psicanalíticos revisados*. Imago.

Bollas, C. (1992). *A sombra do objeto. Psicanálise do conhecido não pensado*. Imago.

Bollas, C. (1998). *Sendo um personagem*. Revinter.

Bonominio, V. (2011). *Nas margens de mundos infinitos: a presença do analista e do analisando no espaço transicional em uma perspectiva contemporânea do pensamento de Winnicott*. Imago.

Castoriadis, C. (1992). *A criação imaginária*. Artes e Ofícios.

Dalgalarrondo, P. (2019). *Psicopatologia e semiologia dos transtornos mentais*. Artmed.

Dargent, F., & Matha, C. (2011). *Blessures de l'adolescence*. Presses Universitaires de France.

Fédida, P. (Org.) (1989). *Comunicação e representação*. Escuta.

Fédida, P. (2002). *Dos benefícios da depressão: elogio da psicoterapia*. Escuta.

Freud, S. (1909/1995). Notas sobre um caso de Neurose Obsessiva. In S. Freud, *Edição standard brasileira das obras psicológicas completas de Sigmund Freud* (Vol. X). Imago.

Freud, S. (1915/2010). Observações sobre o amor de transferência. In S. Freud, *Obras completas* (Vol. 10). Companhia das Letras.

Gondar, J. (2010). As coisas nas palavras. Ferenczi e a linguagem. *Cadernos de Psicanálise – CPRJ*, *32*(23), 123-132.

Green, A. (1988). *Narcisismo de vida, narcisismo de morte*. Escuta.

Green, A. (1990/2017). *A loucura privada: psicanálise de casos-limite*. Escuta.

Green, A., & Urribarri, F. (2019). *Do pensamento clínico ao paradigma contemporâneo*. Blucher.

Greenberg, R. R., & Mitchell, S. A. (1994). *Relações objetais na teoria psicanalítica*. Artes Médicas.

Haag, G. (1990). Abordagem psicanalítica do autismo. In P. Mazet, S. Lebovici, *Autismo e psicose na criança*. Artes Médicas.

Laplanche, J., & Pontalis, J. B. (2001). *Vocabulário da psicanálise* (7a ed). Martins Fontes.

Lins, T., & Rudge, A. M. (2012). Ingresso do conceito de passagem ao ato na teoria psicanalítica. *Trivium – Estudos Interdisciplinares, 4*(2).

Lowenkron, T. (2009). A clínica psicanalítica atual: obsessão, compulsão, fobia e pânico. *Revista Brasileira de Psicanálise, 43*(3).

Ogden, T. H. (1982/1992). *Projective identification and psychotherapeutic technique*. Karnac.

Pinheiro, T. (1995). *Ferenczi: do grito à palavra*. Jorge Zahar/Editora UFRJ.

Pinheiro, T. (2003). A escravidão do olhar. In M. Aran (Org.), *Soberania*. Contra Capa.

Pontalis, J.-B. (1991). *Perder de vista: da fantasia de recuperação do objeto perdido*. Jorge Zahar.

Roussillon, R. (2005). La "conversation" psychanalytique: un divan en latance. Revue *Française de Psychanalyse, 2005*(2).

Roussillon, R. (2019). *Manual da prática clínica em psicologia e psicopatologia* (P. S. de Souza Jr. Trad.). Blucher.

Sanzana, D. P. (2021). *Autolesão nas dobras do traumático* [Dissertação (mestrado em Teoria Psicanalítica), Programa de Pós-Graduação em Teoria Psicanalítica, Universidade Federal do Rio de Janeiro].

Savietto, B. B., & Souza, O. (2016). O enquadramento analítico como espaço de jogo. In L. C. Figueiredo, C. Junqueira et al. (Org.), *Atendimento psicanalítico de pacientes-limite*. Zagodoni.

Verztman, J. S., & Pinheiro, T. (2012). Corpo, tempo e transferência numa pesquisa clínica. In J. Verztman, R. Herzog, T. Pinheiro & F. P. Ferreira (Orgs.), *Sofrimentos narcísicos* (pp. 49-96). Cia de Freud.

Winnicott, D. W. (1956/2000). Formas clínicas da transferência. In D. W. Winnicott, *Da pediatria à psicanálise: obras escolhidas*. Imago.

Winnicott, D. W. (1960/1983). Distorção do ego em termos de verdadeiro e falso self. In D. W. Winnicott, *O Ambiente e os processos de maturação* (pp. 128-139). Artes Médicas.

Winnicott, D. W. (1962/1983). Os objetivos do tratamento psicanalítico. In D. W. Winnicott, *O ambiente e os processos de maturação*. Artes Médicas.

Winnicott, D. W. (1971). O bebê como pessoa. In D. W. Winnicott, *A criança e seu mundo*. (A. Cabral, Trad.). Jorge Zahar.

Winnicott, D. W. (1974/1994). Medo do colapso. In D. W. Winnicott, *Explorações psicanalíticas*. Artes médicas.

4. "Eu já tô morta, eu só esqueci de deitar"

Ana Carolina Cubria
Bárbara Cesário Navega
Constança Pondé
Teresa Pinheiro

O ex-marido morreu há quase um ano, mas ela não se conforma. Já está casada novamente, mas é como se não estivesse – é só no *ex* que Fátima pensa. Ela não aceita a perda repentina do amor da sua vida, ela não vai se resignar. "Impossível", ela repete para o analista sessão após sessão, é simplesmente impossível que ele esteja morto. Fátima está determinada a reencontrar Paulinho, custe o que custar, e o fato de estar enterrado não é desculpa para ela não tentar. Os cabelos continuam crescendo, ela argumenta, ouviu dizer que as unhas também – então como é que podem afirmar com tamanha certeza que não há mais vida se ainda há crescimento? Fátima sente a premência de abrir a cova enquanto ainda é tempo, enquanto ainda é possível cortar uma mecha de cabelo ou roubar um pedacinho de osso, relíquias que deseja guardar. Numa noite muito fria acorda angustiada ao lembrar que Paulinho está sem cobertor – como dormir assim desprotegido? A ideia é esta: ir ao cemitério, abrir a cova até reencontrar o corpo de Paulinho, e aí então deitar-se ao seu lado, os dois bem juntinhos.

O relato dessa perda recente desliza para o relato de uma morte antiga, ou a perda primeira: a morte do pai. Também essa, Fátima até hoje não engoliu. Mas falar dela é bem mais custoso – ela era muito pequenininha, e ninguém se deu ao trabalho de lhe explicar o que aconteceu. Por mais que revolva a memória, por mais que se esforce, são poucos os elementos que encontra a seu dispor para construir uma lembrança clara, uma narrativa coerente, com início, meio e fim. Mas nem por isso ela deixa de tentar: conta para o analista do amor que nutria pelo pai, da sensação calorosa de ser compreendida. Lembra de um homem que ia para o trabalho pelas manhãs e voltava à noite, fatigado. Não lembra do pai doente, e essa lacuna a angustia: um dia o pai simplesmente não voltou para casa, um dia ele não estava mais lá. Fátima só o reencontrou na igreja, estranhamente imóvel dentro de um caixão. Criança pequena, não entendeu nada. A mãe, circunspecta, esclareceu: "o seu pai dorme, eternamente".

E como nunca mais se tocou no assunto, nem o pai voltou a dormir em casa, ela deixou esse mistério de lado, incapaz de desvendá-lo sozinha. Anos depois, quando o gato morreu, é que a ficha caiu: o pai não dormia coisa nenhuma, o pai estava era morto! Atônita, Fátima recorreu ao irmão mais velho para validar sua descoberta, mas ele riu de sua inquietação.

Entre uma morte e outra, Fátima leva uma vida vazia. Limpa a casa de ponta a ponta, e então recomeça. Toma banho da cabeça aos pés, e então repete. E na análise relata tudo isso sempre de novo, sem modificar uma vírgula sequer.

Presença marcante ao longo de toda a sua vida, a morte desafia Fátima, repetidas vezes, a desvendar o seu enigma, a sua impenetrabilidade. Ao deparar-se com o corpo de um sobrinho natimorto, ela o sacode desesperadamente, repetindo, aos berros, o grito de sempre: "não é possível, acorda!".

Incorporação: "eu queria pegar só um dedinho"

Em sua primeira entrevista, após se mostrar ainda tomada pela morte de seu ex-marido, Paulinho, Fátima conta que às vezes não consegue acreditar nessa morte e diz ter vontade de visitar seu túmulo e roubar "só um pedacinho" dele para deitar com ela, ou para fazê-la finalmente acreditar que ele realmente se foi. Sente uma profunda tristeza e um grande vazio, tem dificuldade de falar sobre a vida ou pensar em um futuro.

O objeto Paulinho é criado a partir da sua morte: um objeto precioso que não pode ser perdido, sempre idealizado e próximo. Porém a primeira e mais importante morte é a de seu pai. Não houve processo ou qualquer explicação, apenas uma fala categórica pondo fim a qualquer futura discussão. A morte se apresentou e segue até hoje como um tema incompreensível, um enigma a ser decifrado. Quase impossível. Tal enigma se apresenta na tentativa de construir o que é a morte e o que é o morrer, tentativa esta que a circula o tempo todo. A eventual morte da mãe, por exemplo, sequer é cogitada. Mesmo sendo uma senhora de quase 90 anos, que precisa de cuidados, Fátima ainda assim afirma "*se* minha mãe morrer".

A problemática melancólica saltou aos olhos da equipe e foi se consolidando ao longo das discussões do caso. O sofrimento de Fátima diante das mortes do pai e do ex-marido nos indicava que a realização do trabalho de luto enfrentava inúmeros obstáculos, apontando para a hipótese de um impasse no seu processo introjetivo. Tem-se a impressão de que uma não explicação da morte do pai, seguida pelo choque e desdém do irmão no enterro do gato de estimação, provoca uma ferida psíquica profunda, obrigando Fátima a realizar uma clivagem do Eu, fazendo residir nela um não dito incorporado.

O autor que introduz a noção de introjeção na psicanálise é o médico e psicanalista húngaro Sándor Ferenczi.[1] Segundo ele, a introjeção se apresenta como um processo crucial que marcaria o próprio funcionamento do aparelho psíquico, e é por intermédio deste que o sentido dos objetos poderia ser apropriado. Sua publicação "O conceito de introjeção" (1912) marca que tal mecanismo seria uma "extensão ao mundo externo do interesse autoerótico na origem, pela introdução dos objetos exteriores na esfera do ego" (Ferenczi, 1912/2011, p. 215). Ou seja, a simbolização do que emerge do ambiente se dá pela perda gradativa de mecanismos primários (alucinações, pensamentos mágicos e onipotentes). Nesse momento, é necessário o acompanhamento de um adulto para que ocorra essa introjeção da realidade. Esse processo de crescimento do Eu, no entanto, prossegue ao longo de toda a vida.

Desse modo, a operação que Ferenczi nomeia como introjeção se apresenta em consonância com o texto freudiano de 1914 "Introdução ao narcisismo", no sentido de configurar-se como um direcionamento da pulsão para o objeto, posterior a uma projeção de desprazer. Seria pela introjeção desse objeto que o psiquismo, como dito anteriormente, engloba representações, afetos e sentidos. Existiria, no entanto, o que pode ser descrito como uma impossibilidade de introjeção, que é a "posse do objeto por *incorporação*" (Abraham & Torok, 1972/1995, p. 221). A ideia de incorporação pode ser definida como uma solução para o não acesso à introjeção. Ou seja: "como compensação do prazer perdido e da introjeção ausente, realizar-se-á a instalação do objeto proibido no interior de si. É essa a incorporação propriamente dita" (Abraham & Torok, 1972/1995, p. 222). Com essa noção original, a psicanalista Maria Torok acompanha teoricamente os escritos de Ferenczi sobre a clivagem, pois afirma que a incorporação encerra no Eu uma sombra ruidosa em forma de segredo. A autora

---

1 Ver Ferenczi (1909/2011).

desenvolve a ideia de uma "cripta" dentro do psiquismo. A morte do pai, por exemplo: diante da impossibilidade de dar sentido para um evento tão traumático e precoce, Fátima o incorpora. Aquilo que não é introjetado não se insere em uma cadeia associativa, não possuindo, portanto, um caráter polissêmico. A morte de seu ex-marido, no entanto, é capaz de acionar essa cripta, reativando a não introjeção do tema da morte como enigma. A morte, esse fragmento incorporado, não age como integrante do psiquismo, mas como uma marca rígida do não dito.

Ao traçar o caminho de um estilo subjetivo profundamente melancólico, como é o caso de Fátima, as elaborações de Torok se mostram bastante pertinentes:

> *Segundo Torok, a incorporação, ao contrário da noção ferencziana de introjeção, está na base da experiência melancólica. A incorporação se apresenta na subjetividade como algo que, ligado à experiência traumática, fica impossibilitado de se incluir, de se articular psiquicamente, manifestando-se de forma maciça, sem inscrição numa cadeia associativa. A fantasia da incorporação é, segundo Abraham e Torok ([1972] 1995), uma recusa da introjeção (Pinheiro, Quintella & Verztman, 2010/2020, p. 151).*

Ao visualizar o pai com o semblante adormecido sem saber o que interpretar, e principalmente sem uma explicação satisfatória para o que vê, Fátima não possui qualquer chance de compreender o que aconteceu. A figura da morte, até o momento um incompreensível sono eterno, só é retomada com uma segunda morte, chave para nossa elaboração, a do gato de estimação. Somente ali algo tomou alguma forma. Seu pai tinha sido enterrado e estava morto. A fala categórica de sua mãe fez com que a perda desse objeto tão amado ficasse totalmente impossibilitada de ser elaborada, historicizada e introjetada.

Abraham e Torok, ao abordarem os conceitos de introjeção e incorporação, realizam uma retomada da questão freudiana do luto e da melancolia, porém com distinções relevantes, apresentando a ideia de cripta como uma testemunha de um luto em que o processo de introjeção cedeu lugar a uma fantasia de incorporação. Os autores afirmam que as condições para que a incorporação se realize seria na "perda súbita de um objeto narcisicamente indispensável e essa perda proíbe sua comunicação" (Abraham & Torok, 1972/1995, p. 250). Um luto indizível, como a já exposta perda do pai de Fátima. Torna-se inconcebível, dessa forma, uma apreensão da realidade, visto que ela é escondida e selada nesta sepultura interna no interior da paciente. Um dito introjetado permitiria elaboração e crescimento egoico, produzindo fala. O que ocorreu, no entanto, foi a incorporação de um não dito, produzindo silenciamento. O processo analítico objetiva, portanto, que Fátima seja capaz de realizar uma introjeção daquilo que antes foi impossível.

Cripta: "seu pai dorme eternamente"

A partir do acionamento da cripta, ocorrido com o choque da morte fulminante de Paulinho, todo o Eu (e não apenas um pedaço clivado) tornou-se encriptado. Fátima teve o núcleo de seu Eu fundido com o precioso objeto perdido, para que sua frágil sustentação interna não fosse despedaçada. Segundo Abraham e Torok, o sujeito passa então a "espalhar sua tristeza, sua chaga aberta, sua culpa universal [...] Pôr em cena o luto que o sujeito empresta ao objeto perdido não é a única maneira que lhe resta ainda de reviver, à revelia de todos, o paraíso secreto que lhe foi arrebatado?" (Abraham & Torok, 1972/1995, p. 255).

Sessão após sessão, Fátima relata, além de incredulidade, a tristeza profunda por ter perdido a única pessoa que a compreendia e que permitia que ela fosse quem era de verdade. Afirma que poderia "matar uma pessoa, que Paulinho me apoiaria e ajudaria a esconder o corpo". Ao casar-se muito jovem, em parte para sair de casa, seu ex-marido representou uma espécie de libertação e reconhecimento que ela nunca julgou ter desde a morte de seu pai. Já em outras sessões o ex-marido ganha outras colorações. Era um jogador inveterado, o cheiro de seu cigarro a incomodava, reclama que ele gostava de beber e de farrear. Não oferecia a nostálgica segurança da qual ela sente tanta falta. A verdadeira ambivalência, pilar da cripta, não se encontra mais em sua relação com o objeto em vida; ela é proveniente dos sentimentos paradoxais desencadeados pela perda/morte: o vínculo amoroso destituído e o ódio pelo abandono. A perda insuportável é recusada e a manutenção do objeto internalizado é realizada pela identificação narcísica. A particularidade é que essa identificação ocorre em bloco (Pinheiro, 1993), tornando o objeto senhorio de uma morada que não é a dele, mas que a ele é cedido pela já mencionada incorporação.

O preço do "aluguel" desse processo é um não reconhecimento de si. O Eu torna-se estranho a si mesmo, não verdadeiro, incongruente e incompreensível. No caso de Fátima, apresentando uma incapacidade de conectar ou encadear experiências, bem como comportamentos radicalmente opostos ao seu discurso. Por exemplo: Fátima relata ter uma compulsão por limpeza e, ao mesmo tempo, emprega-se em casas de massagens, onde ela se expõe não só a fluidos corporais e sujeira, mas também a assédios e outros desconfortos. Como levanta Lambotte, "não mais reconhecer sua própria história como lhe pertencendo e descrevê-la atribuindo-a a um outro [...]" (1997, p. 165), marcando, assim, a irreconhecibilidade de si mesmo que a paciente traz em diversos relatos. A autora afirma, ainda, que os ataques a si e a autodepreciação, características da melancolia e presentes em diversos momentos do caso, não são exatamente as manifestações-chaves do discurso melancólico. A incerteza de si possuiria um caráter mais significativo e corrosivo para o paciente. Essa incerteza, no entanto, só encontra superação no "desvelamento absoluto do enigma da morte; elemento utilizado constantemente pelo melancólico para sustentar sua própria referência discursiva" (Pinheiro, Quintela & Verztman, 2010/2020, p. 152).

A morte, significante basilar da subjetivação melancólica, rege tudo o que é cruel, fatídico, áspero ou indizível. Simultaneamente uma ideia distante e próxima. Fátima não elabora a ideia de morte, ao mesmo tempo que é consciente e inconscientemente acossada por ela, seja pelos seus sintomas compulsivos, seja pelas sucessivas mortes físicas ao seu redor. Uma das últimas, a de uma bebê natimorta, representando uma ruptura radical com um projeto de vida que vinha sendo desenhado. Toda morte nos faria, então, retornar ao não dito materno e à sua difícil relação com sua mãe. A paciente afirma não ter plena certeza que é filha biológica da mulher que a criou, seja por diferenças físicas, seja pela sensação de rejeição e incompreensão. Relata ter vivido sob olhares críticos durante toda sua infância e juventude.

Ainda acompanhando os escritos de Lambotte, o sentimento de não existência e não apreensão de si mesmo tem uma origem especular, na falha ou ausência de preenchimento narcísico, pois "[...] na maioria dos pacientes melancólicos que encontramos, sempre se tratava de maus-tratos de que eles foram objeto por parte de sua mãe, tais como chantagem, depreciação e humilhação de todo tipo" (1997, p. 178). Dessa forma, é possível dizer que o olhar materno não foi suficiente para o melancólico conseguir forjar uma imagem de si, podendo se reconhecer nela para então ser capaz de usufruir de uma sensação de amor e bem-estar consigo, fazendo ser necessária uma constante vinculação de dependência com os objetos.

No caso de Fátima, tal roteiro amarra a mãe, que realiza um desmentido da condição de existência da paciente ao negar à filha a possibilidade de elaborar a morte do pai, e Paulinho, que é tomado como salvação em vida e exaltação em morte. Sobre isso, Quintella afirma:

> *Na melancolia, há um desmentido da perda, e a renúncia ao objeto é também recusada. O melancólico não pode perder o objeto ao qual se rendia, visto que nele o sujeito encontrava sua única forma – ainda que extremamente frágil – de manutenção do próprio sentimento de existência. Nessa circunstância o sujeito, identificado ao vazio deixado pelo outro, entra num conflito de forças que revela a precariedade narcísica e o risco de seu desmoronamento (Quintella, 2008, p. 142).*

Longe de representar uma diretiva rígida ou um diagnóstico demasiado restritivo, o que chamamos em grupo de estilo subjetivo melancólico toma uma diretiva *nepecciana* de escuta e tratamento de suas falas e sintomas. Abriremos, a seguir, as portas para essas demais elaborações.

Sintoma: "eu estou tão mal que nem tenho forças pra limpar"

Já no primeiro atendimento, Fátima associa a morte do ex-marido, Paulinho, ocorrida poucos meses antes, à intensificação dos sintomas compulsivos associados à limpeza. Qual seria o sentido dessa compulsão? O que, a nível simbólico, Fátima estaria tentando limpar?

Após algum tempo de atendimento, construímos, em supervisão, uma hipótese que poderia indicar um possível sentido para o seu sintoma: a compulsão de limpeza como uma resposta para o enigma insuportável da morte, diante da ideia da morte como uma "sujeira", uma "sujeirada" em sua vida. A compulsão à limpeza pode ser entendida, assim, como uma forma de elaboração de uma morte não inscrita.

A título de exemplo, Fátima relata a situação em que, ao visitar uma irmã que está em um estágio avançado de câncer, faz uma grande faxina em seu apartamento, o que parece reforçar a ideia do papel do sintoma neste caso. Em outra ocasião, quando uma vizinha idosa falece, também se observa o reaparecimento e a intensificação dos sintomas compulsivos relacionados à limpeza. Diante da iminência da morte, Fátima parece se defender por meio de seus rituais de limpeza.

Além disso, ao longo dos relatos, percebemos como a morte possui uma dimensão repetitiva na vida de Fátima, de forma que as mais recentes parecem presentificar traumas mal-elaborados. Ao mesmo tempo, o analista relata que, em determinado momento, a fala sobre o sintoma perde espaço para uma narrativa em que começam a aparecer mais elementos sobre a sua infância, sua história de vida e sentimentos. Segundo o analista: "ao entrar em contato com a depressão, [ela] deixa de lado a limpeza". Nas palavras da paciente: "eu estou tão mal que nem tenho forças pra limpar".

Nesse ponto, encontramos em Abraham (1924/1970) uma possível relação entre esses dois momentos, os quais parecem se alternar na vida de Fátima, quais sejam, os momentos em que os sintomas de uma compulsão à limpeza assumem a narrativa e aqueles em que Fátima se ocupa mais em falar sobre os episódios em que se sente deprimida. O autor, apesar de uma possível utilização esquemática das fases de fixação da libido, nos traz uma importante contribuição acerca de uma aproximação entre a melancolia e a neurose obsessiva ao observar que os sintomas obsessivos se acham presentes, com frequência, nos casos de melancolia, da mesma forma que os neuróticos obsessivos estão sujeitos à depressão.

Entretanto, é importante ressaltar que, em seu estudo sobre a melancolia, Abraham irá partir não do quadro clínico completo, mas do que se caracteriza neste como o "intervalo livre", o qual se interpõe entre dois períodos dessa condição psíquica, o que faz com que pensemos tal quadro como tendo um caráter cicloide. Diante disso, para o autor, em todas as enfermidades cicloides (a exemplo da psicose maníaco-depressiva) se descobre que o paciente tem uma formação de caráter anormal durante o "intervalo livre" e que essa formação de caráter coincide de maneira inteiramente inequívoca com a do neurótico obsessivo. Em seus "intervalos livres", os pacientes que sofrem de psicose maníaco-depressiva apresentam as mesmas características com que a psicanálise nos tornou familiarizados nas neuroses obsessivas: as mesmas peculiaridades com relação à limpeza e à ordem; a mesma tendência a manter uma atitude obstinada e desafiadora que se alterna com uma docilidade exagerada e um excesso de bondade (Abraham, 1924/1970). Daí pensarmos nessa alternância entre estados em que a depressão toma a cena e outros em que os rituais de limpeza ocupam a vida de Fátima de forma mais expressiva.

No entanto, a partir da leitura de *Luto e Melancolia* (Freud, 1917[1915/1996]), vemos que, para Freud, a questão não estaria tanto na fixação libidinal em uma determinada fase do desenvolvimento, mas no tipo de relação que, o sujeito mantém com o objeto: tanto no luto quanto na melancolia é uma perda que provoca o processo. Quando diz que perde a energia para limpar quando está muito mal, Fátima parece indicar que assim que ocorre algo de especial que possa ameaçar a "perda" de seu objeto (principalmente diante de experiências que envolvam a morte), ela reage com grande violência. Segundo Abraham (1924/1970), o paciente convoca toda a sua energia libidinal para lutar contra o perigo de que o fluxo de sentimentos hostis a seu objeto se torne forte demais. Se as tendências conservadoras – as de reter e controlar seu objeto – são as mais poderosas, esse conflito em torno do objeto de amor suscitará fenômenos de compulsão. Mas se as tendências sádico-anais opostas – aquelas que visam a destruir e expelir o objeto – forem as vitoriosas, então o paciente cairá em estado de depressão melancólica. Vejamos:

> *Não ficaremos surpresos em descobrir que sintomas obsessivos fazem seu aparecimento na melancolia e que estados de depressão ocorrem na neurose obsessiva. Em casos desta espécie, a tendência destrutiva ou a conservadora, segundo o caso, não foram capazes de triunfar por completo. Via de regra, contudo, uma ou outra – a tendência a sintomas maníaco-depressivos ou a tendência a apresentar sinais de comportamento obsessivo – ocupam o primeiro plano do quadro clínico (Abraham, 1924/1970, p. 93).*

Se, até agora, Abraham explicitou as semelhanças entre a melancolia e a neurose obsessiva, em um segundo momento do texto ele começa a esclarecer suas diferenças: há uma distinção em relação à atitude do indivíduo para com o seu objeto, uma vez que o melancólico o abandona, enquanto o obsessivo o retém. Logo, o autor lança a hipótese de que, quando o neurótico obsessivo é ameaçado de perder seu objeto, e quando o melancólico o perde, isso significa, para o psiquismo inconsciente de cada um, a expulsão daquele objeto no sentido de uma expulsão física de fezes (Abraham, 1924/1970).

A partir disso, Abraham (1924/1970) apresenta uma série de exemplos para mostrar que a ideia primitiva de afastar um objeto ou perdê-lo seria, em suma, equivalente à defecação. O excessivo amor à limpeza seria uma formação reativa contra as tendências coprofílicas. Além disso, a ordem compulsiva é ao mesmo tempo uma expressão do desejo de dominação do paciente; ele exerce poder sobre as coisas; ele as forças dentro de um sistema rígido e formal. Isso posto, pensamos que a compulsão à limpeza, da qual Fátima se queixa, seria uma formação reativa à perda do pai, tão primitiva e ausente de sentido. Isto é, por meio de seus rituais de limpeza, Fátima estaria limpando, expulsando toda a "sujeirada" que foi a morte de seu pai em sua vida.

Outro elemento importante descrito pelo autor trata da identificação de um alto grau de ambivalência que podemos encontrar em ambos os casos e, no caso em questão, também encontramos alguns relatos em que tal ambivalência aparece nas mais diversas relações de Fátima: a ausência de um trabalho e a consequente dependência financeira traziam enorme incômodo e a tornavam refém do atual marido, Raul, por quem nutria um misto de raiva e gratidão. Fátima, quando ainda casada com Paulinho, começa a se encontrar com Raul, separando-se posteriormente de Paulinho para ficar com ele. Mas a história de Fátima e Paulinho não se encerra aí. Ambos continuam se encontrando, e um arrependimento em relação à separação toma conta de Fátima. No entanto, com a morte de Paulinho, seus sentimentos ambivalentes em relação a Raul, junto com uma forte idealização de Paulinho, se intensificam.

Havia não só muita culpa pela ambivalência percebida em si como uma dificuldade em assimilá-la. Tal aspecto é característico dos estados melancólicos, configurando nossa hipótese de que

Fátima se aproxima de uma problemática melancólica. Com isso, a aposta passa a ser de que a sintomatologia visava impedir a associação. Por esse prisma, a compulsão estaria a serviço de ocupar o pensamento, rechaçando a dor psíquica pela exaustão física.

Clínica: "só o senhor não me acusa de ser maluca"

Fátima é uma mulher que se queixa e que, sessão após sessão, apresenta as mesmas lamúrias e lamentações. Ela raramente conta alguma coisa diferente, e parece incapaz de adotar um tom que não seja queixoso para falar de sua vida. Ainda que cansativo, ainda que frustrante, é isto o que ela consegue fazer a partir de sua vivência: queixar-se. Se o pai não está mais vivo para compreendê-la, se o ex-marido não está mais aqui para escutá-la e ampará-la, será que ela própria ainda vive? Sobre a importância do ex-marido em sua vida, ela diz: "ele era meu porto seguro".

Queixar-se é um verbo que exige complemento: o sujeito se queixa de alguma coisa *para alguém*. É o caso de Fátima, que semanalmente dirige suas queixas a seu analista, procurando transformar o que viveu solitariamente em uma experiência compartilhada. A importância desse compartilhamento é apontada por Kehl (2009) ao discutir a transformação do que é *vivido* em algo que é *experimentado*: o sentido do que se vive, o saber que daí se pode retirar, é alcançado no justo momento em que aquilo que foi vivido solitariamente consegue ser transmitido a uma outra pessoa, transformando-se num saber comunicável.

Ao acolher o relato queixoso, agora transformado em experiência compartilhada pela escuta empática, o analista procura historicizar uma narrativa que Fátima repete, aparentemente sem mudar uma vírgula sequer. Mas como ele faz isso? Ao perceber a heterogeneidade de estados psíquicos ao longo do processo, o analista convida Fátima a observar as diferentes nuances encontradas – a queixa de hoje não é exatamente igual à da semana anterior, e o estado psíquico em cada um desses momentos tem outra coloração. Estabelece-se, assim, uma dinâmica de interlocução em que o analista observa uma nuance e Fátima observa outra, e desse modo os dois se alternam, alinhavando reflexões sobre as diferentes experiências vividas. Esse exercício permite a Fátima perceber que "a dor é sempre igual, só que um pouquinho menor".

Mas um processo assim leva o seu tempo, e às vezes o analista anseia por algum "progresso" visível, por alguma transformação mensurável na vida de Fátima. Quando Fátima relata aparentes conquistas no seu cotidiano, o analista se empolga: agora, sim, o trabalho parece estar progredindo. Esse otimismo, no entanto, não passa de "uma casca de banana", como o analista se dá conta posteriormente, em supervisão, e aponta para uma defesa contra a angústia gerada pela posição de não saber, inerente ao lugar de analista. O tempo interior de cada um é singular, e não há como prever o seu curso ou apressá-lo. Há que se ter paciência – o analista é desafiado a deixar de lado as suas expectativas e abandonar o seu referencial de vida para conseguir se interessar pelo referencial diferente, enigmático e por vezes francamente incompreensível do outro. Desse modo, com o tempo, quem sabe Fátima consiga criar expectativas próprias.

No início do trabalho analítico o analista observava em Fátima uma dificuldade grande para refletir sobre sua própria vida. Sentia-se confuso frente a uma narrativa que lhe soava desconexa, circular. Essa dificuldade, no entanto, se espelhava na própria fala do analista ao apresentar o caso nas supervisões – também ele parecia não encontrar graça naquela vida que se repetia, também ele se afligia com dias tão vazios, com relatos que se atinham ao arroz com feijão. Fátima não parecia ser capaz de criar algum sentido para o que vivia, e convocava seu analista a sempre de novo assistir às mesmas cenas, como se ele fosse fiador desse cotidiano desinteressante.

Para transformar uma narrativa imagética em uma narrativa metafórica, para mergulhar em uma fala mais associativa, Fátima precisa da presença viva do seu analista. Como observa Roussillon (2019), esse não é um trabalho que se faça de modo solitário, mas um jogo que se joga a dois, isto é, um jogo intersubjetivo. Para ser integrada, uma experiência precisa ser partilhada, especialmente se ela acontecer em uma idade precoce e tiver um caráter potencialmente traumático – como a morte do pai da paciente. Mas para que o jogo intersubjetivo aconteça é preciso que a presença do outro seja receptiva e empática. São essas as qualidades que asseguram a função simbolizante da presença do outro: "elas permitem que o outro sujeito introduza o ambiente e a contribuição externa que são necessárias ao trabalho de integração do sujeito" (Roussillon, 2019, p. 203).

Especialmente no trabalho com pacientes graves, o analista precisa ser capaz de adaptar-se suficientemente bem às necessidades destes. É essa capacidade de adaptação do analista que Winnicott chama de *contexto* – alguma coisa que "[...] é gradualmente percebida pelo paciente como algo que suscita a esperança de que o verdadeiro eu poderá finalmente correr os riscos implícitos em começar a experimentar a viver" (Winnicott, 1955/2000, p. 395). Diferentemente da exigência de submissão à realidade que experimenta no mundo externo – que demanda esforços de ajuste e adaptação e que traz consigo um sentimento de inutilidade, de que nada importa –, no *setting* analítico é possível ter uma apercepção criativa da vida, ou seja, "o indivíduo sente que a vida é digna de ser vivida" (Winnicott, 1971/1975, p. 95).

Uma situação desconcertante desperta Fátima para a capacidade de adaptação do analista e do *setting* às suas necessidades. Ao chegar ao ambulatório para sua sessão semanal e ser informada de que todas as salas de atendimento estão ocupadas, Fátima se inquieta: sem sala, nada de análise. Mas é surpreendida pela postura tranquila do analista, que de modo confiante lhe reassegura que a falta de sala não é impedimento algum para o encontro acontecer, para a análise prosseguir: hoje a sessão será no jardim, naquele banco mais retirado, protegido pela sombra de uma árvore. Assim, o analista sinaliza a Fátima a sua disposição em escutá-la, e esse gesto singelo reforça o entendimento de que o analista e o *setting* analítico são maleáveis e se mostram dispostos a ir ao encontro de suas carências, adaptando-se às suas necessidades. Mais do que isso: ao expressar de modo claro a sua genuína disposição a escutá-la, ao demonstrar um interesse verdadeiro por sua história, o analista desvela o desejo de trabalhar com ela. Como ensina Ferenczi,

> *Os pacientes não se impressionam com uma expressão teatral de piedade, mas apenas com uma simpatia autêntica. Não sei se a reconhecem no tom da nossa voz, na escolha de nossas palavras, ou de alguma outra maneira. Seja como for, adivinham, de um modo quase translúcido, os pensamentos e as emoções do analista (Ferenczi, 1928/2011, p. 115).*

Uma postura analítica receptiva e não excessivamente hierarquizada potencializa a empatia. O analista precisa oferecer sua presença, disponibilizar sua capacidade imaginativa e se permitir ser tocado pelo que lhe é contado para ser capaz de tocar aquele que conta. A vivência direta de uma situação análoga não é, de modo algum, um imperativo para o atendimento, mas a aptidão para reconhecer o lugar de dor é de fundamental importância. Como observa Kupermann:

> *A empatia exercitada pelo analista está referida à capacidade de se deixar afetar pelo sofrimento do analisando, e também à capacidade de afetá-lo, a partir do sentido produzido pela ressonância estabelecida entre o seu corpo pulsional e o corpo pulsional daquele. O analista deveria, assim, operar como "diapasão" capaz de sintonizar as modulações afetivas do paciente (Kupermann, 2019, p. 22).*

Somente dessa forma o *setting* analítico se configura como um espaço onde a palavra do sujeito traumatizado pode aflorar. Fátima desabafa: "só o senhor não me acusa de ser maluca e respeita a minha dor. Os outros acham que eu não viro a página". Não é à toa que Fátima jamais falta às sessões, e a assiduidade revela um investimento significativo em sua análise. A dimensão sensível do encontro terapêutico é, aqui, seu instrumento mais valioso: o analista é alçado à posição de testemunha de uma fala que tem por fim a possibilidade de invenção de uma narrativa sobre si. O analista se oferece como um destinatário diferenciado, empático, alguém para quem a dor e o sofrimento do que é contado de fato *contam*.

A partir do "entre-jogo" que possibilita a construção de um *setting* simbolizante, a análise de Fátima parece ensaiar uma nova fase, na qual as queixas a respeito do cotidiano vazio e as descrições minuciosas relacionadas à limpeza cedem lugar a lembranças da infância. A capacidade de livre associar aflora: Fátima conta de uma depressão antiga, sobre a qual até então nunca falara, e entra em contato com um grande sofrimento – a morte do pai, misteriosa e profundamente dolorosa até hoje. Um modo de se expressar repetitivo, sem qualquer alteração, se assemelha à descrição de

Aulagnier (1984, pp. 31-44) acerca do caso Elizabeth. Segundo a autora, essa forma narrativa evidencia que o trauma não passou pela báscula do recalque.

Uma irmã adoece gravemente e é hospitalizada para cuidados paliativos: cabe a Fátima acompanhá-la ao longo de semanas de internação, cabe a Fátima cuidar da higiene e fazer os curativos, cabe a ela tocar sem pruridos esse corpo que lentamente morre. Pela primeira vez, Fátima acompanha um processo de morte lento e gradativo: ao contrário do pai e do ex-marido, cujas mortes a surpreenderam, a irmã morre um pouquinho a cada dia, bem debaixo dos seus olhos. A proximidade com a morte reacende o antigo enigma: como entender a morte, que sentido lhe dar?

Poucos dias antes da irmã falecer, Fátima liga para o analista e o avisa de que a vida da irmã está por um fio. Nessa reta final, Fátima e seu analista conversam e trocam mensagens diariamente. Fátima não consegue ver alguém sofrer sem sofrer junto, conta ao analista – e o que parece estar em jogo aqui não é tanto a dor de quem sofre ou a dor de quem acompanha o sofrimento, mas o sofrer *junto*: é a possibilidade de partilha desta vivência de dor que permite a procura por algum sentido para a morte, dando a essa experiência um destino distinto da saída psíquica encontrada por Fátima em outra época, quando a incorporação foi o desfecho possível para as mortes do pai e do ex-marido.

Ao oferecer sua presença constante ao longo desses dias derradeiros, o analista propicia a Fátima uma experiência diferente da vivência solitária da infância. Fátima é capaz de inserir a experiência atual em uma cadeia associativa que a conecta com mortes anteriores e a partir disso ensaiar outras respostas. Se para mitigar a falta do ex-marido Fátima pensou em (literalmente) abrir sua cova para recuperar relíquias, como ossos e cabelos, a saída que vislumbra para mitigar a falta que antecipa da irmã em coma é de outra ordem – Fátima fala com ela: "quando minha irmã entrou em coma, eu perguntava pro médico se ela podia me ouvir, e ele dizia que sim. Eu falava muitas coisas pra ela".

O trabalho analítico se pauta, agora, pela possibilidade de construção: o analista se interessa pela fala de Fátima e por suas reflexões, sem incluir indevidamente elementos de sua própria gramática, respeitando a capacidade reflexiva singular e o tempo próprio de Fátima. Para avançar nesse trabalho, o analista faz uso de "tato", ou seja, da sua capacidade de "sentir com" (Ferenczi, 1928/2011, p. 31). Como observa Pinheiro, "sentir com" não é o mesmo que "sentir como", um desafio para a escuta analítica: "o tato é uma distância justa, nem a mais nem a menos, um poder 'sentir com' sem 'ser como'" (1995, p. 111).

Para Pinheiro e Verztman, ao emprestar fantasias, ao conjecturar pensamentos ou imaginar sentimentos do analisando, o analista está construindo, e não sugerindo. Os autores esclarecem: "propondo interrogativamente construções e fantasias, os analistas estão dando apenas uma primeira contribuição para impulsionar os sujeitos na árdua tarefa de inventarem-se, sendo esse processo de invenção de si a principal finalidade da análise" (Verztman & Pinheiro, 2012, p. 84). As experiências subjetivas podem, assim, ser integradas por intermédio do trabalho de simbolização e de apropriação subjetiva. Na bela proposição de Roussillon, o sujeito pode então "reaver aquilo que ele não sentia, não via e não escutava mais de si" (Roussillon, 2019, p. 113).

Vivenciar sozinha uma dor tamanha, uma dor à qual não consegue dar sentido algum, faz Fátima sofrer tremendamente. A produção de uma experiência distinta da experiência de solidão traumática se revela um norteador fundamental do trabalho analítico – é preciso que alguém escute e reconheça o que está em jogo.

Referências

Abraham, K. (1924/1970). Breve estudo do desenvolvimento da libido visto à luz das perturbações mentais. In K. Abraham, *Teoria psicanalítica da libido*. Imago.

Abraham, N., & Torok, M. (1972/1995). *A casca e o núcleo*. Escuta.

Aulagnier, P. (1984). *L'apprenti-historien et le maitre-sorcier. Dudiscours identifiant au discours délirant.* PUF.

Ferenczi, S. (1909/2011). Transferência e introjeção. In S. Ferenczi, *Obras completas* (Psicanálise I). Martins Fontes.

Ferenczi, S. (1912/2011). O conceito de introjeção. In S. Ferenczi, *Obras completas* (Psicanálise I). Martins Fontes.

Ferenczi, S. (1928/2011). Adaptação da família à criança. In S. Ferenczi, *Obras completas* (Psicanálise IV). Martins Fontes.

Freud, S. (1914/2010). Introdução ao narcisismo. In S. Freud, *Obras completas – Introdução ao narcisismo, ensaios de metapsicologia e outros textos (1914-1916)* (Vol. 12). Companhia das Letras.

Freud, S. (1917[1915]/1996). Luto e melancolia. In S. Freud, *Edição standard brasileira das obras psicológicas completas de Sigmund Freud* (Vol. XIV). Imago.

Kehl, M. R. (2009/2018). *O tempo e o cão: a atualidade das depressões*. Boitempo.

Kupermann, D. (2019). *Por que Ferenczi?*. Zagodoni.

Lambotte, M. C. (1997) *O discurso melancólico – da fenomenologia à metapsicologia.* Cia de Freud.

Ogden, T. (1996). O terceiro analítico: trabalhando com fatos clínicos e intersubjetivos. In T. Ogden, *Os sujeitos da psicanálise.* Casa do Psicólogo.

Pinheiro, T. (1995) *Ferenczi: do grito à palavra*. Jorge Zahar.

Pinheiro, T. (1993). Trauma e melancolia. *Percurso – Revista de Psicanálise.*

Pinheiro, M. T., Quintella, R. R., & Verztman, J. S. (2010/2020). Distinção teórico-clínica entre depressão, luto e melancolia. *Psicologia Clínica, 22*(2), 147-168. http://www.scielo.br/scielo.php?script=sci_arttext&pid=S010356652010000200010&lng=pt&nrm=iso.

Quintella, R. R. (2008). *Vicissitudes da crença narcísica: a depressão no mundo contemporâneo* [Tese de doutorado em Teoria Psicanalítica, Universidade Federal do Rio de Janeiro].

Roussillon, R. (2019). *Manual da prática clínica em psicologia e psicopatologia*. Blucher.

Verztman, J. S., & Pinheiro, M. T. (2012). Corpo, tempo e transferência numa pesquisa clínica. In J. Verztman, R. Herzog, T. Pinheiro & F. P. Ferreira (Orgs.), *Sofrimentos narcísicos*. Cia de Freud.

Winnicott, D. W. (1955/2000). Formas clínicas da transferência. In D. W. Winnicott, *Da pediatria à psicanálise*. Imago.

Winnicott, D. W. (1971/1975). A criatividade e suas origens. In D. W. Winnicott, *O brincar e a realidade*. Imago.

5. Há movimento no deserto? Uma discussão sobre a reação terapêutica negativa, formas de regressão e manejo

Roberta Vinhaes

Diane Viana

Bárbara Andrade

Natalia Romanini

Julio Verztman

A impressão deixada pelo encontro com Aracy nos transporta para uma paisagem desértica. Existir nesse contexto é como sobreviver às mais terríveis privações e, ao mesmo tempo, quando encontrar um oásis não conseguir dele sorver uma gota. Esse ambiente psíquico não é convidativo ao outro, expulsa seus visitantes ao mesmo tempo que faz um apelo por provimento. A provisão conquistada para os recursos materiais é também aquela que a amarra a um solo desértico. As condições agressivas desse cenário são vividas como imposições e qualquer ajuda advinda de um outro ambiente é sentida como ineficiente e insuficiente para produzir alguma modificação favorável. O apelo, desde esse lugar psíquico, é de que não seja esquecido, abandonado à própria sorte seca e solitária do deserto, um chamado ao vínculo, em última instância. Entretanto, o apelo vem seguido de um alerta: "mas nada adianta, nada mudará", diz a voz de um destino que se sabe condenado à escassez.

O encontro do analista com Aracy é sentido, num primeiro tempo de análise, sobretudo contratransferencialmente, pela sensação de certa imobilização – "não é possível deixar Aracy sem resposta, mas por outro lado nenhuma resposta é suficiente", diz o analista – e pelo reconhecimento de que esta paciente exige "um investimento sem fundo", uma fonte inesgotável de água pura para regar seu deserto interior. Ela produz no analista pouca esperança em relação ao tratamento, visto que a própria paciente insiste em marcar o quanto nada seria capaz de "curá-la" do TOC.

A aridez de suas experiências psíquicas e relacionais contrastam, entretanto, com a riqueza de suas formações sintomáticas. Quando inicia o tratamento, já havia recebido há bastante tempo o diagnóstico psiquiátrico de TOC, tendo dele se apropriado e adquirido informações diversas. Os pensamentos de caráter obsessivo, diz ela, a perturbam desde a infância. O conteúdo atual desses pensamentos baseia-se principalmente no temor de que pessoas amadas, principalmente os filhos, venham a morrer. Outros receios relatados pela paciente são de que suas calcinhas e que os copos d'água possam conter agulhas, além de um temor relacionado ao risco de não conseguir dormir. Ao lado dos pensamentos obsessivos, apresenta também toda uma série de atos compulsivos funcionando como medidas protetivas contra esses temores, visando à sua anulação. Entre esses atos defensivos, estabeleceu para si mesma algumas "medidas penitenciais" (Freud, 1896/1995), seja pelo ritual ligado ao ato de tomar suas medicações, intercalando comprimidos na sequência da cartela, ou mesmo ao obrigar-se a decorar os nomes de desconhecidos que lia no setor de obituários dos jornais. Ela se impôs, assim, diversas medidas de precaução e interdições as quais reconhece como absurdas. Entre as proibições, está a de evitar pronunciar ou escrever palavras com sentido de aniquilamento ou de morte. A supersticiosidade, característica observada por Freud (1909/1995) nos obsessivos, também se mostra presente nela, estando articulada à convicção que aparece contida na afirmação: "Quando eu falo, as coisas podem realmente acontecer".

As sessões são marcadas por repetidas queixas – sobre o TOC, o tratamento, os médicos, a família –, mas, ao mesmo tempo, toda a vida da paciente parece se estruturar em torno da presença do sintoma. Apesar da postura nada esperançosa, a paciente não desiste do tratamento e insiste, tanto nas sessões quanto via incessantes mensagens, para que o analista não "desista dela". O analista se sentia não raras vezes invadido, com demandas constantes, dentro e fora do *setting*. Havia uma convocação da presença do analista como testemunho, como prova de existência e de permanência de vínculo com o outro, com o mundo.

Quando Aracy começa a ser atendida pela pesquisa, ela já vinha de um longo período de tratamento na instituição, tendo circulado durante duas décadas entre algumas das equipes. A queixa principal nunca deixou de ser o TOC, sintoma que parece funcionar como corpo estranho – um parasita – que retira dela sua liberdade. O TOC se apresenta em seu discurso como uma entidade separada, como uma personagem que invade seu espaço psíquico. É como se ela estabelecesse uma conversa consigo mesma em que, de um lado, o TOC se apresenta como cruel, sádico, impondo-lhe diversas proibições e sacrifícios, e, de outro, uma parte de si busca se assegurar, sem sucesso, de que esses pensamentos são "coisa da sua cabeça".

"Ah, é o TOC, né?" Essa frase se repete em diversos momentos do tratamento em tom de aceitação, de reconhecimento do que lhe é próprio e, por vezes, quase de orgulho. O TOC é ela; é o objeto que não pode abandonar, a maldição que a persegue e o brasão de família. É o que tira seu sono, o que a impossibilita de trabalhar, mas a sustenta. É o que a faz ter impulsos de matar os filhos, mas, por isso, saber que os ama.

Aracy nos conta, a partir de suas incansáveis pesquisas sobre o sintoma, que "o TOC cisma com as pessoas que a gente mais ama". Não à toa, parece ser essa experiência psiquiátrica aquilo que une a família. As gerações são superadas por meio de uma evolução do lugar de alvo do TOC do outro, para portador do TOC. Aracy representou um objeto do TOC do pai, e agora tem os filhos como os seus.

Em dado momento somos transportados para uma Aracy jovem – como ocorre em poucas vezes no tratamento. Ela se apresenta por um espelho no qual vê o pai carregando uma cruz, falando sobre o diabo e pedindo perdão pelos pensamentos que tem. Anos mais tarde ela vem a saber que os pensamentos eram sobre matá-la. O analista pergunta a ela o que sentiu ao saber, e, mundanamente, ela responde: "Ah, é o TOC, né? Eu também sinto o mesmo". Assim ela parece resolver a violência do desejo do pai, do seu, e criar a liga de família que se reconhece e se ama no impulso de extermínio.

As sessões, bem como a vida de Aracy, são balizadas pelas condições do TOC. O monocromatismo do deserto dá a sensação de pouca transformação. Essa paralisia que persegue o caso tanto a nível do analista quanto do grupo se materializa ao final do que chamamos do primeiro tempo do tratamento por uma interpretação. O analista aponta a gravidade da situação, na medida em que Aracy, ao mesmo tempo que diz querer se curar, depende do sintoma para manter o subsídio que sustenta a ela e à família. Isso porque este subsídio está relacionado à sua condição de "doente mental", tendo sido obtido após a morte do pai. Sem ter outra fonte de renda, esse benefício torna-se fundamental para mantê-la financeiramente, conferindo a ela o lugar de provedora da família. Se, por um lado, essa condição lhe assegura esse lugar valorizado por ela, de quem pode se manter e manter os seus, por outro vem colocá-la ainda mais aderida à doença, em um compromisso irredutível com o sintoma. Daí ficar muito incomodada quando um de seus psiquiatras faz um laudo atestando uma possível remissão dos sintomas.

Essa marcação do analista parece nomear a dificuldade até então pouco explicitada do caso e faz com que o grupo pense nas implicações de se tratar um paciente cujo sintoma é tão representativo do Eu, tanto subjetivamente quanto de maneira prática e real. Inicia-se um segundo momento de análise, sob a orientação de buscar alguma separação entre ela e o sintoma, de implicá-la no tratamento, mas com um certo receio do que seria possível encontrar de Aracy para além do TOC. Se o TOC sai de cena, o que lhe resta?

A impressão que Aracy havia deixado nos coordenadores, por ocasião da primeira entrevista, era a de que estavam diante de um caso que apresentava gravidade. No decorrer dos primeiros anos de tratamento, seu caso ficou num perímetro marginal das discussões, ocupando pouco a cena das supervisões e da pesquisa, apesar do reconhecimento da equipe da dificuldade e da gravidade do caso. Foi preciso um percurso considerável de tempo de atendimento e, em um momento posterior, a necessidade da troca do analista (em função da saída do mesmo do NEPECC) para que a equipe retomasse o caso e o recuperasse para o centro das discussões.

Percebemos com isso que a desertificação de sua paisagem psíquica tinha também sido sentida de várias formas pelos coordenadores, pelo seu analista e por toda a equipe, que inconscientemente varram Aracy para as margens do trabalho, talvez por ela produzir um sentimento coletivo de impotência. Não é possível adentrar no deserto desprevenidamente. A atenção menor dada ao caso durante esse primeiro tempo talvez fosse efeito de algo próximo a uma "blindagem psíquica" (Pontalis, 2005). Isto é, diante da ameaça de impotência produzida por determinado caso clínico, segundo Pontalis, é comum se recorrer a mecanismos de defesa para alcançar um estado psiquicamente ausente, de anestesia afetiva.

Nossa primeira aproximação com o caso nos levou a um lugar solitário. A tarefa de adentrar o deserto pareceu exigir um mapa, referências e companhia. Porém foi essa sensação de desamparo que nos deu um caminho; a percepção da pouca atratividade do caso foi o primeiro aspecto a nos chamar atenção. Escutando o primeiro analista da pesquisa a atender Aracy, percebemos que a desesperança da qual ele falava era a mesma que se apresentava no grupo de supervisão como um todo, e assim não pudemos mais ignorar este clima que se repetia por onde o caso passava.

Na transição dos analistas, alguns aspectos importantes do caso pareciam se transformar, o que nos levou, ao escrever e pensar o caso, a reparti-lo em momentos. Para o presente trabalho o tratamento foi dividido em três tempos: um primeiro referente à primeira relação, um segundo que marcaria o início dessa segunda relação e um terceiro representando as aparentes consequências desse novo momento, ilustrando o estado mais atual do trabalho – que ainda se encontra em andamento. Mas, antes de desenvolver de forma mais detida esses três tempos da análise de Aracy, apresentaremos algumas considerações teóricas sobre o caso, as quais consideramos relevantes para um maior entendimento sobre a dinâmica dos sintomas.

O arranjo sintomático e suas funções

A observação dos sintomas da paciente, sob uma perspectiva de cunho mais fenomenológico, nos levaria a identificar em sua formação sintomática a trama característica da neurose obsessiva clássica, como descrita por Freud (1894/1995, 1895[1894]/1995, 1896/1995, 1909/1995). A questão que nos colocamos, entretanto, é se poderíamos pensar que sua organização subjetiva corresponde, de forma inequívoca, a tal diagnóstico. É certo que os sintomas obsessivos da paciente adquirem um matiz edípico quando pensamos nas características de seu romance familiar, isto é, o lugar especial ocupado por ela nas fantasias obsessivas do pai. Será que ela compreendia esse lugar como um objeto privilegiado do amor do pai (e não só de ódio)? Isto é, seria possível pensar seu sofrimento psíquico como resultado de processos triangulares influenciados, de um lado, por um desejo edípico e, de outro, por uma interdição que se opõe contra ele? Deixemos, por ora, essas questões em aberto.

A reorganização da problemática obsessiva feita por Freud em "Inibição, sintoma e angústia" nos traz elementos importantes para pensar o caso em questão. A partir da aproximação freudiana da neurose obsessiva à melancolia na segunda tópica, e da centralidade que a discussão acerca do papel do Eu ganha na formação do sintoma obsessivo em 1926, podemos ampliar nosso espectro de leitura desta neurose e de suas fronteiras nosológicas.

Conforme já foi desenvolvido no segundo capítulo, os novos aportes freudianos à teoria da neurose obsessiva incidiram sobretudo no fator da regressão e na sua articulação com a transformação da dinâmica pulsional, a saber, a desfusão entre as pulsões de vida e a pulsão de morte. Freud situa a explicação metapsicológica da regressão no "desligamento dos componentes eróticos que, com o início da fase genital, se juntaram às catexias destrutivas que pertenciam à fase sádica" (Freud, 1926/1974, p. 116).

Ele sublinha textualmente que a regressão passa a ser decisiva na formação dessa neurose. O decisivo, além da regressão da libido às fases do desenvolvimento psicossexual que já estava posta, reside também na hipótese levantada por Freud acerca da participação defensiva do Eu no mecanismo de formação da neurose obsessiva. Essa hipótese desloca a origem constitucional da regressão para uma origem temporal.

> *Talvez a regressão seja o resultado não de um fator constitucional mas de um fator tempo. Pode ser que a regressão possa ser tornada possível, não porque a organização genital da libido seja fraca demais, mas porque a oposição do ego começa cedo demais, enquanto a fase sádica se acha no seu apogeu (Freud, 1926/1974, p. 115).*

Ainda que Freud tenha descartado tal hipótese e reafirmado que "na ocasião em que se entra em uma neurose obsessiva, a fase fálica já foi alcançada" (p. 115) e que seu desencadeamento ocorre "após o período de latência ter-se estabelecido" (p. 115), não podemos ignorar a indicação de um componente narcísico em jogo pela oposição do Eu em momento anterior à centralidade que o conflito edipiano assume na neurose obsessiva. Se Freud seguisse por esse caminho situaria o problema do narcisismo no seio dessa neurose, ao pensar em uma oposição defensiva do Eu em um período em que Eu e sadismo encontravam-se plenamente imbricados (Verztman, 2016). Além disso, em 1926 Freud aponta a inegável participação do Eu e do Supereu feroz na formação do mecanismo obsessivo.

Mais do que o recalque, é a regressão e aspectos relacionados à desfusão pulsional que marcarão as defesas implicadas na constituição da neurose obsessiva. A presença da pulsão de morte desfusionada, a falha na capacidade de mediação do Eu frente a forças cada vez mais intoleráveis e ao agudo conflito entre Id e Supereu, bem como a presença excessivamente tirânica deste último, representam um cenário de grandes restrições ao Eu. Freud (1926/1974, p. 119) aponta que o resultado desse processo é o fracasso da defesa e um "ego extremamente restringido, que fica reduzido a procurar satisfação nos sintomas".

Essas pistas abertas por Freud lançam luz para pensarmos outra dimensão também presente na dinâmica psíquica de Aracy, além da problemática edipiana que levantamos nesses trechos anteriores. Vemos o quanto a presença de seus sintomas compulsivos recobre praticamente toda a extensão de sua vida. Esse nível de abrangência que o sintoma alcança na experiência subjetiva da paciente é índice da gravidade que reconhecemos nesse caso. Fica evidente a estreita sobreposição entre o Eu e o sintoma, o qual adquire o valor de signo identitário. É em torno do TOC que Aracy nomeia a si própria e à sua vida. Vale ressaltar também o decorrente empobrecimento relacional observado em sua ordenação psíquica, próximo do que se costuma constatar em casos graves de neurose obsessiva. Nossa paciente apresenta enorme dificuldade de se relacionar com os outros, restringindo-se cada vez mais a seu universo particular, no qual sua única companhia reside na presença inquietante do TOC.

Aqui, o sintoma parece comparecer com uma função narcísico-identitária de sustentação egoica, ao lado da formação de compromisso relacionada com os impasses das relações triangulares referentes ao conflito edípico igualmente presente. Esse caso nos faz pensar na encruzilhada presente na discussão das fronteiras nosológicas da neurose obsessiva, aberta por Freud na segunda tópica. Podemos reconhecer na dinâmica psíquica de Aracy aspectos narcísicos e edipianos, com a prevalência dos primeiros na maior parte da história de seu sofrimento.

O caminho que estamos traçando parece ir no sentido de fazer uma dupla afirmação: por um lado, constatar os aspectos classicamente neuróticos dos sintomas da paciente – marcados por pensamentos obsessivos, rituais de anulação retroativa, entre outros; por outro, destacar a função narcísica que os mesmos parecem adotar na medida em que marcam um Eu que se apresenta como limitado não só pelos sintomas, mas pelas suas aparentemente precárias possibilidades relacionais. Enfatizamos este último aspecto sobretudo pelo que se tornou notável no par analista-analisando.

Como já foi aludido e será aprofundado ao longo da descrição do caso, a sensação contratransferencial despertada por esse atendimento traz dificuldades. A simultaneidade entre demandas excessivas e desânimo perante o prognóstico do tratamento parecem convocar o analista a uma cilada: "preciso que me dê, mas ninguém pode me dar". A cena de dependência e agressividade nos remete a uma relação mãe-bebê, mas uma que não parece se tratar de um caso clássico de regressão em análise, no qual o acolhimento do analista é o que o paciente parece demandar. A sensação despertada nos analistas que atenderam o caso é mais de paralisia do que de cuidado, e é por isso que optamos por debruçarmo-nos sobre Balint para explorar sua teoria acerca da regressão maligna e benigna.

A fim de introduzir brevemente esses conceitos técnicos, os quais aprofundaremos mais tarde por meio de paralelos com eventos específicos dessa análise, devemos partir de um ponto principal da teoria de Balint: sua esquematização da mente. Se em Freud temos uma concepção do aparelho psíquico que se dá a partir da descrição de dinâmicas entre instâncias, em Balint a compreensão do funcionamento psíquico se dá via uma esquematização necessariamente relacional. O que isso quer dizer? Quer dizer que quando falamos de um processo subjetivo não podemos fazê-lo apenas de maneira intrapsíquica; ele sempre dirá respeito a um tipo de funcionamento que aponta para a condição sobre a qual o sujeito se liga ou deixa de se ligar a seus objetos e como se organiza psicossomaticamente.

Logo, ao pensar a técnica analítica – foco principal de sua obra, diga-se de passagem –, Balint (1965) considera de suma importância compreender de que área da mente vem a demanda do paciente. E agora devemos introduzir as que a nós aqui interessam: a área edípica e a área da falha básica. A primeira diz respeito àquela a qual estamos acostumados a lidar na psicanálise clássica, e que denuncia a experiência da ordem do conflito. Já aquilatamos essa área há pouco, quando discutimos algumas hipóteses de Freud sobre a neurose obsessiva – em seu repertório teórico, um conflito entre instâncias e forças. Nas palavras de Balint, o nível edípico explicita uma relação triangular, que inclui o sujeito e pelo menos dois objetos paralelos, e que, importante dizer, domina a linguagem adulta (pré-genital ou genital), sustentando a eficácia da interpretação enquanto ferramenta técnica.

A segunda área que nos interessa é a da falha básica. Balint (1968/1992) dirá que, quando se trabalha nesse nível, a comunicação só se torna possível ao adotar uma linguagem anterior à edípica que, não incluindo a sexualidade, tem como eixo balizador não a satisfação-frustração, mas a harmonia-inexistência.

Sobretudo, o que importa dizer por ora é que, se em Freud falamos da regressão como um processo intrapsíquico de retorno libidinal a uma organização anterior, resultando em formações sintomáticas, em Balint entenderemos esse fenômeno como necessariamente clínico, convocando o analista a vivenciar uma relação mais primitiva do que aquela experienciada no campo da psicanálise interpretativa. A diferenciação entre a regressão maligna e benigna se dará, todavia, em função do nível da mente ao qual parece se vincular, seja o edípico, marcado por uma incessante demanda, seja o da falha básica, marcado por uma necessidade.

Por fim, vale notar que Balint (1968/1992) afirma haver em todo processo regressivo os dois tipos (benigno e maligno), ainda que um acabe predominando. Nossa aposta é que, no caso de Aracy, encontramos mesmo os dois momentos, os quais se manifestam talvez até mesmo de forma bastante didática. Veremos como eles se darão ao descrevermos mais detalhadamente cada momento desse processo terapêutico, mas vale, por ora, retermos a ideia de que, se em sua sintomatologia somos confrontados com aspectos classicamente obsessivos, no espectro relacional somos levados a um terreno menos habitado do deserto. Os desafios do analista se tornam não só percorrer esse ambiente árido, mas primeiramente se situar nele, entender suas condições.

Primeiro tempo da análise

A forma de resistência verificada nesse caso clínico apresentou, no primeiro tempo de análise, características de uma "reação terapêutica negativa", como a que foi formulada por Freud em 1923, se impondo como força irredutível que coloca sérias dificuldades ao trabalho analítico. Trata-se de uma recusa contra toda e qualquer mudança a ser operada pela análise, podendo se apresentar quando o paciente percebe no analista sua expectativa terapêutica, interpretando-a como uma demanda por transformações que poderiam ocorrer no decorrer da análise. Esse ponto é sublinhado por Freud (1937/2006) ao asseverar que os esforços terapêuticos do analista podem provocar essa reação, como se a melhora pudesse ser experimentada como um novo perigo. Qualquer mudança de sua experiência de si podendo ser vivida pelo paciente como uma resposta à expectativa do analista – como se, desse modo, viesse a satisfazer a uma demanda colocada pelo analista –, o que pode representar para ele, como indica Pontalis (1991a), uma submissão à sua exigência. Dito de outro modo, "é melhor ficar doente do que *cair curado*" (p. 55).

Em seu artigo "Não, duas vezes não", Pontalis (1991a) define a reação terapêutica negativa como uma forma de resistência maciça ao processo de mudança, ganhando o caráter de uma defesa global do sujeito, colocando em xeque a analisabilidade do caso.

Preferindo seu sofrimento no lugar da cura, a necessidade de "passar mal, ter a experiência do mal, denunciar o mal" (p. 64) se imporia, nesses pacientes, como condição vital para sua existência.

Essa necessidade de sofrimento tornou-se a marca do primeiro tempo de análise de Aracy, presente tanto na queixa repetida da paciente de que não melhorava com a análise como na sensação do analista de que não havia saída, de que não conseguia encontrar formas de intervir em análise que produzissem alguma mudança.

Esse funcionamento de exigências contínuas, mas pouco aproveitamento terapêutico da presença do analista, nos fez pensar na distinção feita por Balint (1968/1992) entre regressão benigna e regressão maligna, já introduzida anteriormente. Pensamos haver nessa postura demandante e incontornavelmente insatisfeita da paciente marcas do fenômeno maligno, que indica a adoção, por parte da paciente, de modos de relação mais primitivos, mas ainda assim mantendo-se no eixo genital ou pré-genital da frustração e gratificação.

Como vimos, na teoria do húngaro que seguiu na esteira de Ferenczi ao se dedicar às possibilidades terapêuticas dos fenômenos regressivos em análise, a regressão não diz respeito a um processo intrapsíquico, mas necessariamente intersubjetivo, de forma que o retorno é não topológico, formal e temporal, como apresentado por Freud (1900/1974), mas relacional. Assim, ao propormos a problemática da regressão, o fazemos sobretudo por perceber na relação analítica em questão uma estagnação que, segundo Balint (1968/1992), poderia se dar em função de uma necessidade do par de se comunicar na linguagem de outro nível da mente. Logo, enfatizamos uma última vez, o que nos fez recorrer à sua teoria dos processos regressivos foi mais a marcante relação contratransferencial do caso do que a percepção de modos de funcionamento destacadamente primitivos. Essa diferenciação por si só serve para nos remeter especificamente aos casos de regressões malignas.

A fim de marcar ainda uma nova diferença entre a regressão maligna e a regressão benigna, que pode vir a nos servir mais à frente, podemos dizer que enquanto a *regressão benigna* representa uma regressão desejável à medida que se torna meio para um *novo começo*, a regressão *maligna*, por sua vez, aparece de forma desesperada, e não parece resultar em nenhuma transformação subjetiva. É nesse sentido que se torna importante almejar um "diagnóstico", já que um caminho pode levar a uma dependência do paciente pelo analista (maligna), enquanto o outro pode levar à construção de uma independência (novo começo) a partir da vivência de um vínculo profundo e acolhedor com o analista (benigno).

Ora, não abordamos a questão da reação terapêutica negativa em vão. Decididamente, a sensação apresentada pelo analista que inicia o tratamento de Aracy no grupo da pesquisa é uma de volume aumentado. O que queremos dizer com isso é que, embora no grupo de pesquisa caso tenha ficado por um tempo discreto, a sensação é a de que, para o analista, tratava-se de um atendimento incômodo, tanto dentro quanto fora do *setting*. Além desse fator, característico do caráter desesperado da regressão maligna, veremos logo mais, ao introduzirmos a noção de histeria maligna em Bollas, eventos que marcam níveis de demanda exacerbados e que não parecem apontar para um pedido de ajuda primordial, mas antes para uma demanda insistente e genital (em sua força penetrante). Segundo Balint (1968/1992), a demanda da ordem da falha básica, ou seja, da regressão benigna, é calma, discreta. À medida que se trata de um nível de relação que aponta para apenas um sujeito e seu objeto, ela é facilmente escutada e simplesmente atendida ou não – o que configura o lugar da falha. A demanda mais audível haveria de ser do nível edípico, marcado pelo conflito, pela disputa, na qual ganha quem "grita mais alto".

Talvez valha a pena, agora, um último esclarecimento a respeito dessas duas áreas da mente propostas por Balint (1965). A área da falha básica representa um funcionamento anterior à vivência triangular na qual haveria apenas duas pessoas, um par – a mãe e seu bebê. Seria nessa relação, que antecede qualquer possibilidade de reconhecimento de terceiros e de conflito, que ocorreria uma falha profunda que o sujeito carregaria como experiência subjetiva ao longo de todo o seu desenvolvimento. Esse tipo de paciente, marcado pela sensação de inadequação, se beneficiaria de um processo regressivo em análise no qual poderia, enfim, viver com a pessoa do analista uma experiência de amor primário, ou seja, um estado de completa harmonia com o objeto amado primordial. O desejo de um equivale ao desejo do outro, e, assim, não precisa se desejar para se encontrar satisfeito.

Por outro lado, o sujeito que pôde em seu desenvolvimento integrar a experiência edípica e, portanto, as relações penetrantes e conflituosas com seus múltiplos objetos, no caso de manifestar funcionamentos regressivos em análise o faria não pela necessidade de resolver uma falha primordial, mas pelo desejo de ser gratificado pela pessoa do analista. Essa seria, portanto, o tipo de regressão que Balint considerou maligna e, ao sê-lo, não terapêutica.

A questão que se apresentou para nós é se os movimentos regressivos e demandantes da paciente seriam predominantemente da ordem de uma necessidade primária, de um reconhecimento, ou de uma gratificação, o que faria enorme diferença em termos de manejo do caso. Importante destacar, entretanto, que para Balint (1968/1992) ambos os tipos sempre coexistem, ainda que um dos dois predomine. Esse aspecto nos parece especialmente interessante na medida em que, no decorrer dos atendimentos, nos deparamos com fases muito distintas e, como vimos, encontramos na paciente aspectos classicamente neuróticos e outros classicamente de natureza mais primitiva. Porém, por ora nos ateremos às características malignas, por assim dizer, desse primeiro tempo do caso.

Bollas (2000) parte das distinções entre regressão benigna e maligna de Balint para descrever casos graves de histeria, os quais são chamados de histéricos malignos. Nesses casos, a regressão não busca o caminho para a independência, mas requer o cuidado e a reparação do ambiente. Uma regressão seria maligna, de acordo com o autor, se o paciente coage o analista a um cuidado incondicional. Isso pode ser observado, por exemplo, na relação transferencial, quando Aracy precisava reservar um tempo da sessão com o analista para apagar mensagens de seu celular. A paciente demandava uma confirmação de que os atendimentos iriam ocorrer e enviava mensagens frequentes no final de semana relatando sua angústia.

Segundo Bollas (2000), "o paciente quer que o analista esteja lá para responder à sua demanda, quanto tempo for preciso, e qualquer que seja o modo pelo qual ele o tenha determinado" (p. 190). Para esses pacientes, a análise é um fim em si mesmo, sem saída, não tendo como objetivo a independência e o movimento em direção ao mundo, apontados por Balint (1968/1992) como efeitos da regressão benigna. O paciente não quer compreender algo a respeito de si mesmo, deixando o analista no lugar de testemunha paralisada, que observa as atuações e as imagens encenadas, e, ao mesmo tempo, demanda um cuidado incondicional.

Segundo tempo da análise

O início dos atendimentos com o novo analista vem suscitar algum esboço de movimento à análise, que parece ganhar, apenas temporariamente, um funcionamento mais próximo da histeria.

Esse aparente movimento – mesmo que pudesse ser atribuído a uma reação da paciente, de caráter maníaco, à perda do antigo analista – produz, de forma contígua, um novo investimento da equipe dirigido a esse tratamento. Como se tivesse havido no grupo certa renovação da implicação afetiva em um caso clínico que havia se manifestado até então como predominantemente desértico. O novo analista define a narrativa da paciente como "tragicômica", o que sinaliza a vivência de uma atmosfera clínica menos opressiva. A impressão é de que a paciente produz intencionalmente em seu relato um efeito cômico, relatando cenas que fazem o analista rir.

Vemos surgir nas supervisões novos questionamentos sobre as possibilidades de intervenção clínica. As queixas constantes da paciente contra os outros e o rol de lamentações pelas circunstâncias exteriores de sua vida nos levam a apostar em uma direção do tratamento que visasse produzir nela alguma responsabilização por seu sofrimento. As intervenções do analista buscam introduzir uma descontinuidade no discurso da paciente, causando um efeito de ruptura em seu modo de pensar habitual. As intervenções nesse período são todas no mesmo sentido de convocar para a realização de um trabalho psíquico com a finalidade de produzir alguma desconstrução de sua narrativa sobre si.

Se, num primeiro momento, um manejo mais característico da clínica da neurose suscita alguns efeitos na paciente, essa direção clínica logo se revela inoperante e, o rearranjo temporário é seguido por um novo período de estagnação. O discurso da paciente volta a apresentar a mesma fixidez penosa sobre o seu cotidiano atrelado aos sintomas. O analista, por sua vez, começa a relatar a impressão de que suas intervenções são estéreis, de que nada funciona, quadro que parece indicar a instauração da reação terapêutica negativa já apresentada no tratamento com o primeiro analista.

Em uma das sessões de análise, ao entrar na sala de atendimento, a paciente acaba pisando acidentalmente em um besouro que estava em seu caminho. Com isso, o besouro fica agonizando no chão da sala, não conseguindo mais voar e se movendo em direção à cadeira onde o analista se senta, que se surpreende com a presença do inseto. Esse é um objeto fóbico para o analista, o que exige dele, durante toda a sessão, um esforço para lidar com a angústia produzida por sua presença, sentindo-se paralisado, sem conseguir agir, seja para mudar de sala, seja para encontrar qualquer outra saída que pudesse livrá-lo do contato com aquele besouro. Os pensamentos do analista durante a sessão são ocupados pela ideia de *esmagar* o inseto, sentindo-se dominado pelo medo. A presença do besouro também inquieta a paciente, sentindo-se culpada e perguntando ao analista, no final da sessão, se teria matado o besouro ao pisar nele.

Essa cena ilustra, de forma quase alegórica, os elementos da experiência transferencial desse período do tratamento. Do lado do analista, a imagem sugerida é de uma imposição, uma invasão, diante da qual ele se sentiria colocado forçadamente em uma posição passiva. Ao sofrer passivamente a experiência de sentir seu psiquismo dominado ou invadido (Pontalis, 1991a), o analista ocupa um lugar particularmente penoso, tomado pela sensação de sofrer na própria pele a influência inquietante da paciente. Os devaneios do analista, ao imaginar-se matando o besouro, parecem encenar uma luta imaginária para reagir àquele encontro. Nessa dinâmica transferencial de controle e domínio, devanear um ato de violência parece ser a única saída possível para escapar à posição de submissão.

Essa cena da morte do besouro coloca em jogo não apenas a realidade psíquica do analista. Cabe lembrar que, para Ogden (2010), os devaneios do analista na sessão de análise permitem um acesso indireto à vida inconsciente da dupla analista-analisando, tendo a função de encenar algum aspecto da relação analítica que não pode ser comunicada de outra forma. "Devaneios não são o produto da psique-soma apenas do analista, mas do inconsciente do paciente e do analista combinados"[1] (Ogden, 2010, p. 37).

Isso permite pensar que, nesse momento de paralisia do movimento de análise, a relação transferencial-contratransferencial vem esboçar algo próximo do que Pontalis (1991a) descreve como uma dinâmica do par ação-reação, marcada pelo controle e vigilância mútuos. Nesse contexto, a questão "quem se tornará senhor do outro?" (p. 63) parece permear a fantasia mobilizada pela dupla.

Terceiro tempo da análise

Mais recentemente ocorrem algumas mudanças no tratamento. Se, durante todo o período inicial da análise, os ataques ao enquadre eram a tônica do tratamento – sob a forma de demandas excessivas dirigidas ao analista, assim como uma postura hostil que se condensava no pensamento "já tentei de tudo e nada funciona comigo" –, a estabilidade e continuidade deste enquadre parecem produzir efeitos. Vemos gradualmente os sintomas obsessivos perdendo sua força graças à capacidade incipiente de acesso a uma temporalidade. Ela chega a afirmar ao analista que, agora, é capaz de se acalmar quando invadida por um pensamento obsessivo, dizendo para si mesma: "eu sei que isso passa".

A postura mais reservada do analista, assim como o trabalho de historicização da infância da paciente, começa a produzir um movimento efetivo na análise. À medida que novos elementos da história

1 O autor se refere ao conceito de terceiro analítico.

infantil podem surgir, o analista observa que a sensação de invasão que sentia, dentro e fora da sessão, começa a diminuir, indicando que algum processo de separação eu-outro teria se iniciado.

Com o surgimento de novos elementos de sua história infantil, Aracy se recorda de situações em que se sentia bastante angustiada ao se separar de sua mãe, de sua casa, de um ambiente conhecido. Aracy descreve sua ida à escola como um longo e tortuoso percurso. A travessia, percorrida dentro de um ônibus escolar, a retirava de seu ambiente familiar conhecido rumo a uma parte desconhecida, como o colégio. Durante o extenso trajeto, Aracy experimentava a angústia de um refugiado expulso de seu lar e obrigado a marchar rumo a um lugar para o qual se vê obrigado a ir não por desejo, mas por falta de alternativa. A escola era extremamente rígida. Aracy descreve um ambiente repleto de normas e reprimendas, e, ainda, árido em termos de afetos.

A angústia também tinha como componente uma escassez de respostas e sentidos. Aracy não entendia por que precisava estudar em uma escola tão distante e por que precisava ficar tanto tempo afastada de seus pais. Sentia sua mãe pouco presente e rezava para ficar doente e, dessa forma, permanecer em casa, perto de seus pais. A partir dessa cena, é possível perceber a dificuldade de Aracy de se separar de seus objetos primordiais, mesmo que na presença de seus pais a sensação fosse de uma mãe pouco acolhedora, rígida, e de um pai ambivalente, com sintomas de TOC e ideias de morte em relação à filha.

Se retornarmos à função do sintoma nesse caso, cabe sublinhar que este ocupa um lugar central e complexo, que adentra o funcionamento do Eu porque, em muitos aspectos, é o que o constitui. Se pensamos na imagem especular como ideia básica para o narcisismo (Narciso vendo seu reflexo), o que podemos concluir da paciente que vê, em seu reflexo no espelho, o pai que sofre pelo TOC a ponto de desejar matá-la? Assim, o TOC é, em muitos aspectos, o que a faz existir como sujeito e como objeto de desejo. É o que a permite amar e ser amada.

Essas elaborações nos fazem mais uma vez refletir sobre o tipo de demanda que se apresenta na relação transferencial. Seguindo a hipótese de que o amor aparece na violência, o que, para a paciente, expressa um ambiente de acolhimento? Se voltamos para a cena já descrita da sessão na qual o besouro invade o *setting*, parece possível esboçar uma linha de pensamento que percebe o devaneio do analista de esmagar o inseto como expressão do vínculo com Aracy. Seria esse impulso uma manifestação da intersubjetividade do sintoma da paciente?

A partir dos questionamentos propostos, somos remetidos novamente às distintas regressões descritas por Balint, ou melhor, à sensação de que o nível de demanda da paciente seria intensamente oscilante. Talvez se trate menos disso e mais da ambivalência que se apresenta na base de suas relações de objeto – dentre eles o analista. Nesse caso, somos levados a pensar a hipótese de um problema que reside não no questionamento de se aí se trata de uma manifestação de amor ou ódio primário ou genital (Balint, 1965), nem da aceitação do amor e ódio dirigidos à mesma pessoa. Percebemos aí uma equivalência entre amor e ódio dirigidos aos objetos primários, objetos que seriam tão amados quanto odiados, em igual intensidade, funcionando como "lugar de atração e repulsa inextricavelmente unidas" (Pontalis, 1991b, p. 77).

Esse modo de se ligar afetivamente aos seus objetos primários parece se repetir nas relações com outros objetos, sobretudo com o analista. Por esse viés é possível compreender o comportamento recorrente da paciente de implorar que o analista não a abandone, mas dizer que ele não lhe serve. De culpar o TOC por todos seus problemas, mas não viver sem ele.

Ao tentarmos escrever sobre o encontro com Aracy, apostamos em uma via de caminhar ao seu lado. Assim como no deserto não é possível fazer as travessias desacompanhado, o analista pode acompanhá-la em seus trajetos por essa paisagem desértica. Em vez de ansiar por oásis e novos cenários, o trabalho tem sido o de seguir seu movimento singular. Caberia lembrar, ainda, que a paisagem do deserto, aparentemente estagnada, muda constantemente. Assim como as cores, que se repetem até onde os olhos não mais podem ver e disfarçam a amplitude térmica. Os dias mais quentes e as noites mais frias coexistem. Para aquele que chega, é fácil se perder, mas os povos que ali habitam sabem que as dunas estão sempre em movimento.

Referências

Balint, M. (1965). *Primary love and psycho-analytic technique.* Tavistok.

Balint, M. (1968/1992). *The basic fault: therapeutic aspects of regression.* Northwestern University Press.

Bollas, C. (2000). *Hysteria.* Escuta.

Freud, S. (1894/2006). As neuropsicoses de defesa. In S. Freud, *Edição standard brasileira das obras psicológicas completas de Sigmund Freud* (Vol. III). Imago.

Freud, S. (1895[1894]/1995). Obsessões e fobias. In S. Freud, *Edição standard brasileira das obras psicológicas completas de Sigmund Freud* (Vol. III). Imago.

Freud, S. (1896/1995). Novos comentários sobre as neuropsicoses de defesa. In S. Freud, *Edição standard brasileira das obras psicológicas completas de Sigmund Freud* (Vol. III). Imago.

Freud, S. (1900/1974). A interpretação dos sonhos. In S. Freud, *Obras Completas* (Vol. IV). Companhia das letras.

Freud, S. (1909/1995). Observações sobre um caso de neurose obsessiva ["O Homem dos Ratos"]. In S. Freud, *Edição standard brasileira das obras psicológicas completas de Sigmund Freud* (Vol. X). Imago.

Freud, S. (1923/1989). O ego e o id. In S. Freud, *Edição standard brasileira das obras psicológicas completas de Sigmund Freud* (Vol. XIX). Imago.

Freud, S. (1926/1974). Inibição, sintoma e ansiedade. In S. Freud, *Edição standard brasileira das obras psicológicas completas de Sigmund Freud* (Vol. XX). Imago.

Freud, S. (1937/2006). Análise terminável e interminável. In S. Freud, *edição standard brasileira das obras psicológicas completas de Sigmund Freud* (Vol. XXIII). Imago.

Ogden, T. (2010). *Esta arte da psicanálise: sonhando sonhos não sonhados e gritos interrompidos.* Artmed.

Pontalis, J.-B. (1991a). Não, duas vezes não. In J. B. Pontalis, *Perder de vista: da fantasia de recuperação do objeto perdido.* Jorge Zahar.

Pontalis, J.-B. (1991b). Essa transferência chamada negativa. In J. B Pontalis, *Perder de vista: da fantasia de recuperação do objeto perdido.* Jorge Zahar.

Pontalis, J.-B. (2005). Bordas ou confins. In J. B. Pontalis, *Entre o sonho e a dor.* Ideias & Letras.

Verztman, J. S. (2016). Édipo, Narciso e o sintoma compulsivo em Freud. In J. Birman, L. Fulgêncio, D. Kupermann & E. L. Cunha (Orgs.), *Amar a si mesmo e amar o outro: narcisismo e sexualidade na psicanálise contemporânea* (Vol. 1, pp. 202-214). Zagodoni.

6. O sujeito, o muro, o mundo: o ritual obsessivo-compulsivo como defesa contra a psicose

Roberta de Oliveira Mendes
Cristina Martins Tavelin
Elaine Pinheiro
Selena de Araújo Leite Caravelli
Julio Verztman

Ernesto, geralmente bem-humorado durante as sessões, chega ao encontro com a sua analista com uma expressão mais tensa que a habitual. Ávido leitor, havia passado os últimos dias às voltas com *O primeiro homem*, de Albert Camus, obra na qual o protagonista (alter ego de Camus) faz uma jornada em busca de sua identidade, retornando aos locais de sua infância e ao túmulo de seu pai. Durante a leitura, um pensamento lhe ocorre: no caso do protagonista, Jacques Cormery, há uma linearidade na evolução de suas características da infância à idade adulta – a sensibilidade que se apura, por exemplo. Para Ernesto, não foi bem assim. "Eu era uma criança normal, mas aconteceu uma 'virada'. Tem algo de estranho nisso."

O questionamento de Ernesto em torno da busca de algo que o definisse e de uma "virada" nesse trajeto suscitou espanto no grupo de supervisão quando a analista abriu parênteses em sua narrativa. No dia anterior à sessão mencionada, o caso foi apresentado em um encontro no hospital psiquiátrico onde o paciente é atendido e no qual deu entrada com diagnóstico de Transtorno obsessivo-compulsivo. A discussão clínica girou em torno da exposição do caso como o de um paciente predominantemente psicótico e não neurótico, compreensão anteriormente justificada por seus sintomas obsessivos e compulsivos.

A "virada" à qual Ernesto se refere ocorreu em torno dos seus 18 anos. Sempre foi um aluno aplicado e tirava excelentes notas na escola. Resolveu, então, prestar vestibular para o curso de Letras – pois era um leitor apaixonado. No entanto, acabou fracassando em seu ingresso. Após essa decepção, passou a rasgar todos os seus documentos, papéis, roupas, entre outras coisas. Como não ingressou na faculdade, decidiu arrumar um trabalho qualquer, e conseguiu um posto de auxiliar de limpeza. Essa experiência com um trabalho mais árduo, braçal, menos intelectual, lhe deixou marcas profundas, pois "lhe arrancavam a pele" sem quaisquer considerações. No mesmo período, veio a perder seu gato de estimação e passou pelo luto da morte de um vizinho querido, de idade próxima à sua e com quem brincava durante a infância.

A partir de então, seus rituais obsessivo-compulsivos ganharam corpo, especialmente no espaço doméstico. Ernesto não conseguia mais atender ao telefone ou tocar em interruptores de luz e controles remotos, precisando da ajuda da mãe nessas situações. A mãe tornou-se outro "objeto" de aversão: não a tocava por nada, nem mesmo em datas comemorativas, evitando também ter contato com os objetos tocados por ela. Na época, entendia essa série de sintomas como mania de limpeza: "não podia ser contaminado", conta.

Esse medo do contágio foi sendo amplificado. Quando vinha ao hospital psiquiátrico para ser atendido, evitava sentar-se ao lado dos "loucos" para não sucumbir à doença deles. Ernesto, então, buscou abrigo no mundo da Filosofia e da literatura. Nas sessões, abordava questões teóricas de suas leituras, tentando relacioná-las à sua experiência de vida. Durante muito tempo, apresentou interesse especial pelo já mencionado livro de Camus, *O primeiro homem*, com o qual se identificava por conta do apego profundo do protagonista pela mãe e por sua busca incessante pela memória do pai – morto ainda jovem, aos 20 anos. O fato de sua analista ter formação em Letras ajudou a estabelecer uma transferência positiva para o trabalho analítico.

Seus sintomas também encontraram apoio nesses dois campos das ciências humanas, pelos quais transitam seus autores preferidos. Passou a comprar e roubar livros como *A Peste* e *A Queda*, de Camus, e *O Ser e o Nada*, de Jean-Paul Sartre, para, em seguida, rasgá-los e adquiri-los novamente. *O Ser e o Nada* virou seu talismã: primeiro, providenciou uma caixa de sapatos para guardar o livro em uma posição simétrica, longe de qualquer sujeira; depois, comprou um armário, também submetido a rituais específicos de vedação e limpeza.

Assim como construiu uma proteção para seu livro precioso, fez também uma proteção para si mesmo. Diz ter uma armadura que o protege tanto das pessoas como do mal que ele poderia vir a fazer a elas. Os rituais, aos quais nomeia "tresloucuras", são concebidos como tentativas de apaziguar seus sentimentos de vazio e de angústia.

Precariedade narcísica e função do sintoma

Ernesto não tem amigos, tampouco uma vida social ou sexualmente ativa. Relacionou-se apenas com uma namorada no início da juventude, com quem teve um filho, cujo paradeiro desconhece. Não demonstra interesse em buscar o filho, mas não se opõe a conhecê-lo "se ele vier me procurar". Órfão desde a infância, relembra o pai como violento, explosivo e alcoólatra. Não tem contato próximo com os irmãos, a quem considera bem-sucedidos. Assim,

Ernesto acabou por residir apenas com a mãe, intensificando seu apego a ela, que, por sinal, o acompanha frequentemente às sessões.

Na época da separação dos pais e da descontinuidade do convívio familiar, quando passou a morar temporariamente com os tios, sem a presença da mãe, teve alguns "surtos" durante os quais rasgava roupas e colchões, mas não reconhece aí o início de seus sintomas. Ernesto parece ter recorrido, ao longo de sua vida, a uma espécie de colagem identitária, em suplência a um sentimento precário de si. De início, demonstra algum sucesso na exploração de suas capacidades intelectuais como tentativa de suturar a perda da onipotência narcísica ante a um ambiente disruptivo, mecanismo este sob o qual espreita a iminência do colapso, conforme descrito por Winnicott no artigo "Mente e sua relação com o psicossoma"(1954/1975). Não por acaso, o insucesso no vestibular, cumulado a outras pressões, antecede diretamente a eclosão do surto aos 18 anos. Por outro lado, é interessante notar como seu interesse por Filosofia e Letras ganha novamente uma função de sutura nesse caso, por meio do manejo da transferência pela analista.

A infância de Ernesto parece ter sido marcada por quebras de continuidade e disjunções: a presença errática do pai alcoolista, a separação dos pais, a distância da mãe e do ambiente doméstico ao morar na casa dos tios, certa intrusão ambiental causada pela violência do pai e por eventos de *bullying* na escola. A falta de um olhar que o singularizasse também parece um dado relevante, à medida que o paciente se questiona "como ninguém percebeu sinais da sua doença na infância". Apesar de se considerar uma criança "normal", como já mencionado, percebe-se a demanda por um olhar que pudesse poupá-lo dos sintomas futuros, uma qualidade de olhar materno não vivenciado pelo paciente (Winnicott, 1971/1975b). Importa ressaltar que, na juventude, o rompimento com a única namorada pareceu-lhe, igualmente, abrupto e sem sentido claro.

A precária diferenciação eu-outro se mostra em vários momentos do caso, especialmente em sua relação com a mãe (como será explorado em detalhes mais à frente) ou quando Ernesto relata vivências de despersonalização ("eu deixo de ser eu") e no já mencionado medo do "contágio" pela loucura. Esse "medo de enlouquecer" nos remete ao medo do colapso proposto por Winnicott (1963/1989), colapso que já se deu com a ruptura no seu continuar a ser devido a falhas severas no ambiente, que levam a agonias impensáveis. O ponto de virada, aos 18 anos, foi por ele descrito como uma "ruptura", uma "explosão", uma "avalanche"; percebe-se um Eu extremamente fragilizado ante ao padrão de quebras na continuidade-de-ser (Winnicott, 1945/1975) vivenciado desde os primórdios de sua infância.

Evidencia-se, assim, uma problemática na dimensão arcaica da constituição psíquica de Ernesto, atravessada pelo desejo edípico pela mãe que coexiste e onera a precária possibilidade de diferenciação/separação do paciente frente a seus objetos (Aulagnier, 1979). Adentramos, assim, o terreno da psicose. Dentre as pressões não administráveis para a fragilidade narcísica de Ernesto, a crise psicótica escancara a pressão da dimensão incestuosa, em relação à qual o sujeito precisaria se defender da ameaça psíquica da iminência do incesto (Searles, 1961/1986b).

A morte de dois objetos privilegiados presentes em sua paisagem afetiva, o seu gato de estimação e seu amigo de infância, também sobrecarregaram as suas possibilidades de elaboração. Conforme aponta Searles (1961/1986a), o desencadeamento da psicose convocaria mecanismos de defesa arcaicos para lidar com fontes atuais de ansiedade. Entre eles, a circunstância existencial da finitude, tornando possível a eclosão de um surto como expressão de intenso esforço psíquico para negar esse aspecto da condição do vivente. O recurso a modalidades psicóticas de defesa ante a morte apontaria, portanto, para uma impossibilidade de integração de perdas, descontinuidades e ausências, de um modo geral, e para uma precariedade do senso de uma existência própria ou real, em particular.

Os rituais desempenhados por Ernesto parecem ser uma fachada obsessiva contra a deflagração de uma psicose latente e visam protegê-lo: a) da ameaça de incesto, a partir da evitação de tocar na mãe e nos objetos manejados por ela; e b) da ameaça de (con)fusão com a mãe, ao engendrar uma forma de encapsulamento psíquico para o paciente. Estellon (2016) convida-nos a observar os aspectos sensoriais dos atos e rituais compulsivos, ressaltando que a ideia de "uma fricção de pensamento permite imaginar em que medida o pensamento obsessivo é um pensar corporal", atrelado a um grande sofrimento, que evolui, por assim dizer, da embriaguez da compulsão à sensação de esgotamento (Estellon, 2016, p. 17).

O autor sustenta, ainda, a hipótese de que "o pensar obsessivo se esforçaria ao limite de sua capacidade a um trabalho de autocontenção – como um pensamento em círculo, não aberto à alteridade" (Estellon, 2016, p. 17). De fato, o paciente parece pôr em funcionamento, a partir de seus rituais, um verdadeiro sistema de encapsulamento de pensamento, fazendo do automatismo do sintoma uma forma de anteparo ao excesso de excitação.

Ao contrário do que se daria na neurose obsessiva, em que há uma sexualização do pensamento – como no caso do Homem dos Ratos – Green (2003) nos chama a atenção para uma espécie de sexualização do antipensamento, como se poderia dizer do Homem dos Lobos: "aquele que privilegia os processos de evacuação (Bion) aos de elaboração" (Green, 2003, p. 97). Nesse sentido, Bion (1991) propõe que a parte psicótica da personalidade utiliza intensamente a cisão e a identificação projetiva em lugar da operação do recalque, sendo que a parte psicótica tentaria livrar-se do próprio aparelho psíquico.

No caso de Ernesto, em consequência direta da impossibilidade de se diferenciar suficientemente do mundo, observamos que as funções de síntese (de si, dos objetos, da temporalidade das vivências), bem como as funções simbolizantes do Eu, encontram-se prejudicadas, já que ambas pressuporiam poder reconhecer os objetos como ausentes e separáveis:

> *a relação com o objeto, externo ou interno, nunca é tão prevalente como quando o objeto, no sentido de um outro que tem a sua própria realidade, não está constituído, assim como tampouco o está o espaço do eu. Para que esse "objeto" diferente seja reconhecido em sua plena alteridade de sujeito, a perda do objeto primário tem de ser superada; e ela só é superada se a atividade representativa conseguir se desenvolver, garantindo uma transição entre o fora e o dentro (Pontalis, 2005, pp. 230-231).*

Desse modo, as encenações compulsivas perdem para Ernesto todo o potencial "como se" que têm costumeiramente para o obsessivo, já que para ele há imputação de um caráter concretamente mágico a rituais e objetos. Ainda assim, isso não impede que suas encenações obsessivas possam ser decodificadas por um intérprete subjetivamente interessado e implicado, como é o caso de sua analista.

A complexidade das relações de objeto

Green (2003) nos lembra do cruzamento imbricado entre narcisismo e relações de objeto. Por isso, de modo a melhor apreender os modos de relação de Ernesto, passaremos a descrever algumas de suas interações com o mundo. Começaremos pela sua relação com a mãe, amplamente marcada pela confusão simbiótica, pela especularidade, pela atmosfera incestuosa e pela indiferenciação. No dizer de Green, nos casos de estruturas não neuróticas "os objetos são, muitas vezes, eleitos a título de duplas narcísicas" (Green, 2003, p. 106).

Ilustrativo desse aspecto é a situação em que o paciente relata ter ouvido a seguinte ameaça do irmão: "Quando você morrer, vou internar você". Mesmo confrontado com a estranheza da analista frente ao sentido confuso da frase, em que o primeiro "você" se refere à mãe e o segundo "você" ao próprio Ernesto, o paciente não conseguiu identificar o que poderia haver de errado nela. Em outra ocasião, ao ser indagado pela analista quanto ao que haveria de distinto entre ele e a mãe, o paciente apenas com esforço lembrou-se de uma diferença: "eu sou homem, ela é mulher".

A mãe costumava acompanhar o paciente a todos os lugares, desempenhando, como uma extensão do corpo do filho, as tarefas que este se recusava a cumprir – como ligar interruptores, telefones, manusear celulares ou controles remotos etc. Em uma determinada situação, ante à incapacitação temporária da mãe para o desempenho das atividades domésticas, Ernesto "se tornou a mãe" e realizou, sem nojos ou embaraços, todas as atividades que o sintoma comumente lhe impossibilitaria, restaurando-se a grave inibição tão logo sua mãe se recuperou. Pode-se dizer, com grande grau de concretude, que ele agiu "como seu braço direito". Denota-se, implacavelmente, uma relação de objeto parcial e amboceptor entre ele e a mãe.

Sua mãe também não conseguia oferecer interdição eficaz aos furtos de livros praticados pelo filho, ficando, aliás, sempre munida de documentos que comprovavam a situação psiquiátrica de Ernesto, de modo a livrá-lo das possíveis implicações legais de seus atos. Essa situação ilustra que, além de não conseguir, muitas vezes, diferenciar-se do filho, não raro dava-se entre eles o colapso da Lei, do atravessamento de um terceiro. Em uma determinada ocasião em que o paciente conseguiu manter o furto em segredo da mãe, o fato, apesar de preocupante, foi visto pela equipe como uma possibilidade mínima de descolamento, de separação, de diferenciação entre ele e sua genitora (Khan, 1991).

O paciente parece se ver recorrentemente preso no dilema "... ou ela... ou eu", chegando a expressar que acha que "só quando a mãe morrer vai ver o mundo, as pessoas". Como resultado desse dilema de vida ou morte, Ernesto tem fantasias de que a mãe vai morrer na sua frente e de que será obrigado a tocar seu corpo (morto), ao mesmo tempo que se pergunta "como vou tocar minha vida sem ela".

Outra circunstância que ilustra o colapso de um espaço "entre" para a possibilidade de diferenciação e de entrada de um terceiro foi a ocasião em que Ernesto deixou de procurar contato com o filho, alegando que sua mãe se dizia mal recebida na casa onde o neto morava. É como se nem Ernesto nem a mãe cogitassem que ele poderia estabelecer uma relação com o próprio filho sem a participação dela. Há, portanto, a predominância de um relacionamento dual/binominal entre mãe e filho, que vem pouco a pouco se modificando, não sem desconforto para ambos.

Em uma interessante passagem do caso, o paciente veio a perder um benefício previdenciário de que desfrutava por ter equivocadamente recebido alta da perícia psiquiátrica. Nessa ocasião, o paciente cogitou, pela primeira vez, passar a vir às consultas sem a mãe. Cogitou, ainda, voltar a correr, uma atividade prazerosa de sua juventude. Sentiu-se, no entanto, desencorajado pela mãe, alegando que ela não o deixaria fazer nada sozinho: "minha mãe tem medo que eu passe mal e só me deixa andar devagarinho, ela não permite que eu dê passos largos".

Curiosamente, foi a recuperação do benefício previdenciário em via recursal que teve sobre Ernesto um efeito francamente desorganizador, levando-nos a pensar, dentre outras questões (como as ligadas à impossibilidade de sustentar uma posição fálica), que o retorno do benefício remetia o paciente de volta ao jugo de se sentir sustentado, não apenas emocionalmente, pela mãe.

A respeito do pai, Ernesto parece reproduzir uma identificação com seu comportamento violento ao descrever como maltratava seu gato de estimação ou em suas fantasias a respeito de xingar/matar a mãe, ou ainda nos destemperos que culminaram com o afastamento da namorada.

No entanto, foi na sessão marcada pela primeira menção ao pai que se descortinou, por contiguidade, o temor ao desejo homoerótico pelo amigo falecido, levando-se a aventar no plano inconsciente uma relação objetal homoerótica para com a figura paterna. É bem verdade que a relação com o referido amigo era descrita com características semelhantes à relação do paciente com sua mãe, isto é, como uma espécie de duplo narcísico, caso em que o prefixo "homo", de homoerótico, ganharia, adicionalmente, a conotação daquilo que é o não diferenciado, e isto não apenas com relação ao mesmo sexo ou gênero. Nesse contexto, Estellon chama a atenção para o fato de que a presença de fantasias homoeróticas pode não configurar desejos homoeróticos verdadeiros, mas ter o sentido de "afastar o risco da representação do incesto com a figura parental do sexo oposto"(Estellon, 2016, p. 105) .

Observamos, ainda, que Ernesto não é capaz de sustentar uma relação de parentalidade com seu único filho, cujo paradeiro desconhece. Justifica que não procura o filho, pois "o filho é que deve procurar o pai". Com isso, pensamos que, ao mesmo tempo, Ernesto se identifica com o filho que não o procura, da mesma forma que ele não procurou seu pai após a separação. Retém, por outro lado, uma imagem idealizada do pai que o protege da ideia de ser abandonado, já que seu pai nunca o procurou.

Ernesto menciona, ainda, uma relação de estranhamento com os objetos em geral, exceto os de sua casa. Essa observação vai ao encontro do pensamento de Estellon (2016), indicando que "um dado importante da crise compulsiva é que ela guarda sempre uma relação com os objetos inanimados da casa, dotados de função específica e de uma grande força metafórica" (p. 24).

Sua relação com os objetos, tanto animados (pessoas, animais) como inanimados, parece acometida por um tempo imóvel, estático, típico aos modos de funcionamento esquizoparanoides, portanto, pouco suscetível à historicização de suas vivências. Esse aspecto vem sendo gradualmente modificado, pela internalização do ritmo *presença/ausência* impresso pela análise, como será melhor abordado no tópico relativo às questões técnicas. Pode-se dizer que:

> *nesse esforço constante a imobilizar o tempo que passa, a atividade compulsiva participa de um movimento de dessignificação dos atos, reduzidos a um fazer motor... este fazer repetitivo... represaria as ameaças de um questionamento existencial muito vertiginoso: quem sou eu, qual o sentido da minha vida, estou eu realmente presente ao mundo? Interrogações que podem mergulhar o ser que as faz em um estado de estupor específico ao homem: a angústia de ser (Estellon, 2016, pp. 100-101).*

Como dissemos a respeito dos comprometimentos da função simbólica, os objetos inanimados parecem não ter caráter propriamente simbólico para o paciente, sendo quase sempre tomados por Ernesto como concretos e com propriedades mágicas.

O amplo uso da equivalência simbólica (Segal, 1991) na realidade psíquica de Ernesto pode ser observado na clara relação entre sua precária capacidade continente, seu mundo interno mal delimitado e o uso que ele faz da estante ou da caixa de sapatos para guardar os livros, enquanto conteúdos que devem permanecer inacessíveis e lacrados/enquistados.

Note-se que Ernesto reforça compulsivamente as propriedades de continência e isolamento dos espaços interiores da estante e da caixa de sapatos por meio de lacres e outros recursos, nos moldes de verdadeiras próteses psíquicas, como a referência à armadura que diz interpor entre si mesmo e o mundo. Ao descrever a experiência de pacientes não neuróticos, Green (2003) comenta que estes "falam de seus invólucros psíquicos em termos de crostas que, ao caírem, deixam uma derme exposta a todas as agressões" (p. 101).

Ao lado da modificação da relação com o tempo que vem sendo gradualmente inserida pela análise, como se abordará melhor adiante, temos também uma modificação da relação de Ernesto com o espaço. A casa, por exemplo, era descrita como zona de conforto e comparada ao útero, de onde não desejava sair. Posteriormente, o paciente passou a descrever seu gosto pelo percurso entre sua casa e o hospital psiquiátrico, relatando prazer em sair de casa e ver o mundo. Passou a gostar, além da análise em si, de seu aspecto de passeio, de poder ir ao shopping ou à livraria depois, mencionando, ainda, que gosta de ver "os postes de luz".

Esta última menção, tão específica, aos postes de luz faz lembrar dos casos de Haag (2018) e de Tustin (1972), nos quais pacientes com defesas autísticas, ao começarem a melhorar, desenhavam postes de luz e trilhos de metrô, coisas ligadas entre si visualmente por um fio ou linha conectora. Esse estágio, na definição das autoras, é ainda anterior, embora prenunciador, ao de uma possibilidade de transicionalidade propriamente dita. Nesses casos, os objetos já seriam percebidos como separados, espaçados, sendo a separação, ao mesmo tempo, afirmada e negada pela existência dos fios de ligação entre eles, como no caso do barbante relatado por Winnicott (1971/1975a) no artigo "Objetos Transicionais e Fenômenos Transicionais".

Questões da técnica: transferência e manejo

Ao longo do acompanhamento com a analista, Ernesto foi desenvolvendo o objetivo de transformar suas "tresloucuras" em "uma loucura pragmática", com rituais mais breves e menos cansativos. No primeiro encontro, ao se perguntar a respeito do estabelecimento da transferência, conjecturou para a analista que lhe parecia viável dar-se uma "transferência positiva" [*sic*], pois "a doutora é muito *distinta*". Parece-nos que não foi à toa que Ernesto solicitou ser atendido por uma analista *mulher*, tendo em vista que este significante foi posteriormente evocado como único traço diferencial entre ele próprio e a mãe.

Não podemos deixar de pensar que o paciente intuiu desde o início como promissora a possibilidade de aprender, minimamente, a diferenciar-se, quiçá mesmo separar-se, sem risco de aniquilamento ao seu precário eu, a partir do processo analítico. A autora Radmila Zygouris (2002) nos diz que a transferência é uma promessa de separação, ao cabo da qual o analisante estaria potencialmente apto a se separar com menos dano, menos riscos à sua integridade egoica, menor rigidez de suas defesas.

Segundo Winnicott (1952/1975), e como ficou ilustrado no caso em questão, a predisposição para a eclosão de um estado psicótico se estabelece precocemente, na fase de dependência absoluta com relação ao ambiente cuidador. Nesse sentido, a "terapia a respeito deste sintoma deve prover adaptação ativa ao sujeito e introduzir gradualmente uma consideração pelas processualidades" (Winnicott, 1952/1975, p. 222).

O que é solicitado ao analista nesses casos é, portanto, o provimento de um *holding*, de modo a oferecer ao paciente a vivência de um ambiente suficientemente bom, com o qual ele possa restaurar ou instaurar uma relação de confiabilidade; uma relação com um outro empático, ativamente adaptativo, que o olha, o reconhece e o espelha em sua singularidade. Estellon, por sua vez, coloca como horizonte do trabalho clínico com pacientes de sintomatologia não neurótica a instalação de uma separação e de um espaço mínimos entre sujeito e objeto, bem como a instauração de um tempo de processualidade, que venha a permitir a alternância significativa e estruturante dos estados de presença/ausência (Estellon, 2016). Vejamos como esses efeitos foram sendo eficazmente obtidos ao longo do processo analítico em discussão.

Como vimos, Ernesto já chegou à análise transferido positivamente à Filosofia e às Letras na figura de dois de seus grandes mestres: Camus e Sartre. Essa transferência positiva deslocada expressamente, segundo ele, desses outros saberes para o dispositivo analítico permitiu que este fosse utilizado, ao mesmo tempo, como espaço comum, propiciador do encontro entre a dupla, e, por outro lado, como outro espaço, ao qual tanto o paciente como a analista estavam referidos.

Não foram incomuns os usos de termos da literatura e da filosofia integrados ao idioma singular das sessões, por vezes de modo informativo e, por outras vezes, de forma bem-humorada, lembrando-nos que "o intertexto é uma forma do que Freud denominava de uma barreira de contato. Paradoxalmente, separa e reúne os termos por ele separados, permitindo a troca entre eles. O intertexto concerne à problemática da individuação" (Anzieu, 2010, p. 92).

Observamos, ainda, que a transferência com a Filosofia/Letras e seus autores contribui para amenizar uma transferência que de outra forma seria maciça: de Ernesto sobre sua analista. Perante a analista, o paciente pôde, ainda, recuperar para si o papel de intelectual de que desfrutava na juventude, compartilhando dos termos de seu campo de saber e lançando mão de alguns conceitos da filosofia, que a analista ouvia interessadamente. Desse modo, a analista não sustentava um lugar de "todo saber", não se configurando nem como objeto persecutório, nem favorecendo a dimensão invejosa do paciente.

Em uma dada situação, Ernesto narrou para a "doutora", como gosta de chamá-la, um episódio de furto, dizendo que, se, por um lado, a mãe estava no mundo das coisas e não podia entender seus atos, ele e a doutora se encontravam no mundo das ideias. Com isso, parecia sugerir uma cumplicidade da doutora com seu furto. Nessa ocasião, a analista esclareceu-lhe que todos estamos no mundo das coisas e que quem furta pode acabar sendo preso. Vemos que, ao mesmo tempo que se colocou sob o jugo de uma Lei simbólica universal junto com o paciente, fazendo suplência a uma lei não internalizada por ele, essa simples pontuação de caráter não interpretativo da analista teve a função de um manejo protetor, evitando, sem pruridos moralizadores, que o paciente se sentisse encorajado a empreender uma conduta que poderia ser objetivamente nociva.

Observamos como principais dispositivos utilizados pela analista na condução clínica do caso o recurso ao humor; o manejo delicado e gradual de diferenciações possíveis; as devoluções com característica de tradução afetiva da vivência do paciente, em vez de interpretativas; e a própria sustentação da situação analítica no tempo e no espaço.

Numa ocasião bastante ilustrativa do favorecimento de possibilidades de diferenciação, o paciente perguntou à analista se, em uma dada situação, ela se comportaria de modo A, como ele, ou B, como sua mãe. A analista, espontaneamente, respondeu uma alternativa C, bastante curiosa e engraçada, instaurando uma terceira via de possibilidades. Com isso, a analista promoveu também no paciente um senso de pertencimento ao mundo compartilhado, fazendo ponte sobre o abismo da experiência de estranheza radical tão comum na psicose. Ernesto pôde então dizer, com satisfação, "a doutora também faz coisas esquisitas", reconciliando-se com o campo vastíssimo da humanidade que, afinal, o inclui.

Aos poucos, a relação com a analista vai fazendo valer algumas outras diferenciações estruturantes para o paciente: entre a fantasia e a realidade, como na fantasia motivada pela transferência erótica para com a sua psiquiatra, acolhida e problematizada em análise, e a impossibilidade de namorá-la de fato; entre comportamentos que se podem fazer em público e em particular; entre ele (tímido, homem) e a mãe (sociável, mulher). O paciente passou, inclusive, a ser capaz de vir à análise sozinho, sem ser acompanhado pela mãe.

A analista, intuitivamente, sempre se punha em uma terceira via, esquivando-se das imagens que Ernesto projetava sobre ela. Fazia-se suficientemente semelhante para sustentar para ele a experiência de sentir com e suficientemente distinta de modo a afastar a experiência de engolfamento e confusão. Eles são "iguais", mas nem tanto. Há uma sutileza em diferenciar-se que perpassa todo o manejo clínico (Searles, 1959/1986). Curiosamente, Ernesto, em recente sessão, passou a incluir uma mulher – Hannah

Arendt – entre suas filósofas preferidas. Pensamos que essa inovação expressa o atravessamento de sua relação com a filosofia e, principalmente, com a psicanalista.

Ao longo do processo analítico, a analista testemunhou as "tresloucuras" de Ernesto sem julgá-las ou tentar eliminá-las, fazendo circular entre eles o reconhecimento da significação que os rituais têm para o paciente e seu efeito calmante. O próprio paciente chegou a estabelecer livre-associativamente uma equivalência entre medicação/livros/rituais/análise, reconhecendo que nos dias em que vai à análise não precisa recorrer aos rituais. Como, dentre os termos da referida associação, a análise é a única relação viva e dinâmica, entendemos que é dela que emana a possibilidade de uma repetição diferencial, que instaure o novo na experiência do analisante com seus objetos.

Como em todo processo analítico, o paciente vem apresentando melhoras e recuos em suas aquisições psíquicas. Os intervalos da análise, tanto entre as sessões como nos períodos de férias, ainda são perturbadores devido à separação. Por outro lado, em supervisão recente, a analista se deu conta de que o paciente já quase não faz menção aos rituais obsessivos, com os temas e as dinâmicas das sessões migrando para um campo cada vez mais predominantemente neurótico, como os que circulam em torno da experiência ativa e passiva do amor em suas diferentes qualidades: o amor incondicional (remetido à ideia de provimento de cuidado), o amor terno, o amor erótico, o amor transferencial etc.

Com efeito, o trabalho de análise foi contribuindo para atenuar a predominância de seus núcleos psicóticos sobre os núcleos não psicóticos. O paciente foi, gradualmente, internalizando a possibilidade de uma relação não integral, em que reconhece, por exemplo, que talvez a Filosofia não possa responder a todas as suas questões. A analista valida sua opinião: também não responde a todas as questões dela mesma, com isso contribuindo para uma mitigação gradual das defesas por idealização e onipotência.

Diante disso, fica-nos a provocação de pensar de que outras tantas singulares maneiras poderia um paciente não neurótico se haver com a experiência de castração, sem risco de aniquilamento. Recentemente, aliás, o paciente, indagando-se quanto a se é passível de cura, se a vida é possível sem sofrimento, lembra dos problemas dos irmãos que são "normais", mas sofrem mesmo assim.

Curiosamente, é também a partir dessa modificação que Ernesto vai, aos poucos, podendo se haver com a dimensão da psicose como uma realidade menos ameaçadora. A partir de sua descoberta do livro *O idiota da família*, de Sartre, o paciente alcança uma nova compreensão de que "todas as pessoas têm elementos de loucura", mas que nas pessoas "normais", por exemplo, a analista, não se perceberia isso. Sua própria relação com o livro parece ser diversa da estabelecida com *O ser e o nada*, pois se trata de uma relação com o conteúdo do livro, mais do que com o objeto-livro, em sua materialidade.

Outras expressões de uma nova plasticidade psíquica no paciente se expressaram em sessão pela via do recurso à ironia: com um maior deslizamento de significantes e com um domínio cada vez mais intencional do efeito cômico de algumas falas; com a expressão de sentimentos de culpa e de identificações empáticas; com a suportabilidade de sustentar dúvidas e mesmo com a projeção futura de um luto ("eu sei que um dia eu vou perder a doutora").

Bastante ilustrativa da mudança subjetiva do paciente foi a descrição detalhada que fez do "ritual" de despedida entre ele e a analista ao fim de cada sessão. Seu relato parecia descrever mais uma dança do que uma injunção autômata, característica de seus antigos rituais. O relato da cena de despedida em sessão permitiu-lhe a experiência do afeto de raiva ante à separação, em vez de constituir um recurso à evitação do afeto ou de supressão do psíquico pelo ato. Pensamos que a validação e a sobrevivência da analista à raiva do paciente pelo seu estado separado/diferenciado (Winnicott, 1954/1975) pode, gradualmente, ajudá-lo a constituir e consolidar a capacidade de realizar lutos, a capacidade de perder.

Como já aduzimos, o processo analítico tem contribuído paulatinamente para integrar no psiquismo do paciente as alternâncias presença/ausência (intervalos entre as sessões, férias), bem como a possibilidade do silêncio, familiarizando-o, aos poucos, com os aspectos "negativos" do espaço-tempo (Winnicott, 1958/1990).

Por último, fazemos menção ao importante ganho de contornos e, consequentemente, da capacidade de continência demonstrada pelo paciente, exemplificadas nas falas "em sua presença não me sinto só, me sinto preenchido" (diferente da tonalidade de invasão de suas relações anteriores) e "eu nunca saio daqui sem nada, sempre saio com algo que a senhora me dá". Constatamos a progressiva introjeção da capacidade enquadrante (Green, 2003) e de continência (Bion, 1991) do paciente e, consequentemente, a possibilidade de separar-se sem perda do objeto ausente, por conseguir reter dele uma representação suficientemente estável.

Referências

Anzieu, D. (2010). *El pensar: del yo-piel al yo-pensante* (S. V. Zimmermann, Trad.). Biblioteca Nueva.

Aulagnier, P. (1979). *A violência da interpretação: do pictograma ao Enunciado* (M. C. Pellegrino, Trad.). Imago.

Bion, W. R. (1991). Diferenciação entre a personalidade psicótica e a personalidade não-psicótica. In B. E. Spillius, *Melanie Klein*

Hoje – Desenvolvimentos da teoria e da técnica (Vol.1, pp. 69-86; B. H. Mandelbaum, Trad.). Imago.

Estellon, V. (2016). *Les folies compulsives*. Dunod.

Green, A. (2003). A analidade primária na relação anal. In B. Brusset, C. Courvreur (Orgs.), *A neurose obsessiva* (pp. 79-114; S. J. de A. D. Scali Jr., Trad.). Escuta.

Haag, G. (2018). Hypothèse d' une structure radiaire de contenance et ses transformations. In G. Haag, *Le moi corporel: clinique de l'autisme*. PUF.

Khan, M. R. (1991). Pensamentos. In M. R. Khan, *Quando a primavera chegar: despertares em psicanálise clínica* (pp. 173-213; C. S. Bacchi, Trad.). Escuta.

Pontalis, J. B. (2005). O psiquismo como dupla metáfora do corpo. In *Entre o sonho e a dor* (pp. 227-231; C. Berliner, Trad.). Ideias & Letras.

Searles, H. F. (1961/1986a). Schizophrenia and the inevitability of death. In *Collected papers on schizophrenia and related subjects* (pp. 487-518). Karnac.

Searles, H. F. (1961/1986b). Sexual processes in schizophrenia. In *Collected papers on schizophrenia and related subjects* (pp. 429-442). Karnac.

Searles, H. F. (1959/1986). Integration and differentiation in schizophrenia: an overall view. In *Collected papers on schizophrenia and related subjects* (pp. 317-348). Karnac.

Segal, H. (1991). Notas sobre a formação de símbolos. In E. B. Spillius & M. Klein, *Hoje – desenvolvimentos da teoria e da técnica* (Vol. 1, pp. 69-86; B. H. Mandelbaum, Trad.). Imago.

Tustin, F. (1972). *Autism and child psychosis*. The Hogarth Press.

Winnicott, D. W. (1945/1975). Primitive emotional development. In D. W. Winnicott, *Through paediatrics to psycho-analysis* (pp. 145-156). Basic Books.

Winnicott, D. W. (1949/1975). Mind and its relation to the psyche-soma. In D. W. Winnicott, *Through paediatrics to psycho-analysis* (pp. 243-254). Basic Books.

Winnicott, D. W. (1952/1975). Psychoses and child care. In D. W. Winnicott, *Through paediatrics to psycho-analysis* (pp. 219-229). Basic Books.

Winnicott, D. W. (1954/1975). Depressive position in normal emotional development. In D. W. Winnicott, *Through paediatrics to psycho-analysis* (pp. 262-277). Basic Books.

Winnicott, D. W. (1958/1990). The capacity to be alone. In D. W. Winnicott, *The maturational processes and the facilitating environment* (pp. 29-36). Karnac.

Winnicott, D. W. (1963/1989). *Fear of breakdown in pyschoanalytic explorations* (pp. 87-95). Routledge.

Winnicott, D. W. (1971/1975a). Objetos transicionais e fenômenos transicionais. In D. W. Winnicott, *O brincar e a realidade* (pp. 10-47). Imago.

Winnicott, D. W. (1971/1975b). O papel de espelho da mãe e da família no desenvolvimento infantil. In D. W. Winnicott, *O brincar e a realidade* (pp. 175-186). Imago.

Zygouris, R. (2002). *O Vínculo inédito* (C. Koltai, Trad.). Escuta.

7. Cenas de um teatro (im)possível

Thais Klein
Fernanda Landeira
Luiza Leite
Teresa Pinheiro

Em um cenário conhecido, a sala do programa de pós-graduação em Teoria Psicanalítica da Universidade Federal do Rio de Janeiro, nos reuníamos, como de costume, para mais uma daquelas ocasiões prazerosas que a possibilidade de fazer parte de um grupo de pesquisa clínica em psicanálise proporciona: a supervisão de um dos casos em andamento. A atmosfera frequente de descontração e alegria é subitamente revertida para outra cena: a analista expressa certa angústia diante da sensação de perda de partes do relato das sessões. Enquanto membros do grupo, acossados por certo incômodo, nos perguntávamos se isso não seria algo intrínseco a qualquer experiência analítica – a impossibilidade de descrever tudo o que nos atravessou nesse espaço-tempo particular é um desafio frequente de toda supervisão. No entanto, a cena se repete, e a mudança de atmosfera durante as supervisões desse caso, como sensações de desesperança, de exasperação e uma espécie de efeito torcida, parecia constituir um cenário articulado à própria situação analítica. Mas o que havia sido perdido? Pelo que torcíamos e nos exasperávamos?

Desde 2015, ainda em andamento, Bia foi atendida por duas psicanalistas. Como explicitado anteriormente, as reuniões de orientação, principalmente durante o período de análise com a primeira analista, consistiam em eventos muito particulares: a equipe parecia não apenas ouvir o relato, mas experienciar em conjunto uma série de afetos e sensações. A impressão era de que compúnhamos a plateia de um teatro – a plateia, nesse contexto, não se configura como um receptáculo passivo das cenas: experimentávamos emoções coletivamente, torcíamos, nos exasperávamos. A articulação entre teatro, principalmente a tragédia, e a experimentação de emoções coletivamente é bastante conhecida: Aristóteles (1987) já no século IV a.C. afirma na sua *Poética* que a tragédia produz o "terror e a piedade" e "tem por efeito a purificação dessas emoções" (p. 205). Dessa perspectiva, a cena teatral não remete a um estar-de-fora, como a concebia, por exemplo, a estética Iluminista: a plateia representa uma peça importante para que as cenas cumpram os seus efeitos.

Ora, apesar de ser evidente que o grupo de pesquisa, em sua paradoxal posição interna e de externalidade, não estava assistindo a uma peça teatral, as possibilidades de articulação entre a situação analítica e o teatro não são poucas. Loewald (1975/2000), por exemplo, afirma que o processo analítico, assim como uma peça de teatro, envolve a dramatização de aspectos da história psíquica do paciente dirigidos pelo analista. Muito embora essa suposta neutralidade, de um analista que não participa propriamente da peça, mas a dirige, seja questionável em qualquer circunstância, ela certamente só pode ser formulada a partir de uma experiência clínica ancorada sobretudo no paradigma neurótico, como o próprio autor afirma: "a ideia da transferência neurótica expressa esse entendimento da psicanálise como uma experiência emocional recapituladora da história de vida interior do paciente em aspectos cruciais de seu desdobramento" (Loewald, 1975/2000, p. 279).[1] Assim, na posição de direção, o analista não faz parte da cena, mas deve dirigir e "recriar a ação da peça" (p. 282).

Na situação analítica aqui descrita, as sensações experienciadas pelas analistas e por nós do grupo de pesquisa não permitem conceber o analista como mero diretor de uma cena que se desenrola à sua vista – não nos encaixamos em uma estética Iluminista. Aquilo que McDougall (2015) denomina de repertório clássico, que comporta o drama neurótico e perverso, e compõe uma espécie de "teatro do esquecido" (p. 33), no qual o trabalho da psicanálise consiste em trazer à tona e elaborar "os teatros psíquicos guardados nos arquivos internos" (p. 34), não se aplica ao caso de Bia. A sensação constante explicitada pelas analistas e, em certa medida, experienciada pelo grupo de pesquisa, de que algo do roteiro estaria perdido, indica que os "arquivos internos", para usar a expressão de McDougall (2015), dificilmente comportavam uma peça encenada. O esquecimento se diferenciava de uma lacuna de memória, remetendo a certa concepção de sintoma em Freud (1893-1895/2016), mas guardava alguma relação com a queixa principal da paciente: rituais de verificação que se estendiam horas a fio, articulados à sensação de que algo se perdeu.

Bia não sabe o que perdeu, seja na bolsa, em casa, no ônibus e até mesmo nas brechas das poltronas após a sessão de análise. As analistas se angustiam com o medo de perder algo do relato. Seguindo as indicações de Ogden (1982/1992), ao versar sobre sua concepção de identificação projetiva, "o paciente é ambos, o diretor e um dos atores principais em uma atuação interpessoal de uma relação objetal interna [...], o terapeuta é um ator não intencional e não consciente no mesmo drama" (p. 4). Ogden (1982/1992)

1 No original: "The idea of the transference neurosis expresses this understanding of psychoanalysis as an emotionally experienced recapitulation of the patient's inner life history in crucial aspects of its sunfolding." Tradução nossa.

prossegue afirmando que o analista não consiste em um ator escalado voluntariamente para a encenação, e somente *a posteriori* pode se dar conta de que está encenando um papel de uma peça intersubjetiva na qual as cenas são constituídas por aspectos de um terceiro elemento formado e formador dos dois outros atores, o que Ogden (1994) denomina de terceiro analítico.

Sendo assim, apesar de um dos aspectos principais do roteiro consistir no esquecimento, para além do teatro do esquecido e do que pode ser lembrado em sua encenação, as cenas aqui se aproximam mais do que McDougall (2015) denominou de teatro do impossível, nas suas palavras: "é esse o teatro em que Narciso, megalômano, se mira" (p. 15). Em vez da representação de uma cena que esconde seus bastidores, o teatro do impossível revela uma exteriorização de um drama que não pôde se tornar esquecido, mas foi perdido, configurando-se como uma encenação impossível – ou, para retomar as considerações de Ogden (1982/1992), uma encenação que se torna possível a partir de uma atuação na qual analista, paciente e, por que não, grupo de pesquisa são, em posições e temporalidades diferentes, os próprios atores.

Dito isso, é importante salientar que a metáfora teatral aqui não consiste em mera formalidade ou capricho de estilo: Bia é roteirista freelancer, e somente quando está escrevendo e adaptando textos para o palco seus sintomas tornam-se ausentes; quando escreve, nada está perdido. No entanto, o objetivo não é fazer uma associação do funcionamento psíquico e do teatro – como o fez McDougall (2015) – ou articulá-lo ao processo analítico seguindo as indicações de Loewald (1975/2000). A escrita deste artigo nos moldes de uma peça teatral busca menos representar para o leitor o cenário e as personagens dessa trama, mas, seguindo as indicações de Ogden (2010), tentar recriar a experiência dessa situação analítica que tem como personagem, além de Bia e daqueles que a cercam, as analistas e a equipe de pesquisa.

Para tal, o artigo foi dividido em três atos que comportam diferentes cenas. Sem antecipar o final do roteiro, o terceiro e derradeiro ato subverte uma temporalidade linear: é somente nos instantes finais que os leitores poderão reencontrar os dois primeiros atos. Longe de esgotar todas as possibilidades de encenação dessa situação analítica, espera-se que entre atos e cenas o leitor seja capaz de experienciar o papel de uma personagem que assiste e participa desse teatro (im)possível.

Primeiro ato – o teatro imagético

Se o teatro do esquecido (McDougall, 2015) pode ser concebido por vezes como uma espécie de monólogo, no qual, remetendo-nos a Loewald (1975/2000), o analista não figura como uma personagem no roteiro, mas um diretor, as personagens aqui são múltiplas. Destacamos ao menos quatro: Bia, as duas analistas e a equipe de pesquisa – além das personagens coadjuvantes que compõem o enredo. Nosso primeiro ato, à primeira vista, pode parecer ao leitor um trecho do teatro do esquecido – uma narrativa detalhada da vida de Bia. A escrita nesses moldes não consiste em um deslize na argumentação, mas pretende manter-se fiel à sensação explicitada pelas analistas e compartilhada pelo grupo de pesquisa de que Bia discorre detalhadamente – muitas vezes causando exaustão naqueles que a escutam – sobre certas cenas de sua vida (principalmente a primeira). Longe de ter sido esquecido, o teatro imagético captura menos pelas suas palavras e mais pelas imagens marcantes das três cenas que se seguem.

As cenas que compõem o primeiro ato não estão dispostas cronologicamente: a primeira, relatada como raiz dos sintomas, é anterior às outras duas cenas que são reconstruídas *a posteriori*. Todas elas têm como pano de fundo, em cenários diferentes, uma temporalidade e questões semelhantes: cortes temporais abruptos marcados pela perda e/ou abandono – entre uma cena e outra uma porta se fecha e nenhum sentido é revelado. Seguindo as indicações de Verztman e Romao-Dias (2020), uma quebra abrupta de cena caracteriza a noção de catástrofe no teatro grego, revelando uma grande transformação de trajetória. Seja na tragédia, seja"na comédia, a estrofe que representa a catástrofe, geralmente enunciada pelo coro, materializa, revela e produz uma mudança abrupta na cena e na encenação" (Verztman & Romao-Dias, 2020, p. 274). Retomando o papel da catástrofe no teatro grego, essa quebra abrupta frequentemente engendra *a posteriori* outros cenários, revelando sua dupla acepção de fechamento e nova configuração. Em *O Nascimento da tragédia*, Nietzsche (1872/2007) observa que os fatos constitutivos de uma tragédia, em sua forma bruta, são insuportáveis, portanto, a-trágicos: é preciso uma continuidade na encenação e da narrativa para que a função catártica da tragédia se desvele. As três cenas que compõem o primeiro ato remetem a uma espécie de fechamento sem que outros cenários tenham sido desvelados: algo se perdeu nesses cortes. O que teria se perdido?

Cena 1: o começo e o fim – um noivado que se desmancha no ar

Os encontros iniciais com a primeira analista[2] são marcados por muita cordialidade e atrasos frequentes que se estendem ao longo dos anos. O deslocamento até o ambulatório, como todos os outros deslocamentos, é caracterizado por longas pausas na busca

2 Bia chega até o grupo de pesquisa a partir da indicação de sua psiquiatra no Instituto de Psiquiatria da Universidade Federal do Rio de Janeiro – após ler na internet sobre os benefícios da terapia cognitivo-comportamental para casos de Transtorno Obsessivo-Compulsivo, procurava uma vaga de terapia sob esta perspectiva. Aceita, todavia, a possibilidade indicada pelo psiquiatra de participar da pesquisa organizada pelo NEPECC.

de algo que se perdeu, resultando em atrasos constantes. As sessões, por sua vez, são marcadas pela descrição detalhada do término abrupto com o noivo – cenário que marca a aparição dos sintomas compulsivos.

Quando se muda para o Rio de Janeiro para se dedicar à carreira, Bia está em um noivado com Fábio, que permanece em Minas Gerais enquanto procura um emprego para se juntar a ela definitivamente. O deslocamento de cenário em prol da carreira foi amplamente apoiado pelo noivo, que a visitava uma vez ao mês e se esforçava para conseguir uma vaga na outra cidade. Nesse momento, Fábio havia conseguido a transferência para uma posição em Santa Catarina, mas não media esforços para se engajar em tentativas que lhe permitiriam realizar a mudança para a cidade atual de Bia. O relacionamento parecia permanecer firme, apesar da distância – leves sintomas depressivos de Fábio eram interpretados por Bia como decorrentes do cansaço, articulado à rotina de trabalho longe da cidade natal e do esforço para conseguir uma transferência. Fábio foi o primeiro homem com quem teve relações sexuais, faziam planos juntos, "era o homem da minha vida". Todos ao redor apoiavam a relação, ajudando a constituir a imagem de que eram feitos um para o outro.

Após alguns meses, uma ligação telefônica surpreende Bia: Fábio a acusa de tê-lo deixado em prol da carreira e termina o relacionamento sem fornecer maiores explicações. Para a segunda analista, Bia conta que essa ligação se deu em dois tempos: uma primeira chamada na qual Fábio não diz nada muito significativo e uma segunda chamada em que a deixa com a sensação de que ele teria esquecido algo, e, no entanto, o término é anunciado.

Estarrecida, Bia implora para que Fábio converse com ela – depois de muita insistência, o ex-noivo aceita o pedido. Bia oferece a possibilidade de desistir do investimento na carreira e retornar a

Minas Gerais para reatar o relacionamento. A conversa é marcada por extrema frieza por parte do rapaz: a sensação é de que ela seria portadora de alguma doença extremamente infecciosa, como a lepra. Apenas assim vislumbrava uma justificativa para a distância absoluta e repentina mantida por ele. Sem possibilidade de dar sentido ao término, a cena se configura como uma catástrofe que não permite uma continuidade: algo da ordem traumática é simultaneamente instaurado e revelado na impossibilidade de fornecer sentido para o acontecimento. Retomando as indicações de Verztman e Romao-Dias (2020), a catástrofe, em sua dupla acepção de quebra e oportunidade, comporta necessariamente uma experiência. A cena de ruptura vivida por Bia não implica essa dupla perspectiva da catástrofe: a quebra abrupta de cena não permite outros cenários, uma experiência não pode acontecer. Foi justamente na esteira dessa cena que Bia passou a apresentar sintomas depressivos graves, chegando a voltar para Minas Gerais sob os cuidados de sua mãe.

Em busca de sentidos perdidos nesse acontecimento, Bia encontra apenas acusações: a família de Fábio a recrimina pelo término do relacionamento. A sensação imposta é de que ela o havia abandonado, embora não soubesse que seu ato de mudança em busca da carreira e com o apoio do noivo pudesse comportar este aspecto. Alguns meses depois, ficou sabendo que ele havia se casado com uma moça de Santa Catarina, o que, tardiamente, permitiu Bia formular a hipótese de que este teria sido o motivo do término abrupto. Sentido, todavia, não consolidado, Bia permanece marcada pela quebra abrupta de cena, sem possibilidade de constituir outros cenários. As primeiras sessões de análise são permeadas pela narrativa detalhada desses fatos – nas supervisões, tínhamos a sensação de que aquela ruptura se articulava a algo que Bia perdeu e que não sabia exatamente o que.

As cenas que se seguem são marcadas pela descontinuidade desse acontecimento e, por isso, não merecem ser separadas em outras cenas do nosso roteiro: continuam sob essa sombra. Na volta para o Rio, Bia conhece outro homem, que vem a se tornar seu namorado. Trata-se de uma relação à qual ela não quis assumir desde o princípio, mas o faz diante da insistente pressão feita pelo rapaz. Eduardo não é romântico como ela gostaria, pelo contrário, é capaz de dizer coisas estúpidas, tornando-se por vezes bastante grosseiro. Para além dessas características, um ponto central dessa relação diz respeito ao fato de Eduardo, frequentemente, após se embriagar excessivamente, desaparecer. Certa vez, ligou para Bia afirmando que estava chegando em casa e ficou desaparecido por três dias. Em outra situação, Bia foi chamada na delegacia para buscá-lo: ele havia sido encontrado em coma alcoólico e inconsciente. Nesse sentido, o elo entre eles é constantemente marcado por encontros e desencontros, mas, de um modo ou de outro, essa é uma personagem que constantemente retorna à cena. Entre sumiços e descobertas, Eduardo é sempre encontrado. Em contraposição ao tempo dilacerado, em farrapos, do desfecho da cena do noivado, o tempo aqui é de suspensão e retomada, perda e achado.

A continuidade dessa cena é marcada por uma extrema angústia: a descoberta de sífilis do namorado. Após o diagnóstico, Bia relata um episódio no qual praticam sexo oral – o medo de ter sido contaminada domina a cena. Tenta ir ao posto de saúde, mas não consegue atendimento. O namorado, que poderia ter ajudado no contato com a clínica, não o faz. Exasperada, ela então decide tomar a medicação de Eduardo por conta própria, até que finalmente consegue ser atendida e descobre não ter contraído a doença. Depois disso, o desaparecimento. Mais uma vez, ele vai embora. Entre idas e vindas, ele ainda reaparece algumas vezes nesta história: embriaguez, sumiços, doenças, internações, esfaqueamento, falta de dinheiro: o destino torna-se o cuidado dedicado por

Bia. Eduardo passa inclusive a morar na sua casa. Por que motivo Bia assume esse lugar de cuidadora? O enigma e os sintomas continuam: passemos à segunda cena.

Cena 2: o teatro do absurdo

O primeiro momento de análise é permeado pelas cenas de corte abrupto do noivado com Fábio e uma continuidade impossível, marcada pela descontinuidade dos encontros e desencontros com Eduardo – um *nonsense* radical. É somente após certo período que outras personagens se desvelam e Bia apresenta a sua pungente história familiar.

Nos deparamos agora com longínquos tempos da infância, nada de pueril, todavia, é encontrado por aqui. A iconografia é a de uma cena de horror. O desenho do seu relato é aquele de uma criança espectadora de uma cena absurda: o pai a despertava junto às irmãs durante a madrugada para que o assistissem bater na mãe. Como espectadores imóveis, as crianças passavam longas horas da noite assistindo àquele teatro do absurdo. A cena se repetia idêntica em diferentes noites: crianças acordadas na madrugada para se tornarem espectadoras de cenas de violência. O teatro do absurdo nesse caso não coincide completamente com o movimento engendrado por Ionesco ou Beckett, por exemplo, mas guarda linhas de continuidade: o sem sentido é o elemento central da cena. A única possibilidade de imaginar as razões de seu pai para colocá-los como espectadores era a sensação de que se tratava de um tipo de lição, "para não fazerem algo errado, pois receberiam o mesmo". Bia conta com certo orgulho que, mesmo após essas madrugadas, ia para a escola e tirava nota dez nas provas. A razão de sua sobrevivência: defender a irmã mais nova e ajudar a sua mãe. É diante dessa cena que ela assume o lema existencial de um "brasão de coragem". Brasão este que lhe garante, mesmo que paradoxalmente, um lugar de cuidadora.

O dramaturgo Valère Novarina (2009) faz uma alusão ao palco ao dizer que "o verbo é a chave do drama" (p. 40) – a segunda cena do primeiro ato não se configura como um drama, o verbo não é possível. Não apenas o verbo, mas, sobretudo, a continuidade. A descrição da segunda cena só pode ser breve: o tempo é pulsivo e violento. A questão do sentido impossível é mais uma vez retomada: diante dessas duas cenas, resta apenas o intervalo.

Cena 3: indo embora sem deixar nada para trás

A terceira cena remete à adolescência de Bia e comporta mais uma vez um corte abrupto. O grau de insuportabilidade da repetição idêntica da Cena 2 engendra uma quebra de cena. Em meio à madrugada, Bia se vê, junto com a mãe e as irmãs, em uma fuga do pai em direção à casa de parentes em outra cidade – sem olhar para trás, deixam o pai/agressor absolutamente sozinho. Após estabelecidas, Bia e suas irmãs passam a ser buscadas pelo pai – que chega a raptá-las na escola. É preciso ainda um longo período para que alguma estabilidade seja alcançada em sua vida.

Quanto ao pai, Bia diz: "ele hoje está estável e toma remédio", foi diagnosticado como esquizofrênico. Diferente da decepção sofrida em relação ao ex-noivo, Bia afirma nunca ter se iludido: "ele sempre foi assim". Diferente das irmãs, Bia não suporta abandoná-lo. Um exemplo desse vínculo consiste em uma situação na qual ela o convida, por pena de deixá-lo só, a passar o seu aniversário na casa da irmã. Ao chegar lá, se desentendem e o pai lhe dá uma surra, pois "era isso que ela merecia". Para desprender-se de um perigo, Bia precisa atirar-se a outro: sem saída, joga-se de um terraço com uma significativa distância do chão. Por sorte, não se fere gravemente. Ora, enquanto a sua mãe vai embora sem deixar nada para trás, desfazendo-se dos laços com o marido, Bia não pode deixá-lo, uma vez que "não guarda mágoa e perdoa".

A apresentação das personagens, todavia, não está completa: o teatro aqui não é o teatro da vida de Bia. Como dissemos anteriormente, somente no terceiro ato, que versará sobre discussões em torno da contratransferência, o leitor poderá, enfim, reunir todas as personagens que compõem essa atuação. Passemos, antes, para o segundo ato, no qual será possível vislumbrar algumas articulações entre as cenas narradas para, em seguida, recolocar as personagens em cena.

Segundo ato – o papel da compulsão, funcionamento do Eu e identificação

Muito embora os sintomas apresentados por Bia como razões da busca pelo tratamento não recubram as cenas do primeiro ato, eles desempenham um papel importante nesse roteiro. Iniciados principalmente após a depressão que decorreu da primeira cena de ruptura abrupta com o noivo, os sintomas compulsivos consistem na constante verificação de algo que poderia ter sido perdido. Ao sair de casa, no ponto de ônibus, em um esbarrão não intencional na rua, na poltrona do *setting* analítico: Bia é capaz de passar horas verificando se alguma coisa foi perdida. É curioso notar que, durante as sessões, as analistas afirmam constatar algo parecido no uso da linguagem de Bia: se algo foi interrompido, ou esquecido, o começo da história é retomado e narrado novamente em detalhes, provocando exasperação e cansaço naqueles que a escutam.

Sua vida, após o estabelecimento dos sintomas, tornou-se bastante restrita, seja nos relacionamentos ou no trabalho. Apesar da dificuldade, a rotina é permeada por uma série de compromissos profissionais: ministra cursos de roteiro em muitos lugares, além de fazer adaptações de peças para o teatro. A percepção das analistas é de que ela realmente faz um esforço para a consolidação da carreira, o que engendra uma atmosfera de torcida em determinadas supervisões. A torcida é brevemente deslocada para a exasperação e consequente irritabilidade: próximo ao êxito, alguma ruptura acontece, impossibilitando a consolidação de conquistas. Apesar da perda de esperança das pessoas que a cercam, Bia insiste na carreira principalmente no sentido de dar como presente esse reconhecimento para mãe, sua maior apoiadora: "eu preciso sobreviver pela minha mãe e minha irmã".

É interessante destacar, conforme indicado anteriormente, que, enquanto está em processo de escrita, os sintomas não se manifestam, pode permanecer horas com suas novas histórias ou imersa na criação de personagens sem precisar buscar por alguma coisa perdida. Na margem do papel, a encenação possível que se apresenta à sua frente inverte a posição da segunda cena do primeiro ato, em que ela e as irmãs ficavam como espectadoras da violência empreendida pelo pai. Bia, enquanto roteirista, inventa, adapta, interpreta personagens novas ou antigas conforme a sua escolha, e seus futuros espectadores serão capazes de assistir diferentes enredos, personagens múltiplas. Longe do papel, a história dos sintomas compulsivos torna-se protagonista em sua vida. O tempo parece suspenso, Bia procura horas a fio algo que se perdeu. Mas o que teria perdido?

Retomando as considerações de Ferenczi (1933/2011) sobre sua teoria do trauma, alguns dos fatores resultantes do descrédito dizem respeito à identificação com o agressor, ao coma psíquico e à impossibilidade da certeza de si. Certeza de si, neste aspecto, configura tanto a sensação de continuidade de existência no tempo quanto confiança nos próprios contornos corporais e perceptivos. Diante do descrédito, fator decisivo na conformação do trauma, a "confiança no testemunho dos seus próprios sentidos está quebrada" (Ferenczi, 1933/2011, p. 117).

Ora, o conjunto de cenas apresentadas no primeiro ato parece constituir um cenário repetido no qual Bia, diante da impossibilidade de apreender outros sentidos possíveis para os fechamentos abruptos de cena, torna-se incapaz de confiar nos próprios sentidos. Havia perdido algo? Seguindo as indicações de Pinheiro e Viana (2011), essa discussão fica mais consistente quando articulada à noção ferencziana de introjeção enquanto possibilidade de criação de sentido fiada pelo objeto. Da perspectiva das autoras, quando o descrédito impede a introjeção de sentido, é a possibilidade de ser intérprete e a certeza de si que estão em jogo. Ser intérprete é também poder fazer atuar diferentes personagens. É evidente que da perspectiva psicanalítica o Eu é uma personagem múltipla – não à toa Freud (1923/2011) assinala seu caráter de precipitado de identificações. No entanto, para que essa possibilidade exista, faz-se necessário que ele possa ser capaz de cumprir a função de manter certa univocidade. Ao menos quatro aspectos parecem ter fornecido alguma continuidade para Bia: sua carreira de roteirista e a possibilidade de inversão de papéis da cena de violência do pai; o lugar de cuidadora; seu "brasão": "eu vou sobreviver pela minha irmã e minha mãe"; e a constituição de uma imagem em torno da figura de alguém que "não tem mágoas e perdoa", que não pode abandonar ninguém (seja o pai, seja o namorado que lhe causa problemas).

Essa montagem identitária precária, todavia, cai por terra quando é acusada de ter abandonado seu noivo. Mais uma vez a fissura da perda de certeza de si se reabre: ela teria o abandonado? Algo havia sido perdido no caminho, nas frestas, na poltrona? Identificada ao lugar de cuidadora e daquela que teria sobrevivido, a acusação de abandono torna-se insuportável: verificar constantemente aquilo que não se tem certeza de perceber é uma necessidade. O papel dos sintomas compulsivos nesse roteiro parece remeter a uma tentativa de recuperação de uma continuidade perdida – as cenas se encerraram abruptamente e nada pode garantir a possibilidade de continuar a ser (Winnicott, 1945/1978). O ato de procurar, não constitui uma relação objetal propriamente dita, mas se aproxima do que Green (1990) denomina formas de regressão defensivas. A expulsão pelo ato, entendida como uma antecipação consumatória do objeto, consiste em um ato esvaído de continuidade e esgotado em si mesmo. Diferente de uma ação colaborativa, nota-se uma ação de expulsão, o objeto é totalmente consumido pelo ato da evacuação, ele é evacuado. Conforme aponta Green (1990), essa configuração tem lugar principalmente em "pacientes que mostram uma grande sensibilidade no que diz respeito à perda de objetos, mas também uma capacidade de recuperação objetal por um objeto substituto frágil e perigoso" (p. 54). Quando finalmente pode encontrar algo nessa busca, Bia encontra seu pai, que a maltrata, ou Eduardo, um objeto frágil e perigoso, mas que sempre é possível ser perdido e achado. Nesse jogo, de esconde-esconde (Roussillon, 2008) revela-se o júbilo de ser encontrado: Bia perde, mas acha. Todavia, a única coisa que Bia encontra é a certeza de não ser abandonada por um objeto frágil do qual ela é cuidadora.

Retomando as considerações de Ogden sobre identificação projetiva, isso que é evacuado no ato consumatório do paciente pode ser comunicado e percebido na situação analítica por pensamentos e sensações do próprio analista, mas que remetem a um terceiro sujeito formado e formador da dupla. As sensações das analistas de que algo das sessões poderia ser perdido parece constituir uma espécie de atuação (*enactment*) do que foi evacuado. Ogden (1982) utiliza a palavra inglesa *enactment* (que pode ser traduzida como atuação) para designar este aspecto da identificação projetiva de experimentação por parte do analista de uma sensação ou pensamento. Cassorla (2015) traça uma distinção entre *acting-out* (*agieren*, em alemão) e *enactment*, referindo-se ao fato de que o primeiro é compreendido como algo que acontece com o analisando, no qual o analista é apenas um observador; já o segundo implica em um "fenômeno intersubjetivo em que, a partir da indução emocional mútua, o campo analítico é tomado por condutas e comportamentos que envolvem ambos os membros da dupla analítica, sem que eles se deem conta suficiente do que está ocorrendo, e que remetem a situações em que a simbolização verbal está prejudicada" (Cassorla, 2015, p. 47). É justamente esse tipo de atuação, articulada à expulsão consumatória do objeto, que as duas analistas e a equipe de pesquisa parecem experienciar – essa questão será o centro das discussões no nosso terceiro ato.

Diante desse quadro, o papel da compulsão e seus atos expulsivos apontam para a função de suplantar um ego despedaçado e que perdeu a certeza de si – o lugar de cuidadora torna-se um brasão de coragem que sustenta uma tentativa frágil de unidade. O que se busca parece ser tanto a possibilidade de continuar a ser diante das rupturas quanto os sentidos possíveis para a descontinuidade. A ruptura de cena característica da catástrofe não engendra uma nova cena: uma catástrofe que não pode ganhar outras atuações. Por outro lado, enquanto roteirista, Bia pode criar uma passagem entre os papéis: de sua posição imóvel na plateia do teatro do absurdo à de roteirista em um teatro (im)possível. Na situação analítica, essa atuação (*enactment*) não coloca o analista e a equipe de pesquisa como meros observadores, mas somos, sem mesmo nos dar conta, partes da atuação.

Terceiro ato – contratransferência e aspectos técnicos

A possibilidade de escrita dos primeiros atos foi engendrada pelo terceiro e derradeiro ato: a temporalidade do roteiro não é linear. Um dos aspectos centrais dessa situação analítica consistiu principalmente na configuração de um cenário possível para que as cenas anteriores se apresentassem no espaço e no tempo. Nossa hipótese é de que, desde que Bia passou a ser atendida pela primeira analista, a formação e manutenção de um terceiro elemento consiste em uma problemática que simultaneamente inaugura e é inaugurada pela experiência analítica. Esse terceiro elemento pode ser melhor definido a partir de diferentes formas de se conceber a terceiridade, como a noção de terceiro analítico de Ogden – que será aprofundada mais adiante – e de enquadre circunscrita por Bleger (1977) e retomada por Green (1990). Os atrasos constantes nas sessões e a sensação de uma narrativa repetitiva que descrevia com os mesmos detalhes a primeira cena desse roteiro (de abandono por parte do noivo) constituíam um cenário ainda sem contornos para a atuação que paradoxalmente inaugura o cenário. Não era possível dizer que as sessões de Bia se encaixavam naquilo que Green (1990) denomina de enquadramento clássico, calcado na associação livre e na escuta flutuante e no qual, para retomar a metáfora utilizada por Loewald (1975/2000), o analista é um diretor.

As três cenas que se seguem configuram, sobretudo, a possibilidade de constituição de um enquadre – circunscrito por Green (1990) como um terceiro elemento ausente que permite a simbolização articulada ao eixo transferência-contratransferência. Trata-se de um elemento invariável e constante, como um cenário para as cenas ou mesmo as próprias coxias e cortinas do teatro. Essa discussão é possível à medida que, para além da questão em torno da situação analítica, a noção de enquadre está relacionada à problemática desenvolvida por Green sobre o narcisismo primário, articulada ao que ele denomina estrutura enquadrante, que permite os processos de simbolização (processos terciários). É interessante notar que, da perspectiva do autor, quanto menos o enquadramento clássico funciona, mais sua existência se torna assegurada por certos aspectos internos do analista apoiados ao menos em três fatores: na experiência acumulada com os seus próprios pacientes; na sua própria análise; e no pensamento clínico. No caso de Bia, faz-se necessário acrescentar outro fator: o funcionamento da equipe de pesquisa. Nossa hipótese é de que a constituição desse cenário atravessa as três cenas desse ato e implica na possibilidade de perder sem se perder, ou melhor, de perder algo e manter alguma coisa assegurada pela situação analítica. Essa questão fica bastante evidente com a necessidade de mudança de analista em meio ao processo: devido a questões particulares, a primeira analista precisa se retirar de cena. Essa transição, realizada sem cortes abruptos, permitiu certa continuidade com a segunda analista – o cenário permaneceu o mesmo apesar da troca de personagens.

A encenação, no entanto, havia começado antes mesmo que as personagens fossem escaladas para o roteiro. A primeira cena desse ato é justamente a sensação de perda experienciada com muita surpresa e certa angústia pela primeira analista. Esse foi o elemento que permitiu alguma indicação de que os três sinais que antecedem o início de uma peça já haviam tocado.

Cena 1: o esquecimento

As primeiras sessões de Bia eram marcadas, sobretudo, por uma narrativa detalhada dos acontecimentos da cena de término abrupto de seu noivado – a sensação descrita pela analista era de uma narrativa estática que precisava retomar com detalhes cada aspecto da quebra repentina, nenhuma associação era possível. Após alguns meses de atendimento, a analista é assaltada por uma sensação diferente de todas as outras que já havia experienciado enquanto psicanalista: sentia que perdera algo do relato das sessões, alguma coisa havia sido esquecida. A intensidade invasiva dessa sensação implicou na necessidade de comunicação com os supervisores e discussão nas reuniões em grupo.

Se retomarmos as considerações empreendidas por Ogden (1982), uma das características da encenação na experiência analítica consiste na alteração de uma das personagens, antes mesmo de se dar conta, de algo que aparentemente faria parte do roteiro de outra personagem.

Nas palavras de Ribeiro (2016), "a fantasia projetiva de uma pessoa não é simplesmente uma alteração na esfera representacional daquela pessoa. Na identificação projetiva, há um esforço de mudar a outra pessoa; esse processo psicológico interpessoal busca atualizar a fantasia projetiva na esfera da realidade interpessoal" (p. 34). Seguindo essa perspectiva, a primeira analista foi convocada, em sua realidade pessoal, a encenar uma fantasia que se torna interpessoal – revelando um aspecto que a fazia atuar antes mesmo de saber que estava em cena.

Esse aspecto da contratransferência não pode ser concebido, portanto, apenas como as sensações de que algo havia se perdido: a analista lembrava que esquecia e a equipe de pesquisa testemunhava o esquecimento. Essa sensação pode ser melhor circunscrita pela leitura de Ogden (2013) do conceito bioniano de *rêverie*: os sonhos acordados do analista permitem sonhar aquilo que não pode ser sonhado. A analista, portanto, não consiste em um receptáculo passivo, mas, ao lembrar que algo havia sido esquecido, produz um efeito na situação analítica. Segundo Barros (2016), esse processo ultrapassa uma mera comunicação e engendra pensamentos pré-verbais: trata-se da possibilidade de formação de um pictograma afetivo, um símbolo pré-verbal.

Na atuação de Bia e sua analista, outras personagens são convidadas à cena: o próprio grupo de pesquisa se torna uma peça fundamental nesse roteiro. Ambas encenavam e nós fazíamos parte da encenação, como personagens na coxia que simultaneamente experienciavam sensações parecidas fora de cena: Bia encenava e nós a assistíamos, ela era assistida ao invés de assistir. Consideramos que esse processo foi um aspecto fundamental para a constituição de um terceiro elemento que suporta e é suportado pela situação analítica: seria possível pensá-lo em termos de um enquadre, como comentado anteriormente a partir das ideias de Green (1990). Dessa perspectiva, o enquadre seria considerado um terceiro ausente que se articula ao funcionamento mental do analista e, nesse caso, do próprio grupo de pesquisa – que passa, então, a compor o cenário.

Além desse aspecto, as considerações de Ogden (1994) sobre o terceiro analítico ajudam a circunscrever melhor a natureza desse terceiro elemento: trata-se de um terceiro sujeito criado e criador pelo par analítico. Isso porque as sensações experienciadas pela analista e testemunhadas pelo grupo de pesquisa podem ser compreendidas como uma espécie de *rêverie* que abre a possibilidade de transitar por outros caminhos em direção a uma zona que não é nem exclusiva do analista, nem exclusiva do paciente. Trata-se de uma diversidade heterogênea de estados que parecem refletir uma autoabsorção narcísica do analista (devaneios, sensações, lembranças, memórias e, neste caso, esquecimentos), mas que remetem a um terceiro sujeito que cria e simultaneamente é criado pelos outros dois (analista e analisando). Talvez, somente *a posteriori* seria possível atribuir a um dos polos a origem de tais elementos. As duas cenas que se seguem têm como personagem principal esse terceiro sujeito que, nesse caso, comporta também aspectos do grupo de pesquisa – a problemática gira em torno da descrição e dos processos articulados a esse terceiro sujeito.

Cena 2: efeito torcida, exasperação e irritabilidade

Após lembrar que havia esquecido, a primeira analista e o grupo de pesquisa puderam, para usar uma expressão de Barros (2016), construir uma espécie de pictograma afetivo de algo que não podia ser experienciado pela própria paciente, mas foi atuado pelas outras personagens. O caminho aberto por essa espécie de *rêverie*, que paradoxalmente cria e foi criada por um terceiro sujeito, permitiu que a analista e o grupo de pesquisa experimentassem outras sensações.

Bia esboçava alguns movimentos de diferença nas suas repetições: ensaiava terminar com Eduardo e alcançar outras posições profissionalmente. Certa vez, inscreveu-se em um processo seletivo que se configurava como uma oportunidade interessante na sua carreira. O tempo que antecedeu a entrevista, todavia, foi repleto de contratempos: uma série de obstáculos pareciam atrapalhar Bia nesse caminho. Ao ouvirmos os relatos nas reuniões de orientação, as exclamações do grupo compunham um coro: como uma torcida, nosso clamor era de incentivo – percebemos que estávamos tomados pelo que denominamos de "efeito torcida".

O esquecimento não domina mais os bastidores, ao torcermos por Bia, inauguramos uma situação na qual um jogo começa a ser esboçado. Como no jogo do esconde-esconde (Roussillon, 2008), não mais esquecíamos, mas procurávamos. Seguindo as indicações de Roussillon (2008), a atitude que compõe o jogo implica deixar evidente o ato de procurar, isto é, na abertura de se estar procurando em uma aproximação progressiva. Ao torcermos nos bastidores por Bia, algo da tensão entre procurar e encontrar é mantido: vislumbrávamos caminhos possíveis para essa personagem. No entanto, é evidente que não poderíamos de fato achar: talvez a questão residia mesmo em procurar. Bia não lograva concluir os caminhos que o coro tanto torcia – sua relação com Eduardo permanecia e ela continuava perdendo e achando, mas procurando.

Nesse contexto, outra sensação toma conta da analista e do grupo de pesquisa: passamos a nos sentir irritados e exasperados com a impossibilidade de Bia encontrar algo além das situações complicadas em que seu relacionamento com Eduardo a colocava. No entanto, a possibilidade de simultaneamente torcer e nos exasperar pode ser concebida como uma segunda cena de *rêverie*, mas, desta vez, diferente de uma atuação, sem que soubéssemos que estávamos atuando. O cenário já estava montado, e a primeira cena permitiu que percebêssemos que a peça já havia começado. Não sentíamos algo similar a Bia, mas torcíamos e nos exasperávamos *por* ela – as sensações experimentadas nesse espaço/tempo propiciado pela cena do esquecimento permitiam delinear alguma fronteira entre nossas sensações e as de Bia. Fazendo uma alusão à discussão mais ampla sobre a agressividade em Winnicott (1950-1955/1978), talvez fosse possível dizer que a irritabilidade experienciada pela analista e o grupo de pesquisa permitiu a revelação de certo descompasso ou exterioridade entre analista e analisando – não seguíamos o mesmo roteiro da personagem, mas era mais claro que sentíamos algo direcionado e provocado por Bia.

Cena 3: perder sem se perder: atuar ainda é preciso

Nos instantes finais de uma costumeira sessão de análise, Bia surge com uma decisão que a coloca mais uma vez frente à problemática da perda. Em uma revisão psiquiátrica, uma oportunidade de vaga na área de terapia cognitivo-comportamental é oferecida. Confrontada com a dificuldade de fazer uma escolha e sem saber que rumo tomar, as suas angústias e interrogações foram dirigidas para a analista: "mas o que fazer?". Esse é um momento-chave de sua análise: Bia, talvez pela primeira vez, torna-se uma personagem que tem escolha sobre o fechamento da cena. A diferença, contudo, é que a escolha de encerrar a análise e iniciar outro tratamento não configuraria o mesmo tipo de abandono e de perda tantas vezes vividos pela personagem. Ou seja, mesmo se escolhesse sair, levaria consigo o seu percurso de análise.

A possibilidade de continuar parece solidificar um cenário, Bia permanece na situação analítica. No entanto, outra personagem precisa sair de cena: a retirada da primeira analista. Esse passo do roteiro preocupou a equipe de pesquisa, que estava atenta no sentido de atenuar um corte abrupto. Um terceiro elemento pôde ser mantido, seja assegurado pela continuidade das sessões, seja pelo próprio grupo de pesquisa. As sessões com a nova analista parecem deixar entrever a possibilidade de continuarmos no mesmo cenário com outras personagens – as cenas, todavia, se repetem. As duas primeiras cenas do terceiro ato não se sobrepõem uma à outra, mas permanecem em uma tensão dialética nesse novo cenário: entre esquecimentos, torcida, exasperação e irritabilidade, o roteiro continua.

Em certa ocasião, uma personagem, há tempos longe do palco, reaparece: Bia procura Eduardo – que atualmente é arquiteto – para ajudá-la em uma obra. Nesse encontro, conversam sobre a relação e Eduardo propõe a possibilidade de se tornarem amigos, o que Bia aceita com aparente satisfação. Algum tempo se passa e Eduardo desaparece completamente; Bia fica um tanto indignada: "que tipo de amigo é esse?". A analista lança mão de uma intepretação, perguntando se aquilo que Bia chama de amigo seria o mesmo que Eduardo concebe como amizade. Essa colocação parece a desorganizar brevemente, ao que afirma que, caso seja assim, trata-se de uma questão de percepção: "não é possível confiar naquilo que se percebe". Na sessão seguinte, a analista pergunta se Bia lembrava sobre o que haviam conversado anteriormente: "vagamente, acho que algo metafísico, filosófico". Esse diálogo deixa entrever uma problemática que persiste nos três atos de nosso roteiro: Bia não pode confiar na percepção, e os diferentes sentidos passíveis de serem atribuídos à realidade não possuem linhas de continuidade com as impressões sensíveis. Diante da impossibilidade de interpretação, a alternativa mais palpável é a atuação: fazendo uma referência a Bion (1962/2013), ainda é preciso um continente para que os conteúdos sejam experienciados (continua...).

Considerações finais

Entre atos e cenas, o objetivo deste capítulo consistiu em remontar um roteiro de personagens múltiplas: uma atuação possível para o teatro do impossível. A procura de algo perdido, que se configurava como um sintoma compulsivo, transformou-se em três atos que, enquanto uma experiência analítica, talvez tenham permitido recriar a dupla acepção de uma catástrofe – ruptura e abertura. Ao longo desses três atos, uma atuação possível ganha relevo nas sessões de análise, entre analistas e grupo de pesquisa, e tenta encontrar sua dramatização por meio deste capítulo – tentativa ínfima de elucidação diante da palavra. É, no entanto, apenas no terceiro ato que se faz possível lançar luz aos dois primeiros atos. Paradoxalmente, nosso último ato inaugura e é inaugurado pelo cenário da experiência analítica – um terceiro elemento configura a possibilidade de perder sem se perder. A posição da primeira cena do nosso roteiro é invertida: Bia deixa de assistir a um teatro do absurdo para ela mesma ser assistida.

Mesmo que o nosso trabalho não se debruce sobre o funcionamento psíquico de um roteirista de teatro, é curioso pensar – e deixar a dúvida em suspenso – a escolha profissional de Bia em ser uma. No palco da escrita está a possibilidade de criar, adaptar e interpretar outras personagens como um caminho possível para vislumbrar outros sentidos, ou melhor, para vivenciar o ser de outras personagens em uma margem segura, a do papel. Novarina (2009), ao versar sobre o trabalho do teatro e do ator, afirma que para tal tipo de processo – seja o de criação ou de atuação – é necessário criar uma atmosfera paradoxal de despojamento de si para poder ressoar a história de outrem. Numa espécie de renúncia e ausência, trabalharia-se na contramão do mito de Pinocchio, ou seja, seria preciso "nos desfazer do homem e voltar a sermos máscaras" (p. 45). Ora, parece-nos que esse despojamento tão necessário à dramatização é da ordem do impossível para Bia, mas encontra ainda alguma possibilidade no seu trabalho enquanto roteirista: talvez, imaginando outros cenários com distintas personagens, Bia possa também ser outras, experimentando por intermédio da escrita sentidos ausentes.

O cenário aqui não foi o palco de um teatro propriamente dito; na situação analítica, a encenação da qual participam Bia, as duas analistas e o grupo de pesquisa comporta sentidos possíveis ainda latentes. Não é possível esgotar a potencialidade das encenações que o cenário da experiência analítica pode propiciar – a cortina ainda não está fechada. É curioso notar que ambas as analistas assinalam a dificuldade de encerrar as sessões de Bia – encerrar talvez remeta a um corte abrupto, a um fechamento de cena. A escrita deste roteiro, por outro lado, precisa, a duras penas, ser encerrada: trata-se do momento no qual realidade e palco se encontram. Afinal, seguindo as indicações de Brook (1925/1999, p. 7), "o teatro não tem categorias, é sobre a vida".

Referências

Aristóteles. (1987). *Poética* (E. de Souza, Trad.). Nova Cultural.

Barros, E. (2016). Intersubjetividade, alteridade, terceiridade. In *Anais SBPSP*.

Bion, R. W. (1962/2013). The psycho-analytic study of thinking. *The Psychoanalytic Quarterly*, *82*(2), 301-310.

Bleger, J. (1977). *Simbiose e ambiguidade*. Francisco Alves.

Brook, P. (1925/1999). *A porta aberta: reflexões sobre a interpretação do teatro*. Civilização Brasileira.

Cassorla, R. M. S. (2015). *O psicanalista, o teatro dos sonhos e a clínica do enactment*. Karnac.

Ferenczi, S. (1933/2011). Confusão de língua entre os adultos e a criança. In S. Ferenczi, *Obras completas* (Psicanálise IV, p. 117). Martins Fontes.

Freud, S. (1893-1895/2016). Estudos sobre a histeria. In S. Freud *Obras completas* (Vol. 2). Companhia das Letras.

Freud, S. (1923/1925/2011). O eu e o id. In S. Freud, *Obras completas* (Vol. 16, O eu e o id, "autobiografia" e outros textos). Companhia das Letras.

Green, A. (1990). *La folie privée: psychanalysedescas-limites*. Gallimard.

Loewald, H. W. (1975/2000). Psychoanalysis as an art and the fantasycharacter of the psychoanalyticsituation. In N. Quist (Ed.), *The essential Loewald: collected papers and monographs* (Vol. 1, pp. 352-371). University Publishing Group.

McDougall, J. (2015). *Teatros do eu: ilusão e verdade na cena psicanalítica*. Zagodoni.

Nietzsche, F. (1872/2007). *O nascimento da tragédia: ou helenismo e pessimismo.* Companhia das Letras.

Novarina, V. (2009). *Diante da palavra.* (A. L. Lopes, Trad.). 7Letras.

Ogden, T. H. (1982/1992). *Projective identification and psychotherapeutic technique.* Karnac.

Ogden, T. H. (1994). *Subjects of analysis.* Jason Aronson.

Ogden, T. H. (2010). *Sobre a escrita psicanalítica.* In T. H. Ogden, *Essa arte da Psicanálise.* Artmed.

Ogden, T. H. (2013). *Rêverie e interpretação: captando algo humano*. Escuta.

Pinheiro, T., & Viana, D. (2011). Losing the certainty of self. *American Journal of Psychoanalysis*, *71*(4), 352-360.

Ribeiro, M. F. da R. (2016, dez.). Uma reflexão conceitual entre identificação projetiva e enactment: o analista implicado. *Cad. Psicanal.*, *38*(35),11-28.

Roussillon, R. (2008). *Le jeu et l'entre-je(u)* (pp. 107-148). PUF.

Verztman, J., & Romao-Dias, D. (2020, jun.). Catástrofe, luto e esperança: o trabalho psicanalítico na pandemia de COVID-19. *Rev. Latinoam. Psicopatol. Fundam.*, *23*(2), 269-290.

Winnicott, D. W. (1945/1978). Desenvolvimento emocional primitivo. In D. W. Winnicott (Org.), *Textos selecionados: da pediatria à psicanálise* (2a ed., pp. 269-285). Francisco Alves.

8. O trabalho de supervisão e a clínica partilhada do NEPECC

Julio Verztman

Após vinte anos ininterruptos realizando pesquisas clínicas, precisamos refletir sobre o trabalho de supervisão que realizamos no Núcleo de Estudos em Psicanálise e Clínica da Contemporaneidade (NEPECC). Como o leitor já deve ter percebido nos capítulos anteriores, concebemos um dispositivo de escuta no qual conferimos um papel decisivo à constituição de uma equipe, a fim de tornar esta escuta condizente com nossos desafios. Definimos anteriormente a nossa clínica como uma *clínica partilhada*. Pretendemos agora discutir quais são os objetivos, os impasses, as resistências e os caminhos do dispositivo supervisionado deste coletivo. Antes, entretanto, de fornecer certas descrições e hipóteses acerca de nosso trabalho, precisamos construir um itinerário mínimo de referência sobre a temática da supervisão na literatura psicanalítica. Não se trata aqui de um trabalho de revisão sistemática. Visamos apenas trazer certas balizas que nos permitirão aprofundar ideias e propostas.

Iniciarei por traçar elementos históricos sobre o trabalho de supervisão para, em seguida, me deter nas proposições de Searles e de Ogden sobre o que eles denominam de *reflexion process* e de *sonhar conduzido*. Finalizarei com breves considerações sobre a nossa supervisão em grupo. A questão de base que nos guiará nesse percurso é: quais são as articulações entre a análise pessoal do analista, sua supervisão e seu trabalho clínico? Interrogarei, portanto, a especificidade do dispositivo de supervisão em sua ligação necessária com, por um lado, a análise desse profissional e, por outro, a sua atividade clínica. O percurso histórico inicial terá como objetivo descortinar, para o leitor, um panorama no qual poderemos perceber que a forma aparentemente estável de junção desses três elementos (análise pessoal do analista, prática supervisionada e experiência clínica) em nossa formação é objeto de uma disputa ainda em aberto.

Ensinar, tratar ou controlar... só que não

A indagação que inicia nossa jornada é: por que será que a análise do analista não é suficiente para ele realizar o seu ofício? O que há de específico na prática de supervisão que a torna necessária para o nosso trabalho de escuta? Ainda durante a vida de Freud (Balint, 1948; Kovács, 1936; Leader, 2010; Pitrowski & Kupermann, 2021), formatos diversos de supervisão, bem como concepções heterogêneas sobre o que esta seria, foram desenvolvidas após o surgimento da policlínica de Berlim e as chamadas "Clínicas públicas de Freud" (Danto, 2019). Freud nunca publicou nenhum artigo sobre o tema, e debates acalorados acerca desse novo e instigante problema foram protagonizados por muitos de seus principais colaboradores e seguidores. Como não poderia deixar de ser, analistas do outro lado do Danúbio, inspirados pelo *Grão-Vizir* Ferenczi, trataram de explorar suas experiências de supervisão ocorridas tanto na policlínica de Budapeste quanto nas trocas entre os analistas locais. Um artigo de Vilma Kovács

(Kovács, 1936) é eloquente para aquilatarmos o nível de fervura do assunto nesse caldeirão húngaro.

Dando como exemplo os termos do debate naquele país, é importante lembrar da centralidade, entre os psicanalistas húngaros, da análise pessoal do analista para a sua possibilidade de escuta do outro em sofrimento. A enunciação daquilo que ficou popularizado como *segunda regra fundamental da psicanálise* (Ferenczi, 1927/1992) foi decisiva para a construção de uma nova forma de empatia na clínica, tão valorizada por Ferenczi. Estar deitado no divã e atravessar toda a complexidade de um processo analítico na posição de paciente – indo até o fim deste percurso – era considerado por ele como o fator decisivo para alguém ocupar o lugar de psicanalista. E cada vez mais a ênfase de uma análise passou a compreender um processo no qual estaria em jogo a transformação tanto dos pacientes quanto de seus analistas. Parte do que era instituído, ou seja, ser o processo analítico o fruto de um encontro entre psiquismos com fronteiras mínimas e conhecidas entre si – cabendo ao analista exercer certo impacto no psiquismo de seus pacientes –, virou de ponta-cabeça.

Entre muitos fatores concorrentes para essa mudança de perspectiva – poderíamos enumerar muitos outros – encontramos a ampliação do escopo do tratamento analítico para além da neurose. Os "casos difíceis" de Ferenczi (Ferenczi, 1931/1992, 1933/1992), os pacientes "Como se" de Helene Deutsch (Deutsch, 1942) ou até mesmo os "pacientes maníacos-depressivos" de Abraham (Abraham, 1970/1911) – para citar exemplos provindos de diferentes demarcações geográficas – colocavam novas indagações para o movimento psicanalítico. Para o reposicionamento da vida psíquica de sujeitos com experiências traumáticas mais precoces do que aquelas que ocorrem entre os neuróticos, não é suficiente a exploração do universo subjetivo dos pacientes. Tudo o que está minimamente dado para o sujeito neurótico, ou seja, fronteiras móveis (ou imaginárias) entre interior e exterior, amplitude do campo fantasístico, consistência do movimento desejante e consolidação do direito de desejar, entre inúmeras outras características, constitui um problema para os novos sujeitos que passaram a procurar tratamento psicanalítico.

O encontro com essas configurações clínicas – nas quais o desejo é problemático e sua fonte é incerta, o universo da fantasia pode ser subtraído a tal ponto de se tornar uma cena parada e imutável, e o que é experimentado como interior tem todas as características de uma exterioridade radical e violenta – contribuiu para o *locus* do tratamento mudar de lugar. Nessa clínica, especialmente, mas também em qualquer outra modalidade de tratamento analítico, se o analista apenas recolher as projeções depositadas pelo paciente –, versão bastante simplificada do que seria a transferência – manejando com habilidade o lugar que passará ocupar na vida dinâmica do analisante, o fracasso terapêutico lhe será franqueado com muita frequência. Seus pacientes exigirão, ao contrário, que o analista viva experiências as quais entrarão em consonância com experiências suas que ele ativamente se esqueceu (na melhor das hipóteses) ou experiências no limite do que é pensável.

Desse modo, a importância da análise do analista ganha novos contornos. As suas características de inacabada, de inacabável, de abertura para o tornar-se intersubjetivo, exigirá mais deste profissional. É criado um campo de indeterminação sobre o que é, por exemplo, a resistência, onde ela se localiza, quais são as forças a operar neste movimento ativo e decisivo para o sucesso do tratamento. É o paciente que está resistindo em função do seu apego ao sintoma ou ao sofrimento? É seu analista que não consegue entrar em contato com experiências ou elementos que colocam em xeque a sua posição no mundo e o seu papel como terapeuta? É uma dupla que passa a operar solidariamente de modo a paralisar o processo de análise? Ou o sintoma trazido para análise é um sintoma do paciente? Como o analista está imbricado na construção de um sintoma a ele dirigido? Ou a transferência é um processo com uma via bem definida, do paciente para seu analista? O analista pode favorecer ou impedir, em função de aspectos não analisados, o desenvolvimento da transferência? Como o leitor pode perceber, a criação da *segunda regra fundamental* iniciou um movimento prenhe de consequências imprevistas. Aumentar o ângulo de visão e incluir a subjetividade do analista como decisiva para potencializar o tratamento, abriu caminho para valorizar o impacto das relações objetais, mas não só, nos adoecimentos e nos processos de cura.

Como uma parte importante da vida do psicanalista diz respeito ao que ocorre no seu trabalho clínico, é natural e até desejável que sua análise pessoal se torne um campo fértil de exploração dos impulsos, dos impasses, das angústias, dos afetos, dos desejos e das fantasias que se imbricam na interseção entre sua clínica, sua vida e sua história. Seria imaginável e concebível que alguém com espírito aberto, interessado na investigação da mente e nas suas possibilidades de transformação, com algum conhecimento em teoria psicanalítica, pudesse, com o auxílio de uma análise pessoal, desobstruir o caminho para a escuta do outro. Essa foi, em parte, uma aposta de expoentes da escola húngara. Vilma Kovács (Kovács, 1936), por exemplo, acreditando na especificidade e na relevância da supervisão, defendeu que o melhor contexto para esta seria aquele em continuidade com a análise pessoal. Ou, dito de outro modo: o melhor supervisor seria o próprio analista, já que este estaria em melhores condições de avaliar os elementos contratransferenciais implicados nos impasses clínicos de seus analisantes. Não são descritos muitos detalhes a respeito de como o trabalho de supervisão seria incluído no trabalho de análise, de modo que não sabemos se seriam dois trabalhos distintos realizados pela mesma dupla ou a ampliação dos objetivos analíticos e a potencialização do manejo clínico deste analista/supervisor.

Kovács nos dá apenas algumas indicações, as quais expressam suas dúvidas e suas convicções sobre o tema. Para a autora, a análise que, em nosso país, denominamos de didática (*training analysis*) seria uma espécie de etapa prévia para a possibilidade do analista receber pacientes e iniciar um trabalho de supervisão (*control analysis*). A diferença entre as duas diz respeito ao fato de, no momento inicial de sua análise, o paciente-analista estar mais voltado para dar um melhor destino a seu próprio sofrimento. Só num momento posterior é que "sua análise alcança o ponto onde seu interesse não está mais focalizado em si mesmo, mas genuinamente no mundo exterior" (Kovács, 1936, p. 351). Se um analista decide, em função de seu percurso de análise, constituir uma atividade clínica, só o analista do analista em formação, segundo Kovács, será capaz de auxiliá-lo na tarefa de revisitar aspectos de seu psiquismo que a sua atividade clínica reativou. Esses elementos, para Kovács, não puderam ser suficientemente analisados anteriormente. Seu testemunho pessoal é de que, na maioria dos casos em que houve dissociação das atividades de análise e de supervisão, o processo de formação encontrou obstáculos muitas vezes insuperáveis. O fato é que essa proposta, exequível ou não, factível ou não, desejável ou não, ilumina o campo de indeterminação e interseção entre análise pessoal do analista e sua supervisão clínica. Balint, escrevendo doze anos depois (Balint, 1948) – quando a separação entre análise pessoal e supervisão já estava consolidada na imensa maioria das sociedades –, apesar de demonstrar grande simpatia pela proposta de Kovács, reconhece os prós e contras na sua efetivação. Percebemos que, realizada ou não pelo mesmo profissional, qualquer reflexão sobre a prática clínica do analista deverá ter alguma forma de relação com sua análise pessoal.

Uma "situação analisante" perpassa todo o trabalho dos psicanalistas. Mesmo em contextos relacionais distintos, o objetivo da supervisão é equivalente ao objetivo de uma análise, ou seja, o de produzir uma abertura para as manifestações imprevisíveis, incontroláveis e incognoscíveis do que costumamos chamar de inconsciente. Inconsciente esse que não está previamente localizado, já que sua natureza é a de se encontrar permanentemente em trânsito, produzindo laços e separações as mais insólitas, unindo e separando paciente e analista, supervisionado e supervisor. Almejamos tanto em uma análise quanto em uma supervisão ampliar a capacidade dos envolvidos quanto à recepção desses efeitos. O elemento que costuma ser o mais eloquente nessa direção é exatamente a desestabilização que tal estado de abertura produz nos participantes. Quando falo em desestabilização, aludo especialmente ao abalo que uma análise pode produzir em convicções defensivamente formadas sobre quem somos, eu e o outro. As propriedades predefinidas das duplas eu/outro, paciente/analista, supervisionado/supervisor tendem a se desconstruir e a se reconstruir em outras bases a cada processo analítico ou de supervisão, muitas vezes superando seu aspecto dicotômico/defensivo de origem.

Há outro eixo, todavia, a desenvolver, bem mais espinhoso: o das relações entre supervisão e institucionalidade da psicanálise. A palavra supervisão designa acontecimentos muito heterogêneos. O que há de comum entre a supervisão para estudantes de um serviço de psicologia aplicada, a supervisão em dupla para um analista em formação, um grupo clínico de supervisão entre analistas experientes, a supervisão psicanalítica para uma equipe que cuida de sujeitos psicóticos, a supervisão numa clínica aberta de psicanálise ou para uma equipe de clínica na rua? Por que chamamos tudo isso de supervisão? É evidente que utilizamos a expressão "tratamento analítico" para designar processos também qualitativamente distintos, mas acredito que somos muito mais reflexivos em relação a essa designação quando descrevemos dado tratamento do que quando examinamos a amplitude dos processos de supervisão. Tomamos a necessidade de supervisão como natural, já que esta faz parte do tripé constituinte de nossa formação permanente. Nos interrogamos pouco, todavia, sobre seus objetivos, suas modalidades e suas consequências.

Leader (2010) e Pitrowski e Kupermann (2021) expõem com clareza e concisão alguns dilemas, impasses e propostas envolvidas na história do dispositivo que estamos examinando. Não resta dúvida de que boa parte dessa problemática gira em torno de quais são as relações entre a necessidade de supervisão e uma dada modalidade de formação. A tensão entre dois objetivos distintos, relacionados à institucionalização da psicanálise, vem marcando esse debate. Leader (2010) se refere a essa oscilação como o "*treat or teach problem*". O que almejamos nessa atividade formativa? Tratar ou ensinar esse candidato a analista? Eu colocaria aí um terceiro termo, bem mais escamoteado e difícil de ser assumido pelas instituições e pelos autores que se dedicam ao assunto: o controle. As instituições necessitam de algum controle sobre o que elas chancelam como atividade clínica.

Segundo Kovács (1936), um ponto de inflexão para o tornar-se psicanalista se deu em 1910, quando Freud sugeriu, no congresso de Nuremberg, que os analistas deveriam ser analisados eles mesmos. A forma como isso passou a ser institucionalizado pelo movimento psicanalítico encontrou um momento decisivo em 1922, no congresso de Berlim, quando se decidiu que apenas analistas autorizados pelas sociedades reconhecidas locais poderiam analisar futuros analistas. Como consequência, "uma comissão de treinamento (ou formação) foi constituída em cada sociedade com o objetivo de organizar um sistema de treinamento (ou formação)" (Kovács, 1936, p. 349). Sabemos que Ferenczi (Balint, 1948) foi absolutamente contrário ao modelo da análise didática, ou melhor, ele criticou a separação arbitrária entre uma análise e uma análise didática. Como salientado por Balint no seu artigo de 1948, a grande cruzada de Ferenczi e da escola húngara foi contra um modelo superegoico de formação, o que incluía a "*training analysis*" e certas formas de supervisão. Mas, para além do uso abusivo de uma análise desse tipo e do poder institucional que ela fortalece, um aspecto que eu gostaria de ressaltar é: a passagem da análise do analista como tratamento (preocupação primeira de Freud) para a análise do analista como treinamento e controle de sua atividade foi um fruto temporão dessa proposta de análise didática.

Esse passo, por mim suposto, não está claro nem detalhado por Kovács. Sabemos, por Balint, que o papel da "*control analysis*" no treinamento de psicanalistas "foi introduzido por volta de 1920 em Berlim por Abraham, Eitington e Simmel, [modelo] que encontrou grande ceticismo e resistência" (Balint, 1948, p. 165). Esse ceticismo provavelmente tinha como causa a relevância que o ensino e o controle alcançaram com esse formato. Ensino e controle estarão para Balint, assim como para Kovács, subordinados ao tratamento do analista. Serão objetivos secundários, portanto. A única maneira de poder chancelar a prática clínica de alguém seria insistindo na continuidade e na profundidade de sua análise.

É evidente que uma proposta como a de Kovács deixa de levar em consideração outros aspectos que poderiam interferir numa prática conduzida por um analista que é também supervisor de seu analisante. Alguns deles examinaremos adiante. Mas, por enquanto, sublinhamos que o parâmetro principal para a tarefa de alguém se tornar analista não será calcado no modelo de um mestre nem em qualquer outra forma de prescrição superegoica, mas sim nas diretrizes arduamente produzidas pelo analista em sua análise.

Com a complexificação cada vez maior da discussão sobre o tema da supervisão, no contexto da institucionalização crescente do movimento psicanalítico, ocorreu a estabilização da separação entre análise pessoal e supervisão na maioria das sociedades de psicanálise. Não é suficientemente claro para mim como isso alcançou tal configuração, mas creio que, mais do que discussões conceituais (como demonstra sobejamente Balint (1948)) sobre quais seriam os processos psíquicos implicados em cada modalidade de trabalho, um fator decisivo para tal desfecho foram as avaliações práticas no seio das instituições psicanalíticas, lidando com grande expansão de seus membros e com cada vez mais procura por parte de novos pacientes. Procuramos, como citado, simplesmente ressaltar que o que passou a ser concebido como prática de supervisão foi profundamente influenciado pela história da construção das sociedades de psicanálise em todo o mundo – ao menos até os anos de 1960.

O reflexion process *e o* sonhar conduzido

Deixemos agora de lado, como uma sombra que define o que podemos ver, as relações entre análise pessoal do analista e sua supervisão. Nosso foco agora será aquilatar as relações entre a análise conduzida pelo supervisionado e o que se passa no dispositivo de supervisão. Discutirei brevemente uma interessante sugestão de Searles (1955/1965) sobre o que ele denominou de "*reflexion process*". Analista bastante sensível à dimensão da intersubjetividade, Searles percebeu que, numa supervisão, determinadas situações podem ser o reflexo, de modo atenuado, dos impasses vividos pelo supervisionado e por seu paciente. Nas suas palavras:

> *Mas quando o supervisor se encontra, ele mesmo, experimentando alguma emoção durante a hora de supervisão, ele deve estar alerta não só para a possibilidade da fonte de sua emoção residir no seu passado reprimido, neste caso significando que ele está experimentando uma reação clássica de contratransferência com o terapeuta; ele deve estar alerta também para a possibilidade da*

> *fonte de sua emoção residir na relação terapeuta [supervisionado]-paciente e, basicamente, no paciente ele mesmo (Searles, 1955/1965, p. 159).*

Ele continua na mesma página: "Se esta última possibilidade é percebida como sendo o caso, podemos dizer que a emoção do supervisor é o *reflexo* de algo que estava ocorrendo na relação terapeuta-paciente e, em última instância, no paciente" (Searles, p. 159, tradução minha).

Esse *reflexion process* é uma dentre várias outras possibilidades de atravessamento envolvidas na relação supervisor/supervisionado, entretanto ela ilumina de modo ímpar a circularidade das dimensões inconscientes que dizem respeito à clínica. O supervisor, nessa visada, passa a fazer parte da cena analítica de seu supervisionado. Desse modo, não será só a subjetividade do analista que estará em jogo nessa visão ampliada do exercício clínico. A subjetividade do supervisor também será um fator decisivo para as possibilidades de intervenção da dupla. Caberá ao supervisor aumentar sua capacidade empática e se tornar receptivo aos apelos que derivam de cada situação clínica. Searles nos fornece inúmeros exemplos desse processo atuando nas situações por ele supervisionadas. Um manejo cuidadoso sobressai do seu testemunho. Em sua abordagem, não se tratava de interpretar ou de sequer indicar ao supervisionado a existência dessa situação em espelho entre as duas duplas. O mais importante era permanecer atento a essa possibilidade indicada por certas emoções do supervisor durante a supervisão e responder a elas como se fosse um instrumento de trabalho. Era princeps oferecer um ambiente, na supervisão, que se articulasse com os principais anseios pertinentes ao caso em questão, os quais o analista replicava inconscientemente com seu supervisor. É importante notar que essa replicação se dava de modo atenuado e com importantes deslocamentos. O objetivo do supervisor ao notá-la em sua própria carne era simplesmente desobstruir o caminho para a escuta e facilitar a continuidade do processo analítico dos pacientes, alvo principal da supervisão. A percepção de defesas estabilizadas no relato de situações repetitivas, por parte do supervisionado, com eco defensivo no supervisor, indicava, para Searles, a ressonância e a capacidade de difusão do material inconsciente, seja ele, podemos dizer, recalcado, clivado, foracluído ou projetado. A atividade clínica cria novas possibilidades relacionais para quem dela se ocupa. Essa espécie de *reflexividade projetiva* em supervisão seria uma dentre outras.

Assim, Searles complexifica as articulações entre a análise do analista e sua supervisão, fazendo-as rebater sobre a relação analítica do caso supervisionado. Para começar a delinear minha própria opinião a respeito, é importante frisar que o paciente atendido – ou, melhor definindo, o caso trazido para supervisão – se torna o centro em torno do qual a dinâmica da dupla irá se estabelecer. Isso situa de maneira consistente as especificidades dos espaços de supervisão e de análise do analista em suas relações com a análise supervisionada do paciente, questão que examinamos anteriormente. A supervisão, ao contrário da análise do analista, tem o caso trazido como eixo central. Por sua vez, a análise do analista deve seguir o fio de sua associação livre, de forma livre o suficiente para tornar esse espaço o seu próprio caso. A preocupação dos envolvidos nesse processo não pode ser primariamente desviada para qualquer outra necessidade, mesmo que esta diga respeito a algo tão relevante para este analista/paciente quanto sua clínica. Sua clínica comparece em sua análise seguindo as linhas de força de suas associações, de suas defesas e de seus impasses. Mas a atividade clínica dos analistas requer também outras formas de escuta para plasmar a sua efetividade. E essa proposta extremamente sensível de Searles, retomando a centralidade do caso para uma escuta em supervisão, me pareceu um passo decisivo para a retomada do processo analítico intersubjetivo neste dispositivo, que terá como pano de fundo necessário as análises pessoais tanto do supervisionado quanto do supervisor, mas não pode se confundir com ambas. Não precisamos ficar presos no dilema tratar/ensinar/controlar, que tenciona de modo improdutivo esse processo formativo. A supervisão passa a ser um enquadre/processo no qual a situação analítica se dá segundo novos elementos e objetivos. Searles não abre mão de encarar a supervisão como um desdobramento das relações envolvidas no caso em questão, mas seu manejo se dará com base no que ele entende como escuta analítica adaptada a essa nova situação. Não se trata de construir uma segunda análise para o supervisionado. Ao contrário, é importante criar um ambiente de abertura para a invenção e a reinvenção de um estilo pessoal de escuta do supervisionado, a partir da sua desobrigação de seguir um modelo previamente conhecido dado pela clínica do supervisor. Há defesas e barreiras que são próprias ao trabalho de supervisão e estas são a principal matéria-prima desta atividade, e seu manejo é um tema ainda a ser melhor desenvolvido por nossa literatura.

A hipótese de Searles sobre o *reflexion process* foi uma importante contribuição, discutida e problematizada por outros autores. Pitrowski e Kupermann (2021) nos dão um bom panorama sobre a construção do termo *parallel process*, que poderia descrever melhor esta articulação entre supervisão e análise dos sujeitos supervisionados e substituir o *reflection process*, na opinião de alguns. Embora seja uma sugestão relevante e com importantes consequências práticas, é suficiente para nossos objetivos nos mantermos na grade conceitual já examinada. Para avançarmos um pouco mais, convocaremos outro autor bastante atravessado pelo trajeto que nos inspira nessa discussão. Segundo Thomas Ogden, "A psicanálise gerou duas formas de relação que previamente não existiam: a relação analítica e a relação analítica de supervisão" (Ogden, 2009, p. 31). Essas duas formas relacionais têm em comum o fato de serem estratégias de "sonhar conduzido [guided dream(ing)]", e não podemos deixar de notar que Ogden se refere à supervisão como "relação analítica de supervisão". O objetivo de ambas é lidar com os prejuízos experienciais representados pelos "sonhos interrompidos" ou pelos "sonhos não sonhados", sendo o segundo tipo de impasse aquele de mais graves consequências. Assim, o objetivo fundamental de uma supervisão é construir ou reconstruir a capacidade de analista e supervisor sonharem aquilo que não está podendo ser sonhado na análise do paciente. Mas Ogden faz uma indagação fundamental: quem é o paciente que está sendo trazido para a supervisão?

> *No ato de apresentar um caso em supervisão, o supervisionado "transforma fatos em ficções. É só quando fatos se tornam ficção [que] eles se tornam reais" (Weinstein, 1998). Neste sentido, criar o paciente como uma ficção – "sonhando o paciente" – no enquadre da supervisão representa o esforço combinado do analista e do supervisor para dar vida, na supervisão, àquilo que é verdadeiro na experiência que está ocorrendo nos níveis consciente, pré-consciente e inconsciente da relação analítica (Ogden, 2009, p. 34, tradução minha).*

Ogden cita Searles em mais de uma ocasião como inspiração para sua própria visão acerca do que seja uma supervisão. Chega a descrever uma sessão de supervisão entre ambos ocorrida quando ele era mais jovem. Sua contribuição será balizada por muitas de suas outras ideias, como sua visada particular sobre a *rêverie* do analista e sua versão para a intersubjetividade caracterizada pela noção de *terceiro analítico intersubjetivo*. A supervisão como forma de "sonhar conduzido", envolvendo a subjetividade do supervisor como ferramenta para dar possibilidade de expressão a sonhos que foram defensivamente interrompidos ou que nunca puderam ser sonhados na relação analítica, fornece maior amplitude para caracterizar o trânsito entre a análise do paciente e sua ficcionalização na supervisão. O interesse de uma supervisão é se aproximar de uma experiência, e não treinar nem controlar. E, especialmente, criar um campo de abertura e experimentação com vistas a reproduzir de modo deslocado, atenuado ou subvertido a verdade de um impasse clínico vivido pelo supervisionado. Do mesmo modo como uma análise jamais pode prescindir da transferência para seguir em frente com seus desafios, numa supervisão a dupla precisará experimentar em seu próprio terreno relacional os apelos, os afetos e os impasses que se correlacionam com o caso construído. Se uma supervisão não puder proporcionar alguma forma de transformação nesta problemática que define a verdade ficcional do que lhe é endereçado, muitas coisas poderão ocorrer neste espaço, mas serão algo distinto daquilo que une os objetivos da análise e da supervisão neste modelo de sonhar proposto por Ogden.

A supervisão em grupo

Irei agora dar um grande giro na argumentação e examinar, rapidamente, outros contextos práticos de supervisão a fim de dar o exemplo de dispositivo de supervisão do NEPECC. Em função de motivos diversos, algumas modalidades de supervisão em grupo encontraram seu lugar na formação de psicanalistas, bem como na construção de novas possibilidades de refletir e sonhar a experiência psicanalítica. Os motivos para tal são os mais variados, incluindo dificuldades financeiras de jovens analistas para pagar uma supervisão individual; início de contato com a clínica psicanalítica em serviços de psicologia aplicada; a formação de grupos de psicanalistas baseados em modelos mais horizontais de discussão em coletivo; a percepção de maior afinidade entre certos tipos de clínica e a formação de equipes, como ocorre no atendimento de sujeitos psicóticos; a supervisão em grupos de pesquisa; enfim, a lista citada está longe de esgotar todas as possibilidades de supervisão em grupo envolvendo psicanalistas. Meu objetivo agora será afunilar a argumentação com vistas a articular três aspectos centrais: a supervisão em grupo, a afinidade desta modalidade de supervisão com certos tipos de psicopatologia, e sua possibilidade de fomentar nos psicanalistas novas potencialidades empáticas. Tudo o que será exposto só encontrará um resultado argumentativo satisfatório se a supervisão como um *dispositivo analisante* – em articulação com a análise do analista, seja ele o supervisor ou o supervisionado – ficar suficientemente perceptível para o leitor.

Retornemos ao trabalho seminal de Searles. O autor descreve um dispositivo grupal de supervisão, denominado "seminário", que se constituiu como um trabalho de pesquisa envolvendo outros cinco psicanalistas em torno de atendimentos a um paciente esquizofrênico internado, a cargo de um deles. Será importante trazer as próprias considerações do autor para aquilatar a qualidade dessa experiência:

> *Ficamos impressionados não apenas com a influência do seminário na relação terapêutica (uma influência que se mostrou claramente benéfica), mas também com a influência decisiva exercida pelo modo corrente de como a relação entre paciente e terapeuta exerceu algum efeito sobre o vínculo entre os membros do seminário. A influência nesta direção foi efetiva, aparentemente, tanto pelas comunicações verbais quanto não verbais do terapeuta dirigidas a nós e, muito importante, pela nossa escuta das vozes carregadas de afeto das gravações [as*

> *sessões eram gravadas]. O mais impressionante de tudo foi a capacidade de um paciente esquizofrênico, cuja ansiedade era geralmente muito mais intensa que a nossa, ter influenciado o funcionamento do terapeuta e, deste modo, as nossas relações dentro do grupo (Searles, 1955/1965, p.168, tradução minha).*

O objetivo de Searles era claramente demonstrar a presença do *reflexion process* nas supervisões em grupo. Ele fornece exemplos bastante convincentes nessa direção. São demonstrados os efeitos que determinadas sessões do paciente tiveram sobre o grupo no segundo ano do seminário, bem como as consequências que a elaboração do grupo acarretou sobre a relação terapêutica e, consequentemente, sobre a vida do paciente. Dois aspectos interligados que nos interessam foram pouco explorados: a especificidade do *reflexion process* em certas formas de psicopatologia; e as potencialidades de um grupo de supervisão para elaborar certos destinos específicos de trauma e de sofrimento.

Cabe ressaltar que o capítulo do qual se extraiu essas considerações sobre a supervisão está incluído num livro de Searles sobre a clínica psicanalítica com psicóticos, especialmente com esquizofrênicos. Grande parte dos exemplos sobre o *reflexion process* é referida, seja em sua prática individual de supervisão, seja no *seminário*, aos desafios terapêuticos frente a essas configurações subjetivas. Estou longe de afirmar a especificidade de sua proposta como restrita à clínica da psicose. Pelo contrário, esse tipo de desafio analítico, a meu ver, apenas explicitou com mais clareza as afinidades entre duas modalidades de relação inventadas pela psicanálise, plasmada pelo seu conceito de *reflexion process*. Os efeitos de um grupo de supervisão, ou de uma discussão de equipe, sobre o que se passa em torno de um paciente psicótico são muito visíveis para todos os profissionais que se dedicam a este tipo de clínica, incluindo o autor do presente capítulo. Jean Oury (2009), com sua proposição do *coletivo como máquina abstrata para o tratamento da psicose*, nos apresenta várias situações em que processos análogos ao *reflexion process* comparecem. Podemos depreender a existência de uma particularidade concernindo situações clínicas de maior gravidade, com borramento de certas fronteiras intersubjetivas ou com clivagens significativas, e suas possibilidade de escuta pela supervisão em grupo. É possível que um grupo suficientemente receptivo, sensível à dimensão contratransferencial de seus membros e com alguma capacidade reflexiva comum, traga novas possibilidades de lidar com certos casos. Não podemos menosprezar as potencialidades de encenação e de produção de figurabilidade, de contenção para certos tipos de angústias e de capacidade de atenuação para processos vividos em uma situação terapêutica quando um grupo de supervisão escuta um analista em situação de impasse clínico.

Nos parágrafos anteriores, apontei para a afinidade entre o dispositivo grupal de supervisão e certas formas de psicopatologia. Também indiquei alguns possíveis efeitos desse enquadre para a situação clínica sob supervisão e para o paciente atendido em particular. Antes, porém, de passar para a descrição do nosso dispositivo grupal específico, preciso apontar para outro aspecto decisivo. Me refiro à hipótese do pertencimento a um grupo de supervisão poder fomentar nos psicanalistas em questão novas possibilidades de escuta empática. Ou seja, sugiro que pertencer a um grupo de supervisão pode contribuir para os analistas suportarem melhor a parcialidade e as formas de dependência que a situação grupal fomenta. Para tal, todavia, uma supervisão em grupo não pode ter o seu funcionamento caracterizado como uma soma de individualidades descontínuas – cada analista se considerando possuidor ou condutor imaginário do seu caso –, como não raro acontece. Um grupo capaz de expandir suas potencialidades, contribuindo para o *vir a ser analista* de seus membros, deveria ser, de algum modo, um grupo que se organiza como uma equipe. A constituição de uma equipe é caracterizada por uma solidariedade interna a determinados valores e pela aceitação dos papéis plasticamente móveis dos seus membros. O objeto do trabalho de uma equipe de supervisão não são os atendimentos a sujeitos isolados, descritos de modo neutro, sem levar em consideração o seu próprio funcionamento coletivo. Pelo contrário, uma equipe deve cuidar de todas as relações envolvidas no enquadre por ela construído. O *seminário* descrito por Searles tem todas as características de um trabalho em equipe. Não à toa, a liberdade de refletir sobre os avatares da relação analítica ali examinada transformava produtivamente as relações do grupo e iluminava aspectos centrais da condução clínica. Feitas essas considerações, passo à descrição de nossa supervisão em grupo. Espero que o leitor possa reconhecer nela grande parte das preocupações explicitadas anteriormente, ao longo do capítulo.

O NEPECC e os desafios da supervisão em uma clínica partilhada

Como o leitor tomou ciência nos capítulos anteriores, em nossas pesquisas clínicas há sujeitos atendidos sob a nossa responsabilidade. E tal responsabilidade implica supervisão. Diante do número de casos (no máximo doze em cada investigação realizada), do tamanho da equipe e do número de coordenadores, diversos formatos de supervisão poderiam ser instituídos. Um deles, por exemplo, seria dividir a equipe em grupos menores a cargo de um dos coordenadores, cada qual acompanhando diferentes casos. Uma vantagem clara desse modelo seria um grupo menor poder seguir mais de perto e com mais autonomia os casos sob sua responsabilidade. Sem pretender desqualificar uma proposta desse tipo, optamos por outra configuração. Certamente muito mais arriscada, trabalhosa, potencialmente produtora de conflitos e com muitos desafios.

A supervisão dos casos do NEPECC ocorre com toda a equipe e com todos os coordenadores, sempre que o psicanalista de determinado paciente assim o solicitar. Quando não há uma solicitação específica, fazemos rodadas frequentes de atualização clínica. Nossas reuniões são semanais, de modo que as oportunidades de discussão de casos são consideradas suficientes pelos membros da equipe, lembrando que apenas os psicanalistas já graduados e com experiência clínica estão autorizados a prestar os atendimentos. Os coordenadores/supervisores também podem ser acionados em situações de emergência se estas ocorrerem entre as reuniões. Como primeiro ponto de discussão, precisamos justificar essa escolha de supervisão coletiva. Encaramos com muita seriedade a proposta de um dispositivo de supervisão grupal estar, necessariamente, a cargo de uma equipe. Nem todo grupo é uma equipe. O objetivo de uma equipe de supervisão psicanalítica é fomentar uma situação analisante condizente com certos princípios de nossa disciplina já descritos anteriormente. Uma situação analisante tem por característica principal desestabilizar determinadas defesas e vínculos identitários que resistem ao trabalho analítico. Em situações grupais, uma defesa bastante conhecida é exatamente a formação de subgrupos que acabam adquirindo, para seus membros, mais relevância do que o pertencimento ao grupo mais amplo. A rivalidade imaginária de grupo, baseada no conhecido mecanismo do *narcisismo das pequenas diferenças*, impede que a situação analisante prospere. Muitos de nós já tivemos contato com equipes que não se estabeleceram ou se desintegraram em função desse tipo de fenômeno grupal. Desse modo, mesmo com todos os desafios e dificuldades para uma supervisão com equipe tão numerosa, sustentamos este enquadre há vinte anos. Já adianto aqui uma das funções primordiais da supervisão e dos coordenadores desta equipe: estarem sempre atentos para certos fenômenos de grupo comuns neste trabalho. Precisamos desconstruir e problematizar movimentos de resistência grupal aos nossos desafios clínicos.

É necessário definir melhor como se organiza a atividade clínica num contexto como esse. Cada psicanalista da equipe atende seus pacientes no ambulatório de uma universidade pública, após estes terem sido acolhidos pelos coordenadores da equipe numa entrevista inicial. Há dois aspectos a serem ressaltados nesse itinerário. O primeiro diz respeito ao fato de os sujeitos em busca de atendimento terem ciência de que serão acompanhados por uma equipe de pesquisa, assinarem um termo de consentimento e conhecerem os coordenadores. Mesmo que a palavra supervisão não seja pronunciada nesses encontros iniciais, os nossos pacientes sabem que seus futuros analistas fazem parte de uma equipe e, assim, esta equipe se torna, de saída, um componente do trabalho analítico. Tal trabalho, rapidamente, se constitui como o trabalho de uma dupla – como ocorre em outros contextos de tratamento individual –, entretanto, a equipe nunca deixa de ser um elemento do processo ou um componente do enquadre. O segundo aspecto diz respeito à vinculação do psicanalista à equipe. Após a entrevista de acolhimento com os coordenadores, o caso é discutido em conjunto e é escolhido coletivamente um psicanalista para o seu acompanhamento. Desse modo, jamais a expressão "minha clínica" ou "meu paciente" pode ser pronunciada pelos membros da equipe sem que esta seja intensamente problematizada. A clínica que ali ocorre é uma clínica partilhada, desde o início.

Evidentemente, não pretendemos despojar os psicanalistas da sua experiência singular de exercício profissional. Acreditamos na potência de todos os aspectos intrapsíquicos e intersubjetivos vividos, revelados e desvelados em uma análise. Defendemos também a apropriação diferencial dos envolvidos quanto aos elementos em jogo e a sua intransmissibilidade. Ainda assim, o psicanalista do NEPECC que atende seu paciente jamais deixará de ser o componente de um coletivo que o transcende e o qual ele representa. Fazendo, plasticamente, parte desse coletivo de trabalho, ele poderá exercer outras funções para além dos atendimentos que presta. Ele estará bastante familiarizado com os demais casos; participará ativamente de determinadas decisões; terá a estranha sensação de que a clínica do outro é também a sua, em alguma medida; se abrirá para a familiaridade ameaçadora dos outros membros da equipe quanto ao caso por ele atendido e aceitará, não sem resistências, as afetações que o conjunto da clínica daquele dispositivo lhe produzirá.

É importante ressaltar que partilha não é pasteurização ou mistura. A partilha, como sugere Winnicott (1945/2000), é a abertura para um iniciar. Ter uma experiência partilhada não é ter a mesma experiência do outro. Pelo contrário, é a potencialidade para uma experiência na qual as figuras do eu e do outro sofrem um grau produtivo de indeterminação e de borramento de fronteiras. É ao mesmo tempo ligação e desligamento. É o descanso provisório da necessidade de mantermos a posse de algo que nos parecia caro para podermos, momentaneamente, abrir mão de vê-lo como um pedaço do mundo exclusivamente nosso. Em função de tudo aquilo que já foi dito, a clínica partilhada de uma equipe de pesquisa é a reinvenção permanente desta equipe. É a insistência nos laços de dependência que esse dispositivo constitui. É a confiança numa forma de interdependência que nos afeta e nos faz sofrer, mas ao mesmo tempo nos abre para a criação de laços imprevistos e nos relança no permanente movimento de tornar-se analista.

Quais serão os desafios de uma atividade de supervisão nesse dispositivo de clínica partilhada? Passarei a indicar algumas linhas de força que devem ser consideradas para futuras reflexões. O primeiro aspecto diz respeito ao tema da assimetria. Assim como a atividade clínica do psicanalista não pode prescindir da assimetria quanto ao trabalho realizado, creio que uma forma análoga de assimetria é também constitutiva do trabalho de supervisão. É preciso não confundir assimetria com verticalidade ou com hierarquia. Em nossa atividade de supervisão, é cultivada uma assimetria entre a figura dos supervisores/coordenadores e os demais membros da equipe. O que podemos depreender dessa visada? Espera-se dos supervisores/coordenadores uma escuta ampliada para todos os aspectos que envolvam a discussão dos casos em correlação com todas as etapas da pesquisa. Lhes cabe, portanto, a tarefa de fomentar a circulação de ideias e de papéis entre os participantes, incluindo a si mesmos, a fim de que haja uma sintonia mínima entre a experiência clínica dos casos atendidos e nossa vivência grupal. Se levarmos a sério as propostas de Searles e de Ogden, só um grupo suficientemente aberto à recepção de formas extremas de sofrimento terá a capacidade de refletir ou de sonhar uma ficção que representará o trabalho do caso. Trabalho este que dará suporte à situação de impasse vivida pelo analista supervisionado. E cabe aos supervisores/coordenadores a responsabilidade assimétrica de zelar pela permanente abertura desse dispositivo. O fato de estarem na equipe desde o início e acompanharem o seu percurso, em variadas configurações, nesses vinte anos deve lhes permitir perceber determinadas repetições, defesas e impasses. Não se trata, nesse modelo assimétrico, de demonstrar mais experiência e conhecimento, ou de ensinar conceitualmente, ou de controlar de modo superegoico o trabalho dos analistas da equipe. Trata-se, primordialmente, de zelar pela sobrevivência e pela criatividade do trabalho conjunto. Esse zelo é produzido coletivamente – lembramos que há três supervisores atuando simultaneamente, o que requer afinidade e integração entre eles. O outro aspecto a zelar diz respeito a interditar ativamente a submissão da clínica a qualquer aspecto teórico prévio à experiência. A teoria nos informa, mas não pode nos aprisionar.

O segundo ponto a ser melhor investigado diz respeito à ampliação das noções de transferência e de contratransferência nesse formato de cuidado. Vou me permitir negligenciar as importantes distinções entre enquadre e processo, desenvolvidas por Bleger (1967) e Green (1974/1990), para mencionar diferentes níveis de vínculos transferenciais vigentes no tipo de situação clínica que estamos descrevendo. Além do manejo clínico sobre a configuração de transferência que nos é mais familiar – aquela que se refere ao que se passa com a dupla analítica –, percebemos que duas outras formas de vínculo transferencial comparecem no dispositivo clínico do NEPECC.

A primeira é o vínculo constituído com a situação de pesquisa e, consequentemente, com a equipe. Tal vínculo se torna mais visível quando, por algum motivo, como mudança de cidade ou curso no exterior de um analista, a possibilidade de substituição provisória ou definitiva do mesmo é explicitada para o paciente. Ou quando o sujeito atendido toma conhecimento de que participa de uma pesquisa, assinando um termo de consentimento e conhecendo os seus coordenadores. Cada um constrói seu percurso e sua imagem sobre o que seja ser alvo do interesse de uma equipe de pesquisa. Ao longo dos anos, percebemos vínculos transferenciais bastante heterogêneos com esse tipo de situação. Em nossa primeira pesquisa, por exemplo, devido ao tipo clínico com o qual trabalhamos (sujeitos melancólicos e pacientes com Lúpus), uma espécie de função atributiva, derivada do olhar suposto da equipe, contribuiu para a estabilização de funções narcísicas em estado de precariedade nesta clientela. Em nossa segunda pesquisa, por outro lado, a experiência ansiosa de transparência psíquica por parte de sujeitos tímidos favorecia, no vínculo com a equipe, defesas paranoides em alguns e expressões francamente exibicionistas em outros. Cabe à atividade de supervisão suportar a reflexividade quanto a um assunto pouco estudado pelos psicanalistas – e, especialmente, contribuir para que a equipe seja afetada, reaja e reflita sobre o que é ser um *analista em situação de pesquisa.*

Outro tipo de vínculo transferencial bastante ruidoso em nossos atendimentos é aquele relacionado à Universidade Federal do Rio de Janeiro (UFRJ), em função da situação de pesquisa por um lado, e à instituição onde ocorrem os tratamentos, por outro. É importante lembrar que muitos dos sujeitos foram, antes de iniciarem tratamento conosco, atendidos por outros serviços. Em nossa primeira pesquisa, as pacientes lúpicas foram encaminhadas pelo serviço de colagenoses do Hospital Universitário Clementino Fraga Filho (HUCFF)/(UFRJ) e as pacientes melancólicas, pelo ambulatório do IPUB. Em nossa segunda pesquisa, os pacientes foram encaminhados pela Divisão de Psicologia Aplicada Profa. Isabel Adrados (DPA)/(IP-UFRJ) e pelo ambulatório do IPUB. Nesta terceira pesquisa, os atendimentos ocorrem num ambulatório público vinculado ao SUS e este cenário institucional específico participa diretamente do enquadre construído. Foi e é muito comum que os sujeitos de nossas pesquisas frequentem consultas psiquiátricas no mesmo local, e esse itinerário terapêutico se torna parte integrante do trabalho analítico. Em algumas situações, percebemos que o vínculo com a instituição é decisivo para o desfecho de problemáticas limite. Risco grave de suicídio levando à mobilização institucional, conflitos entre as equipes de cuidado gerando diferentes abordagens na condução dos casos, problemas estruturais no espaço físico do ambulatório, faltas eventuais de salas, fazendo com que certos atendimentos já tenham ocorrido no pátio da instituição, tudo isso carrega a instituição para dentro do tratamento analítico. É muito interessante perceber quão heterogêneo têm sido os vínculos de nossos analisantes com o ambiente institucional. Cada um deles cria ligações de suporte, de desamparo, de apelo, de necessidade, de queixa e de muitos outros tipos com esse ser tão abstrato e tão concreto, ao mesmo tempo, denominado instituição. A supervisão/coordenação do NEPECC, além da escuta atenta a esse elemento clínico, também costuma desempenhar papéis adicionais. O primeiro é muitas vezes encarnar a instituição tanto para os pacientes quanto para seus analistas e para a equipe. O segundo é trabalhar ativamente para desobstruir problemas no itinerário terapêutico dos pacientes. Podemos dar dois exemplos: como um dos supervisores é psiquiatra, é comum que ele faça a mediação com as equipes médicas que também tratam dos pacientes, discuta com elas certas situações, tenha facilitado a obtenção de receitas durante a pandemia, entre outras atribuições. Como segundo exemplo, mais de uma vez os supervisores/coordenadores realizaram novas entrevistas com os sujeitos da pesquisa para definir a continuidade de seus tratamentos com outro psicanalista da equipe, quando necessário, ou lidar com certos impasses clínicos, se isto foi indicado em supervisão.

Nos parece bastante claro que esses dois tipos de vínculo discutidos, a transferência com a situação de pesquisa e a transferência com a instituição, intensificam também vários vetores contratransferenciais, os quais não teremos a oportunidade de desenvolver. Sugerimos com veemência que a contratransferência com a situação de pesquisa e com a instituição são um aspecto difícil de manejar em nossas supervisões. As discussões de caso com um grupo grande e heterogêneo – típica da situação de pesquisa – e os impasses institucionais, tudo isso afeta a equipe e mobiliza o cuidado permanente por parte da *função supervisão*.

Para concluir, diremos algumas palavras sobre a articulação entre os casos atendidos e nossos movimentos grupais. Notamos a necessidade de um esforço muito grande para dirigir nossa atenção aos efeitos da situação clínica em foco sobre as relações entre os membros da equipe ou sobre respostas uníssonas de grupo.

Estamos muito habituados a discutir casos, em outros ambientes, separando a conversa e o contexto em que esta conversa se dá. E essa separação, focando no "lá e então" e não no "aqui e agora", é uma defesa contra a emergência de certos materiais e, especialmente, de certas emoções.

Se acreditarmos na hipótese do *reflection process*, devemos estar abertos para modificações dinâmicas de grupo intrínsecas às experiências expressas pelo caso trazido para supervisão. A fim de dar vida a esse trecho escrito, darei dois exemplos retirados do mesmo caso supervisionado (Capítulo 7), em dois momentos distintos. Os fatos trazidos já foram objeto de discussão no referido capítulo, mas irei agora apresentá-los sob a ótica da supervisão. Uma analista, reconhecida pela equipe como uma profissional muito cuidadosa e experiente, iniciou o relato do seu caso com grande expressão de angústia, acompanhada de silêncio prolongado. Parecia estar procurando palavras e não as encontrava. Quanto mais o tempo passava, nós, que acompanhávamos o ocorrido, ficávamos invadidos por uma sensação de estranheza, cada um a seu modo. É importante frisar que essa cena interrompeu bruscamente um ambiente de balbúrdia e descontração que costumava anteceder nossos encontros, no formato presencial pré-pandêmico. Tratava-se de uma das primeiras supervisões desse caso e, em certo momento, a analista pareceu desistir de procurar palavras que não encontrava para proferir algo, mais ou menos assim: "gente, estou me sentindo mal, não consigo me lembrar de nada do que ia falar. Por mais que já tenha anotado as sessões e as minhas impressões, não consigo me lembrar de nada do que eu ia falar de minha paciente. Isto nunca me aconteceu". Após alguns minutos de perplexidade, para em seguida buscar sintonia com este sofrimento e inventar um ambiente propício para pensar este relato, o grupo foi diretamente transportado para o cerne dos impasses relacionais da paciente em questão. O caso dizia respeito a uma mulher com compulsão de checagem, caracterizada pela procura desesperada, entre frestas e vãos, de algo que ela teria perdido, sem conseguir definir mais nada sobre o que seria tal perda. Seu cotidiano era dominado por esse imperativo ritualístico, que tinha na ânsia de encontrar algo perdido o seu ponto de partida e na decepção e na dúvida o seu ponto de chegada. O fato de o caso já ter sido apresentado antes pelos supervisores, que realizaram a primeira entrevista, e pela própria analista fez com que o grupo pudesse procurar pelo relato perdido, de uma maneira que a dupla analítica não havia conseguido em seus encontros iniciais. Um trabalho de colagem posto em marcha pela equipe, trazendo fragmentos coletivamente construídos de lembranças do caso já discutidos, fez com que pudéssemos articular o sintoma compulsivo da paciente com o esquecimento da analista na supervisão. Foi especialmente focalizado o modo como a analista estava sendo afetada pela experiência da *perda de certeza de si* da paciente e como a equipe experimentou, de forma atenuada, essa mesma forma de sofrimento. A interdependência, caracterizada por esse trabalho de colagem de lembranças, criando uma espécie de "mente comum provisória", pôde ser vivida de forma menos ameaçadora pelos participantes, e isto foi produtivo para o andamento do caso. O trabalho interpretativo, articulando a experiência aterrorizante de uma perda que não pode ser localizada ou conhecida, vivida pela paciente, a uma perda de memória, vivida pela analista em seu endereçamento à equipe, só foi possível depois desta vivência coletiva. Um enigma começou a ser construído e certas questões começaram a se desdobrar. Mas isso só ocorreu quando já estávamos todos na mesma paisagem.

A mesma analista, tempos depois, quando o caso já apresentava outra configuração e a vida da paciente girava menos em torno de seus rituais, fez um relato que resumirei brevemente. Segundo ela, a paciente estava adquirindo mais independência e capacidade de criar vínculos sociais, especialmente no que tange ao seu trabalho. A analista descreveu então, de forma pormenorizada, como se estivéssemos num teatro ou assistindo a uma série televisiva, os percalços de seus *quase sucessos* em participar de seleções de trabalho ou de cursos. Pela expressão da analista enquanto falava, percebíamos que algo a aturdia, mas a expectativa de um desfecho favorável quantos aos fatos descritos nos enebriava. Fomos tomados, e de modo impressionante este foi um acontecimento grupal em uníssono, como espectadores de uma história que repentinamente se tornara linear. Estávamos diante de uma heroína lutando contra forças poderosas que com o auxílio de sua analista – e, portanto, com a nossa participação, poderia encontrar algo que sempre buscara. Percebíamo-nos, a todos, torcendo pela nossa protagonista, até que a decepção nos pegou de surpresa. No último momento antes de uma entrevista de trabalho na qual a paciente depositara, com perspectivas aparentemente realistas, esperanças de crescimento e sucesso, ela encontrou uma maneira de não comparecer. Um esquecimento, um engano ou outros impasses se repetiam em sua vida diante dessas possibilidades. E quando sua analista nos contou, de modo condensado, algo que ela experimentou de modo mais difuso em várias sessões com sua paciente, percebemos que o enigma de um "efeito torcida" se difundia no trânsito entre esta supervisão e esta análise. Que torcida era essa? Quais resistências ela colocava em marcha? Que lugar analista e equipe ocupavam nessa montagem? Enfrentar essas questões, partindo de certas emoções sentidas pelo grupo durante a supervisão, foi um aspecto fulcral desse desafio clínico.

Palavras finais

Termino este capítulo com a sensação de ter sido aberta apenas uma janela que ainda não permite muita visibilidade para seu entorno. Seja porque ainda está cedo ou já é tarde e a luz é fraca, seja pela intensa nebulosidade interferindo no que se vê.

A heterogeneidade de concepções sobre o dispositivo da supervisão, seu papel mutável na história do movimento psicanalítico e suas especificidades relacionadas com a clínica à qual se dirige fazem com que este tema exija grande investimento futuro da comunidade psicanalítica. Sublinho, enfaticamente, que estratégias grupais de supervisão, não só no exemplo que descrevemos, podem se tornar um campo profícuo de investigação e de intervenção com vistas a fomentar uma abertura permanente para o fazer clínico dos analistas. Creio também que é importante discutir os processos de supervisão levando em consideração nossa própria análise pessoal e os efeitos da cena supervisionada sobre a condução dos casos construídos.

Referências

Abraham, K. (1911/1970). Notas sobre as investigações e o tratamento psicoanalítico da psicose maníaco-depressiva e estados afins. In K. Abrahan, *Teoria psicanalítica da libido: sobre o caráter e o desenvolvimento da libido*. Imago.

Balint, M. (1948). On the psycho-analytic training system. *The International Journal of Psychoanalysis, 29*, 163-173.

Bleger, J. (1967). Psicanálises del encuadre psicoanalítico. In J. Bleger, *Simbiosis y ambigüedad: estúdio psicoanalítico* (pp. 237-250). Paidós.

Danto, E. (2019). *As clínicas públicas de Freud: psicanálise e justiça social, 1918-1938*. Perspectiva.

Deutsch, H. (1942). Some forms of emotional disturbance and their relationship to schizophrenia. *Psychoanalytic Quarterly, 11*, 301-321.

Ferenczi, S. (1927/1992). O problema do fim da análise. In S. Ferenczi, *Obras completas* (Psicanálise IV). Martins Fontes.

Ferenczi, S. (1931/1992). Análises de crianças com adultos. In S. Ferenczi, *Obras completas* (Psicanálise IV, pp. 69-83). Martins Fontes.

Ferenczi, S. (1933/1992). Confusão de língua entre os adultos e a criança. In S. Ferenczi, *Obras completas* (Psicanálise IV, pp. 97-106.). Martins Fontes.

Green, A. (1974/1990). El analista, la simbolización y la ausencia en el encuadre psicoanalítico. In A. Green, *De locuras privadas.* Amorrortu Editores.

Kovács, V. (1936). Training and control-analysis. *International Journal of Psychoanalysis, 17*, 346-354.

Leader, D. (2010). Some thoughts on supervision. *British Journal of Psychoterapy, 26*(2), 228-241.

Ogden, T. (2009). On psychoanalytic supervision. In T. Ogden, *Rediscovering psychoanalysis* (pp. 31-50). Routledge.

Oury, J. (2009). *O coletivo*. Hucitec.

Pitrowsky, L. T. & Kupermann, D. (2021, set.). A supervisão e a transmissão do estilo empático na clínica psicanalítica. *Rev. Latinoam. Psicopat. Fund., 24*(3), 575-596.

Searles, H. (1965/1955). The informational value of the supervisor's emotional experiences. In H. Searles, *Collected papers on schizophrenia and related subjects* (pp. 157-176). Int. Univ. Press.

Verztman, J. S., Pinheiro, T., Saceanu, P., & Viana, D. A. (2006). Patologias narcísicas e doenças auto-imunes: discussão da metodologia de pesquisa. *Revista Latinoamericana de Psicopatologia Fundamental, IX*, 647-667.

Verztman, J. S. (2013). Estudo psicanalítico de casos clínicos múltiplos. In A. M. Nicolaci-da-Costa, A. M. & D. Romão Dias (Orgs.), *Qualidade faz diferença: métodos qualitativos para a pesquisa em psicologia e áreas afins* (Vol. 1, pp. 67-92). Loyola.

Verztman, J. S. & Viana, D. A. (2014). Reflexões sobre uma ferramenta metodológica para a pesquisa clínica em psicanálise. In R. Herzog & F. Pacheco Ferreira (Orgs.), *De Édipo a Narciso: a clínica e seus dispositivos* (Vol. 1, pp. 130-148). Cia de Freud.

Winnicott, D. W. (1945/2000). O desenvolvimento emocional primitivo. In D. W. Winnicott, *Da pediatria à psicanálise.* Imago.

Winnicott, D. W. (1950-1955/1978). Agressão e sua relação com o desenvolvimento emocional. In D. W. Winnicott (Org.), *Textos selecionados: da pediatria à psicanálise* (pp. 355-374). Francisco Alves.

9. De Narciso a Sísifo: um panorama de casos heterogêneos de compulsão

Bárbara Andrade
Diego Sanzana
Regina Herzog

Introdução

O itinerário da pesquisa desenvolvida pelo NEPECC e apresentado neste livro visa abordar os traços específicos do sofrimento compulsivo na atualidade. Para tanto, o presente capítulo propõe desenvolver um panorama em conjunto dos casos atendidos, com base em dois eixos privilegiados de análise: (1) o papel e a função do sintoma; (2) a técnica, o manejo e a direção do tratamento. Contudo, é preciso salientar que não se trata de estabelecer uma comparação entre os casos, mas sim de colocar os casos lado a lado de forma a nos sensibilizar para outros modos possíveis de aproximação do fenômeno compulsivo. A partir dessa perspectiva, buscaremos analisar, no conjunto dos casos, os elementos em comum que possivelmente atravessam os vários atendimentos, tanto em relação ao papel do sintoma quanto à questão da técnica.

O percurso a ser aqui desenvolvido pretende, de início, trazer à cena duas figuras mitológicas, a de Narciso e a de Sísifo, para com elas analisar algumas nuances teóricas e clínicas presentes no atendimento de sujeitos cujo modo de sofrimento psíquico articula-se a uma sintomatologia compulsiva. Como sabemos, ambos os mitos já foram explorados de inúmeras formas por meio das mais diversas elaborações, por exemplo, em Freud (1914/1995) e Camus (1942/2021). A tarefa que nos propomos realizar é, assim, a de pensar de que forma Narciso e Sísifo podem se revelar como figuras paradigmáticas para a compreensão do sintoma compulsivo contemporâneo.

Todavia, se, por um lado, a literatura psicanalítica já se serviu inúmeras vezes do mito de Narciso para pensar a especificidade do sofrimento contemporâneo, o que por certo dispensa maiores apresentações, em contrapartida, Sísifo vai exigir uma leitura mais detida, a fim de extrair deste mito alguns desdobramentos capazes de ampliar nossa discussão sobre a temática da compulsão.

A parte mais conhecida do mito de Sísifo trata do castigo que lhe foi imposto pelos Infernos: condenado a empurrar uma grande pedra até o cume de uma montanha, ele nunca conseguia cumprir o castigo, pois o bloco voltava sempre a cair, o que o obrigava a repetir a tarefa, em um trabalho que se revelava infindável. O motivo que teria levado Sísifo a receber um castigo tão torturante não se restringe a uma única versão; os mitógrafos antigos divergem quanto a isso. No entanto, a versão – trazida aqui de forma bastante resumida – que nos interessa destacar, por suas articulações com nosso tema de pesquisa, é a de que Sísifo teria denunciado Zeus ao deus do rio Asopo como responsável pelo rapto de sua filha. Zeus, enfurecido por essa delação, ordenou que Thanatos, a Morte, levasse Sísifo ao reino dos mortos. Sísifo consegue acorrentar Thanatos e foge, tendo chegado a viver até a velhice antes de ser punido com seu castigo eterno (Brandão, 2010; Kury, 2008; Schmidt, 2015).

O ato de driblar a morte e a submissão ao castigo de um ritual mortífero – de uma morte em vida – são os elementos do mito de Sísifo sublinhados por Estellon (2016) para propor uma aproximação entre essa figura e o sintoma compulsivo. Assim, o ato compulsivo seria entendido como uma tentativa de o sujeito negar, em seu mundo psíquico, angústias de morte, funcionando como mecanismo de defesa que o leva, paradoxalmente, a uma punição mortificante, ocupando-se ininterruptamente de um ritual ao qual se sente coagido a repetir.

Na clínica com pacientes compulsivos, nos confrontamos com uma modalidade de repetição da qual o sujeito não consegue se desprender. A figura de Sísifo parece ilustrar bem esse espectro do sujeito condenado e escravizado pelo sintoma. A insígnia de "escravo da morte" conferida por Estellon (2016, p. 2) ao sujeito que sofre pela submissão a um ato compulsivo incontrolável é um dos eixos de análise que pretendemos aprofundar em nossa discussão. A partir desse parâmetro, a mortificação da vida se apresenta como um modo central de funcionamento psíquico dos sujeitos que compõem o nosso material clínico, mortificação que se manifesta tanto na relação consigo mesmo como em sua relação com o mundo – posição subjetiva cujas tramas buscaremos desenredar.

Somando-se à questão da mortificação em vida, vale destacar aqui outros matizes a serem considerados na problemática compulsiva. Nossa hipótese inicial de pesquisa era a de que, na clínica da compulsão, deveríamos estar atentos para a presença de desequilíbrios narcísicos que remeteriam a impasses precoces na constituição do Eu (Verztman et al., 2016). Finalizado o percurso de pesquisa, podemos afirmar que o material clínico veio confirmar a validade de tais conjecturas.

Ao mapear as proposições apresentadas nos capítulos anteriores, é possível notar alguma complementaridade entre as hipóteses levantadas, notadamente com respeito à função do sintoma compulsivo em cada caso. Seja ao pensar a compulsão como tentativa (ainda que fracassada) de estabilizar o Eu, seja ao propor uma função autocalmante para o sintoma como forma de evitar afetos ou pensamentos desorganizadores ou, ainda, como garantia de uma continuidade na experiência de si – todas essas formulações remetem à ideia de uma íntima articulação entre sintoma compulsivo e sofrimento narcísico. Nessa perspectiva, o sintoma compulsivo seria entendido como um modo de lidar psiquicamente com fragilidades precoces relacionadas à experiência de si mesmo – por intermédio de formações sintomáticas que garantiriam minimamente alguma estabilidade ao Eu.

Sendo assim, poderíamos compor uma cena fictícia em que o sujeito compulsivo reuniria Sísifo e Narciso em uma mesma personagem, como sugere Estellon (2016) – personagem cujo corpo é recrutado até a exaustão, condenado ao suplício de uma repetição sem fim, em uma tentativa de minimizar o sofrimento psíquico de um Eu estilhaçado.

Esse quadro explicita uma função do sintoma compulsivo verificado em nossa clínica – um dos eixos de análise que pretendemos trabalhar neste artigo. O outro eixo, conforme já indicado, refere-se à questão da técnica. Ambos os eixos de análise conduzem a desenvolver a discussão dando especial ênfase a algumas categorias que se destacaram ao longo da pesquisa clínica. No âmbito do sintoma, caberá analisar: (1) a posição subjetiva que expressa uma forma de mortificação da vida; (2) a substituição do binômio pensamento-ação, própria ao modelo da neurose obsessiva, por um modelo de compulsão desvinculado de um pensamento obsessivo; (3) o aspecto sensorial do sintoma; e (4) a experiência de estranhamento narcísico. Já no que diz respeito à especificidade da técnica, vamos nos debruçar sobre: (1) a questão da resistência do analista, que se manifesta em seu estranhamento com relação ao paciente; e (2) a clínica caracterizada por ataques ao enquadre e a direção do tratamento visando à criação e manutenção de um enquadre estável.

A função do sintoma

O martírio e a redenção no agir

Feita essa apresentação das categorias centrais a serem analisadas, comecemos por aprofundar uma discussão sobre a questão da mortificação da vida observada no material clínico. De saída, é preciso esclarecer a que estamos nos referindo com essa questão. *Grosso modo*, essa ideia traz um contraponto à dimensão de continuidade de ser (Winnicott, 1945/2000). Isto é, trata-se de estados que comprometem a experiência de estar vivo. Pensamos aqui, com Ogden (2013, 2014), na ideia de que estar vivo é estar constantemente em processo de fazer coisas próprias, "sejam pensamentos, sentimentos ou movimentos corporais, percepções" (Ogden, 2014, p. 142). A proposição básica com a qual estabelecemos nossa conceituação decorre da constatação de que, nas situações de mortificação, haveria um constrangimento das potencialidades vitais de afirmação da vida. Tal aspecto se manifestou como elemento comum no funcionamento psíquico dos sujeitos de nossa pesquisa. Nesse sentido, quando nos referimos à questão da mortificação da vida, como também a seus correlatos – por exemplo, sensações de vazio, angústias de despersonalização, sentimentos de desvitalização, de futilidade, inautenticidade, estagnação, entre outras vivências de morte psíquica – estamos nos referindo, sobretudo, à dimensão de uma limitação da capacidade pessoal de se sentir plenamente vivo. A limitação dessa capacidade é algo que perpassa todos nós, em graus bastante variáveis. Contudo, apesar de ser uma dimensão comum a todos os sujeitos, apresenta-se como uma qualidade da experiência de si particularmente ativa e intensificada nos sujeitos desta pesquisa.

Tais aspectos se refletem tanto na maneira com que o sujeito se relaciona com o mundo, quanto no contexto propriamente analítico. A tentativa de transformar a análise em um espaço morto é bem conhecida como expressão de um estilo subjetivo próximo à neurose obsessiva, de forma que o paciente "aprende" rapidamente o modo de funcionamento do ritual psicanalítico e a análise se torna muito previsível. No entanto, percebemos que tal dimensão assumiu outros contornos ao longo da pesquisa, o que nos remete à indagação: Qual estatuto dessa mortificação nos casos aqui trabalhados? Como articular esse aspecto com a sintomatologia compulsiva? E mais: de que maneira esse aspecto se evidencia nos casos? Isto é, na sintomatologia apresentada por esses sujeitos – compulsão de checagem, rituais penitenciais, ideação de morte, compulsões de limpeza, tendência à impulsividade –, como se expressa mais propriamente essa mortificação?

Retomando o caso clínico de Fátima, cabe lembrar que a vida dessa paciente – assim como uma longa etapa inicial do tratamento – é marcada, de forma central, pela submissão a um ritual mortificante de limpeza claramente associado à necessidade de negar o contato com vivências relacionadas à morte e ao luto. Talvez essa seja uma das pacientes da pesquisa cuja sintomatologia a leva a se entregar, de forma mais paradigmática, a uma posição subjetiva que expressa algo próximo de "uma morte em vida". A paciente se entrega à tarefa de lavar e esfregar as "sujeiras" de sua casa e de seus familiares até a mais completa exaustão, sempre que se encontra na iminência de situações que exigem dela entrar em contato com o tema da morte. Nesse caso, as "sujeiras" que ela precisava a todo custo evitar não têm qualquer relação com a evitação do desejo, isto é, de ideias incompatíveis ligadas ao sexual, nem mesmo poderiam ser pensadas como manifestação de um retorno do recalcado que exigiria lançar mão de medidas protetivas com função de anulação – dinâmica psíquica própria ao modelo da neurose obsessiva clássica.

Ao contrário, o arranjo sintomático dessa paciente parece colocar em funcionamento uma defesa desesperada contra afetos cuja intensidade extrema indica bem mais a dimensão de um risco de falência ou desintegração de si. Talvez seja para tal dimensão que aponta Estellon (2016), ao sugerir que os funcionamentos compulsivos colocariam em jogo uma tentativa de "sobreviver a uma angústia extrema ligada ao vazio, ao nada, um sentimento de falta a ser, de impotência frente à potência da vida" (p. 2).

Já no caso de Bia é possível observar que seu sintoma de checagem é marcado pelo temor de ter perdido alguma coisa, o que a leva a procurar por algo que não sabe o que é. A perda a que ela parece estar constantemente referida é a perda da unidade do Eu, e a compulsão representaria uma tentativa de se reapropriar da *certeza de si* (Pinheiro & Viana, 2011). Ela está amarrada à ideia de controle, evitando a todo custo experimentar a sensação de imprevisibilidade inerente à vida. Sendo assim, a paralisia e a mortificação se revelam claramente em sua produção sintomática. A repetição compulsiva de procurar algo perdido trazia de maneira pungente a sensação de que sua vida girava em círculos, de que não tinha força para fazer outro movimento além daquele circuito. Se, por um lado, tal sintoma parecia ser dotado de um potencial estabilizador, auxiliando na certeza de si ao frear angústias intensas, por outro, capturava-a em uma dinâmica exaustiva e infindável, de tal modo que tinha sua vida engessada, com muitas restrições à sua vitalidade. Do ponto de vista do encontro clínico, os relatos eram comumente exasperantes, levando o analista a recorrentes esquecimentos do material das sessões, seguidos por sensações de exaustão e angústia.

Na análise dos fragmentos clínicos do caso Renato, vemos que a dimensão de mortificação da vida se manifestou, sobretudo, nas recorrentes crises e nas vivências de colapso, situações nas quais a questão da morte era constantemente anunciada. A ideação suicida, as vivências de vazio e a sensação de que a vida não vale a pena se colocavam ao longo de todo o percurso da análise. Do mesmo modo, no caso de Ernesto, a experiência psíquica de vazio, além de vivências de despersonalização, eram evitadas por um ritual obsessivo mortificante, cuja função principal, como se observou, visava protegê-lo de angústias de caráter psicótico.

Já para a paciente Aracy, a série de rituais ligados a proibições e precauções às quais se submetia era capaz de produzir, em sua vida cotidiana, efeitos mortificantes. O modo sacrificial de organizar sua própria existência fez com que ela se obrigasse a realizar diversas penitências, um fazer repetitivo cujo corolário foi a criação, para si mesma, de uma vida morta. Trata-se de uma organização subjetiva que dá sinais da presença de um mundo psíquico bastante restrito. É como se a única possibilidade de satisfação estivesse limitada ao sintoma – uma peculiaridade psíquica observada tipicamente no neurótico obsessivo grave (Freud, 1926/1996) –, restringindo sobremaneira a dimensão do prazer e tornando morto o restante de sua vida psíquica. Essa dimensão se apresentava também no âmbito clínico, isto é, ocorria uma obliteração tanto da possibilidade de ação criativa da paciente quanto da liberdade de pensamento do analista no campo transferencial.

O que estamos sugerindo é a ideia de que a compulsão seria uma tentativa de recorrer ao agir como mecanismo de defesa, de modo a encontrar na motilidade compulsiva um meio de evitar ou atenuar uma experiência de si mortificante, isto é, um modo de lidar psiquicamente com experiências angustiantes, intoleráveis ou agonizantes, ainda que se comprometa toda uma dimensão de sua vitalidade. Nesse sentido, o sujeito parece estar privado, em seu mundo psíquico, do movimento de Eros, impossibilitado de ter acesso à dimensão de prazer, aproximando-se de um modo de organização psíquica marcada, segundo Fédida (1991), por um "déficit fundamental do autoerotismo". Trata-se de um impedimento da plasticidade erótica que seria propiciada pelo autoerotismo, o que determinaria a imobilidade psíquica tão característica da compulsão.

Desse modo, a fixidez dos rituais compulsivos pode ser considerada representativa de uma paralisia da potencialidade erótica do sujeito. Retomando aqui o mito de Sísifo, vale lembrar que, mesmo tentando driblar a Morte, ele acaba se rendendo, por fim, a um ritual sacrificante, o que parece expressar a vitória de Thanatos. Nesse desfecho do mito – assim como para os casos aqui trabalhados –, há uma primazia, portanto, da figura de Thanatos, parecendo não restar, a princípio, qualquer espaço para o movimento de Eros. Veremos, mais à frente, se a experiência clínica com esses pacientes foi capaz de produzir alguma mobilização em tal dinâmica mortífera.

A quimera compulsiva

Para dar seguimento à análise das funções do sintoma e com o intuito de estabelecer novos parâmetros para pensar a variabilidade expressiva do sintoma compulsivo na atualidade, é importante destacar as diferentes formas com as quais o pensamento e a compulsão se articulam nos casos atendidos. Mas, antes de analisar como se dá essa combinação de elementos sintomáticos diversos em nossa clínica, convém discernir alguns dos pressupostos mais estabelecidos no campo psicanalítico sobre a temática da compulsão.

Na obra freudiana, a noção de compulsão (*Zwang*) comporta o sentido preciso de uma imposição interna a agir, sendo uma imposição cujo caráter imperativo obriga o sujeito a executar determinados atos contra os quais ele não pode se opor (Aisenstein & Denis, 1994). Como esclarece Assoun (1994), as ações compulsivas designam esse tipo específico de ação que deve ser realizada como resposta a uma severa exigência interna, um "dever-fazer" ao qual não se pode escapar.

Na metapsicologia freudiana, a figura psicopatológica da compulsão tem a sua entrada e vem a ocupar um lugar privilegiado a partir da teorização clínica sobre a neurose obsessiva (Assoun, 1994). Isto é, o sintoma compulsivo descrito por Freud se apresenta originalmente inserido no quadro clínico da neurose obsessiva, estando intimamente associado, nessa configuração clínica, à presença de uma ideação obsessiva.[1] Assim, a articulação entre sintoma compulsivo e pensamento obsessivo opera, no modelo obsessivo clássico, de forma que o primeiro tenha o papel de "medida protetora" contra o segundo. O sintoma compulsivo, dotado de uma função autocalmante, teria assim o papel de proteger o sujeito contra a emergência dos pensamentos obsessivos.

É interessante observar que, nos casos atendidos pela pesquisa, dificilmente verificou-se tal combinação específica entre pensamentos obsessivos e sintoma compulsivo. Embora todos os pacientes que compõem nossa amostra clínica tenham sido encaminhados para a pesquisa com o diagnóstico de Transtorno

1 Os pensamentos obsessivos se caracterizam pela presença de pensamentos intrusivos, com qualidade ruminativa e produzindo intensa angústia, avaliados pelo sujeito como não portando sentido lógico, embora exigindo grandes esforços para serem evitados (Freud, 1894/1995, 1895).

Obsessivo-Compulsivo, a grande maioria não apresenta pensamentos obsessivos associados à manifestação sintomática, além de demonstrar uma discursividade esvaziada com relação aos seus sintomas. Com exceção da paciente Aracy – quadro mais próximo da neurose obsessiva dita clássica –, os casos atendidos indicam uma disjunção do binômio pensamento-ação, apontando a presença de um modo de sofrimento compulsivo cuja exigência imperativa obriga o sujeito a realizar a ação, mas sem que esta se organize de forma combinada com um pensamento obsessivo.[2]

Seguindo as proposições de Castel (2012), cabe assinalar que o campo da compulsão na contemporaneidade se tornou mais extenso e heterogêneo. Com isso, o sintoma compulsivo deixou de designar, de forma única, uma organização psíquica específica. Essa mudança clínica se verifica nos sujeitos de nossa pesquisa, nos quais a fenomenologia compulsiva do sintoma não está articulada, de forma inequívoca, a uma determinada organização psíquica. Na verdade, é possível distinguir funções específicas do sintoma para cada um dos casos atendidos, com uma variabilidade de expressões e de determinações psíquicas. Mesmo que não seja nosso objetivo descrever aqui, de forma aprofundada, como se organiza subjetivamente cada um dos casos, convém apresentar brevemente algumas das funções singulares do sintoma, a fim de demonstrar sua expressão heterogênea nas configurações clínicas analisadas.

O caso Bia, por exemplo, apresenta uma compulsão de checagem que teve início em função de experiências ocorridas no passado e que produzem, no presente, uma certeza em relação à perda. O sintoma compulsivo parece representar uma tentativa de recuperação de uma continuidade de si vivida recorrentemente como

---

2 É importante esclarecer que, embora o quadro clássico da neurose obsessiva contemple usualmente, na obra freudiana, o binômio pensamento-ação, Freud já notara a incidência de casos em que o sintoma compulsivo poderia se apresentar desarticulado do pensamento obsessivo (Freud, 1896/1995).

perdida. Desse modo, reconhecemos aqui uma estratégia defensiva pela qual se pretende apaziguar uma sensação exasperante, mas que, ao mesmo tempo, favorece um cenário no qual situações comuns podem facilmente se tornar caóticas. Supomos que o caos estabelecido externamente devido à compulsão garanta certa blindagem, no sentido de evitar entrar em contato com sua própria realidade psíquica.

No caso de Fátima, a compulsão por limpeza está associada à vivência da perda de um objeto privilegiado, perda que foi por longo tempo desmentida e impossível de ser elaborada. Essa vivência traumática exige dela, permanentemente, um trabalho psíquico em busca da elaboração da questão da morte. Sua compulsão se mostra estreitamente vinculada a essa problemática, seja como tentativa de evitação da questão da morte – quando ela suspende o pensamento ao mergulhar nos rituais de limpeza –, seja como forma de auxiliar em sua elaboração.

Para Renato, por exemplo, o sintoma também parece cumprir uma função evitativa diante de pensamentos aterrorizantes. Ademais, a compulsão por manter-se excitado atua como arranjo defensivo contra o tédio ou adiando experiências desorganizadoras. Já para Ernesto, a compulsão o protege de um contato incestuoso com sua mãe e, ao mesmo tempo, tem a função de estabelecer uma mínima diferenciação com relação a este objeto.

Como é possível notar, os pacientes da pesquisa apresentam, por diferentes razões, uma dificuldade de acesso à própria vida psíquica, com uma percepção de seu mundo interior impedida. Com isso, seu discurso não se mostra muito vivo ou elaborado. Os pensamentos não só parecem por vezes difíceis de apreender, bem como se mostram confusos pela dificuldade desses sujeitos em perceber o mundo com um raciocínio matizado.

Observa-se, assim, uma dificuldade em conter angústias intensas em uma "cena interna", o que, segundo Estellon (2020), levaria o sujeito a agir sobre uma "cena externa". Tratar-se-ia, portanto, de recorrer à ação sobre a realidade externa visando fundamentalmente "esvaziar a cabeça" (Estellon, 2020, p. 29), na medida em que a própria realidade interna se apresenta como intensamente ameaçadora (p. 29). Com isso, a ação compulsiva, nos casos atendidos, apresenta uma ênfase na função autocalmante, com atos repetitivos capazes de aliviar momentaneamente a angústia. A compulsão visa, frequentemente, proteger esses sujeitos contra angústias intoleráveis ligadas à fragilidade narcísica da experiência de si mesmo.

A busca pela sensorialidade

Muito embora se recorra às ações compulsivas de modo irrefletido e urgente como busca de apaziguamento, não se pode negar alguma forma de organização intrínseca nesses arranjos sintomáticos. Sobre os rituais compulsivos, Freud (1907/1995) assinala que essas ações seguem um padrão de pausas e repetições, sendo realizadas tal qual um cerimonial cujas regras devem ser cumpridas à risca, apresentando-se como uma atividade secreta do sujeito. Esses aspectos são notados nas ações compulsivas analisadas na pesquisa. O modo organizado com que essas ações são realizadas, dotadas sobretudo de caráter rítmico e repetitivo, nos leva a pensar sobre o aspecto sensorial do sintoma. Isso porque o modo coordenado de organização do sintoma parece atender à necessidade de uma busca sensorial sistemática, a qual se estabelece a partir de movimentos corporais repetitivos e incansáveis.

Segundo Estellon (2020), o sujeito compulsivo, ao explorar a sensorialidade corporal, visaria um efeito de paraexcitação contra a emergência de angústias primitivas. A estratégia de "se encher de sensações" (Estellon, 2016) mostra-se efetiva na luta contra tais angústias. O efeito seria obtido pelo prazer produzido pelo automatismo do comportamento, pela movimentação incansável do próprio corpo obtida pelo "frenesi" da compulsão (Estellon, 2020).

Como podemos notar, tal aspecto está presente, de forma destacada, em grande parte dos casos da pesquisa, quando o funcionamento compulsivo se mostra atrelado a uma busca por sensações corporais. No caso de Renato, por exemplo, sobressaem as sensações de natureza táctil propiciadas pelas ações compulsivas, pelas quais ele explora seus ferimentos corporais, ou mesmo quando recorre à excitação na sexualidade masturbatória. Da mesma forma, no caso de Bia, as sensações visuais e tácteis são estimuladas pela busca repetitiva dirigida às frestas e vãos onde supõe ter perdido algo que lhe é próprio. Já no caso de Fátima, ao ocupar-se com determinadas tarefas que envolvem o limpar, ela acaba explorando sensorialmente a sua superfície corporal como um todo, por meio da execução de tarefas que costumam levar à exaustão física.

Para ampliar a inteligibilidade sobre o componente sensorial das compulsões, convém nos voltarmos para as contribuições de Ferenczi (1921/2011) acerca do modelo do tique. Esse modelo nos ajudará a pensar sobre qual seria a finalidade, para esses pacientes, de uma sensorialidade aumentada quando se ocupam do ato compulsivo. Ferenczi busca desenvolver uma teorização sobre as expressões motoras nos tiques, propondo que estes seriam sintomas narcísicos, funcionando como expressão de fragilidades ligadas à constituição egoica. Para o autor, as ações estereotipadas dos tiques derivam de uma fixação narcísica em determinadas partes ou movimentos do corpo, ações cujo objetivo seria o de sentir ou observar o próprio corpo – manifestação de um "recrudescimento do narcisismo" (p. 109).

Nessa direção, uma característica importante a se destacar é a ideia de que os sujeitos que repetem tiques, segundo Ferenczi (1921/2011), tendem a realizar uma atividade compulsiva de auto-observação narcísica do próprio corpo. Haveria, com isso, uma atividade constante do que ele chama de "observação hipocondríaca de si" (p. 89), uma tendência exagerada para registrar os próprios processos psíquicos ou corporais, sob a forma de uma hiperestesia ou de uma hipersensibilidade corpórea.

É possível observar semelhanças entre o fenômeno do tique, em suas repetições de contrações físicas, e o recurso às sensações corporais na compulsão (Verztman et al., 2016). Assim como no modelo do tique, a sensorialidade que se faz presente no recurso ao ato compulsivo – e, em seu desdobramento, sob a forma de uma exaustão corporal – pode ser entendida como tendo a função de produzir um investimento libidinal narcísico no próprio corpo. Desse modo, o prazer associado às sensações físicas repetitivas estaria ligado à experiência de alcançar a unidade do corpo frente à iminência de uma desintegração (Verztman et al., 2016). É como se, por intermédio da estimulação corporal inerente à compulsão, houvesse a possibilidade de oferecer uma estabilidade mais consistente ao Eu, o que levaria a uma contenção de conteúdos pulsionais excessivos para o psiquismo, produzindo alguma integração egoica.

Cabe ainda ressaltar que Ferenczi, ao descrever o tipo clínico do portador de tique, o descreve como um sujeito extremamente sensível quanto ao seu amor-próprio, capaz de manifestar com frequência sentimentos de humilhação, por sentir-se ridículo diante dos outros. Esses traços de caráter são muito próximos aos observados nos sujeitos da pesquisa, sendo possível notar em seus conteúdos imaginários um *sentimento de si* extremamente desvalorizado, como veremos a seguir.

Estranhamento narcísico

"Eu sou diferente de todos e vejo tudo de maneira diferente" – esta constatação talvez pudesse ser expressa por qualquer um dos sujeitos de nossa pesquisa, por representar algo de uma vivência muito específica manifestada como uma queixa subjetiva central nos atendimentos clínicos descritos. A figura do estrangeiro, do intruso e do exilado são algumas das imagens utilizadas nas discussões clínicas para descrever os casos atendidos, imagens que nos parecem emblemáticas da problemática clínica em questão. Trata-se de determinado aspecto da sintomatologia desses casos que indica uma forma de sofrimento psíquico ligada a uma autopercepção profundamente desvalorizada. Tal sofrimento aparece no discurso dos pacientes sob a forma de uma sensação de estranhamento radical em relação a si mesmos, associado a uma experiência de não pertencimento ao mundo compartilhado: sentem-se incapazes de imaginar que alguém possa se identificar com sua subjetividade e com o seu sofrimento. A queixa central é de um desencaixe total em relação aos outros, do qual provém o sentimento de privação de uma experiência de familiaridade com o mundo.

Em organizações egoicas mais unificadas, a alternância entre diferentes vivências afetivas e estados psíquicos não tende a produzir uma descontinuidade de si mesmo. Ao contrário, o sujeito é capaz de se identificar com os diferentes estados psíquicos apoiado em um senso de reconhecimento e de continuidade entre essas partes distintas de si. Há uma relação de intimidade com esses alternantes estados psíquicos, os quais são vivenciados como integrados entre si. Já em situações mais radicais de fragmentação, como observadas em alguns dos casos atendidos, tal sentimento de intimidade e familiaridade não está assegurado. É como se essa dimensão vacilasse em alguns momentos, produzindo experiências de ausência de sentido, das quais decorreria uma sensação de descontinuidade e de não reconhecimento de si.

Tal sensação de estranhamento, associada à experiência de não pertencimento, parece ganhar uma dimensão bastante ampla nos sujeitos atendidos pela pesquisa, uma vez que é vivida como um modo próprio e inusual de estar no mundo, funcionando como uma marca identitária. Essa forma de experienciar a si mesmo não estaria ligada, primariamente, a vivências edípicas e triangulares, mas, como buscamos assinalar, ao que parece ser a reatualização de experiências precoces de fragilização de sua constituição narcísica.

Nesse sentido, não caberia propor uma aproximação da problemática clínica descrita com o conceito freudiano de *O Estranho* (*Das Unheimliche*). Na experiência de inquietante estranheza, descrita por Freud (1919/1995), o sujeito é afetado pela sensação de estar em contato com algo íntimo e familiar, mas que, ao mesmo tempo, se revela como perturbador, por ser reconhecido como estranho. O conceito comporta "tanto o sentido positivo de algo que conhecemos e reconhecemos quanto o sentido negativo de algo que desconhecemos" (Iannini & Tavares, p. 10). Há, portanto, uma ambiguidade inerente à experiência a que Freud se refere, a qual diz respeito tanto ao sentimento de familiaridade quanto ao de estranheza, diferenciando-se, assim, da problemática clínica em questão, na qual estaria presente apenas a versão negativa da experiência. Além disso, o estranhamento a que esses pacientes se referem tem como objeto eles próprios, estranhamento que se prolonga na relação que estabelecem com o mundo – indicando, portanto, a natureza narcísica da experiência. Trata-se de uma sensação de ser diferente dos outros, como se houvesse uma distância abissal entre eles e o mundo. O mundo lhes parece estranho e eles se consideram estranhos para o mundo. A sensação de não pertencimento, de estranhamento radical, apresenta os traços característicos de uma clivagem em relação ao mundo, mecanismo que sugere a presença, no registro do Eu, de um processo semelhante de clivagem, cujos efeitos se estendem sobre a subjetividade como um todo.

Supomos ser possível estabelecer alguma semelhança dessa problemática clínica com a sensação de estranhamento descrita por Freud (1936/2010) em sua carta a Romain Rolland, publicada no artigo "Um distúrbio de memória na Acrópole". Nela, Freud desenvolve uma teorização metapsicológica para explicar um fenômeno insólito vivenciado por ele durante uma viagem a Atenas. Trata-se de uma vivência pontual de Freud, mas sua explicação sobre o mecanismo psíquico em ação talvez possibilite uma analogia com a experiência descrita pelos pacientes da pesquisa.

Em uma viagem com seu irmão à Itália, eles tiveram a oportunidade, a qual não tinha sido prevista, de viajar a Atenas para conhecer pela primeira vez a cidade, por sugestão de um amigo. Ao chegar à Acrópole, Freud teve um pensamento que considerou estranho: "Então tudo isso existiu realmente, tal como nós aprendemos na escola?!" (Freud, 1936/2010, p. 439). Na expressão de assombro, segundo Freud, estaria em jogo uma descrença em relação àquilo que via; uma parcela da realidade lhe parecia estranha – experiência que ele propõe chamar de "sensação de estranhamento". Segundo Freud, o fenômeno psíquico poderia se manifestar de duas formas distintas: na primeira, como na experiência vivenciada na Acrópole, haveria a sensação de estranhamento de uma parte da realidade; na segunda, uma parte do próprio Eu se tornaria estranha para o sujeito, esta última sendo mais próxima do fenômeno de despersonalização.[3]

3 Segundo Uchôa (1959), a despersonalização pode ser definida como um estado em que o sujeito se sente diferente do que era anteriormente no domínio do ego corporal, do ego psíquico ou na relação com o mundo exterior. A despersonalização pode atingir aspectos parciais ou a totalidade do ego corporal e psíquico: alienação ou estranheza de determinado órgão, de parte do corpo

A segunda forma de estranhamento – resultante de uma cisão do Eu, segundo Freud (1936/2010), mas abordada no texto de forma muito sucinta – nos interessa mais especificamente por se assemelhar à experiência que nos propomos a analisar aqui. Isto é, o *estranhamento narcísico* observado nos pacientes atendidos resultaria de um rechaço do Eu, como se este não estivesse à altura dos outros, como se não compartilhasse dos mesmos traços comuns que garantiriam ao sujeito pertencer à humanidade em geral. Essa sensação parece ser efeito, portanto, de clivagens sucessivas no Eu, decorrentes de traumas precoces e cumulativos – processo de clivagem que se apresenta de forma heterogênea nos casos da pesquisa, com graus de abrangência muito diversos.

A experiência de não pertencimento, tão radical para esses sujeitos, faz lembrar a figura do "hóspede não bem-vindo na família", proposta por Ferenczi (1929/2011). Trata-se da experiência precoce de crianças que se sentiram "postas de lado" (Ferenczi, 1929/2011, p. 59) dentro da família, devido a um mau acolhimento por parte dos objetos parentais. Nossa hipótese é a de que na sensação de não familiaridade com o mundo se apresentariam, sob a forma de um "retorno do clivado" (Roussillon, 2006), impressões traumáticas precoces ligadas a um acolhimento sem tato e desprovido de cuidados por parte do ambiente. Convém lembrar que na vivência de um choque traumático, como teorizado por Ferenczi (1933/2011), a figura do *descrédito* tem um papel fundamental, acentuando-se a incapacidade do objeto de exercer sua função de testemunho, não validando a realidade da experiência e o sofrimento do sujeito, o que produz uma experiência de exclusão traumática. Como consequência, esses sujeitos trazem o ceticismo, a desconfiança e o pessimismo como traços centrais de sua

---

ou do corpo de forma geral, assim como de afetos, ideias, desejos ou da totalidade do psiquismo.

subjetividade, como esclarece Ferenczi (1929/2011), incapazes de criar expectativas positivas a respeito de si mesmos e do mundo.

Com isso, poderíamos conceber o sofrimento psíquico dos sujeitos analisados nesta pesquisa como decorrência, entre outros fatores, de traumas primários, cuja especificidade não nos caberia, por ora, explorar mais a fundo, por fugir do escopo de nosso artigo.[4] No entanto, o reconhecimento de traumas precoces nas configurações subjetivas examinadas nesta pesquisa nos leva, por consequência, a uma reflexão sobre a prática clínica empreendida. Buscaremos analisar, nos casos atendidos, se é possível confirmar um pressuposto comumente levado em conta na clínica do trauma: o de que a técnica psicanalítica clássica não seria indicada na condução dos tratamentos. Nossa intenção, portanto, é a de retomar algumas balizas teórico-clínicas que sobressaíram nas discussões dos casos como alternativas viáveis para o trabalho psicanalítico com os pacientes em questão.

Discussão sobre a técnica

Uma questão relevante a ser retomada aqui, levantada no início do capítulo, é sobre a dinâmica mortífera observada nos casos, somada a uma paralisia de toda potencialidade erótica do sujeito. Será que a experiência clínica com esses pacientes foi capaz de produzir alguma mobilização na posição subjetiva de mortificação?

Além disso, importa verificar se o tratamento foi capaz de propiciar um aumento da reflexividade e apropriação subjetiva em sujeitos que não dispunham de familiaridade consigo mesmos e com o seu sofrimento. Alguns dos pacientes da pesquisa, como

4 Uma análise sobre a questão exigiria uma discussão mais aprofundada sobre a história infantil desses sujeitos com seus objetos primordiais, que é singular a cada caso.

procuramos demonstrar, não se reconhecem como resultado de um conjunto unificado de precipitados de identificações. São sujeitos que não têm acesso a um registro histórico de suas vidas, narrando a si mesmos como efeito de acontecimentos dispersos, sem estabelecer entre estes uma ligação ou continuidade. Veremos que, para tais casos, a capacidade de fazer comparações com os outros e estabelecer semelhanças foram algumas mudanças obtidas ao longo do processo.

Aspectos da contratransferência

Para os analistas que conduziram o tratamento com os pacientes da pesquisa, foi possível notar que, diante de sujeitos com muito pouco acesso à própria vida psíquica - recorrendo ao ato compulsivo como forma de descarga de conteúdos psíquicos insuportáveis –, houve dificuldades iniciais para estabelecer um contato empático na situação analítica. Imobilizados diante de sintomas compulsivos de difícil manejo, os analistas se viram, inicialmente, paralisados em sua atividade psíquica. Dada a constatação recorrente de que a subjetividade dos analistas foi intensivamente requisitada nesses casos, consideramos importante desenvolver uma discussão sobre determinados aspectos da contratransferência. Com base na apreciação da dinâmica contratransferencial particular estabelecida no referido contexto clínico, buscaremos explicitar a natureza de alguns dos impasses encontrados.

Os analistas relatam ter ocupado, a princípio, um lugar particularmente penoso na relação com os pacientes, dominados pela sensação de que não seriam capazes de compreender a forma como os pacientes se comunicam e expressam seu sofrimento. Nota-se, nas discussões clínicas sobre os casos, a ocorrência, em um primeiro período da análise, de um modo de defesa em que o analista ocupa uma posição capaz de lhe assegurar certo distanciamento, à medida que o discurso do paciente é recorrentemente experimentado pelo analista como enigmático ou de difícil apreensão.

A dificuldade ou mesmo impossibilidade de pensar sobre o paciente, por parte do analista, foi um desafio clínico presente de maneira mais ou menos pungente nos casos. Foi necessário criar condições para lidar com essa dificuldade, sobretudo nos casos em que não havia índices mais palpáveis sobre o paciente, sobre sua vida e sua história, já que o discurso siderava em torno das queixas exaustivas sobre a compulsão. Trata-se de uma questão contratransferencial importante que poderia afetar o manejo e o desejo do analista de estar presente e investir psiquicamente no tratamento.

A imagem trazida por um dos analistas da equipe a respeito do encontro com o paciente, de que a impressão evocada era a de que assistia a um filme estrangeiro com legendas incompreensíveis, nos parece exemplar. É uma forma de resistência que se revelou comum aos diversos atendimentos, podendo ser descrita como uma sensação de estranhamento vivenciada pelos analistas. A dificuldade em ocupar uma posição empática se deve, a nosso ver, a tal sensação. É como se o estranhamento fosse uma nuance afetiva que atravessa tanto a experiência dos sujeitos da pesquisa – com relação a eles mesmos – quanto a experiência clínica dos analistas no encontro com esses sujeitos.

A esse propósito, é possível pensar que o que estaria em questão na reação do analista, ao entrar em contato com um sujeito em um estado de mortificação da vida, seria uma tentativa de responder defensivamente, sentindo como estranha a subjetividade do paciente. A medida defensiva lhe asseguraria uma distância razoável daquilo que é vivido como ameaçador, evitando uma fantasia de morte psíquica e permitindo, em contrapartida, sentir que está vivo psiquicamente.

O manejo clínico que se revelou possível – a partir de um trabalho de elaboração realizado em supervisão, no contexto de nossa clínica partilhada – foi o de reconhecer a resistência inicial e buscar se desfazer dela, de forma a se tornar gradualmente disponível e interessado por aquilo que evocava estranheza. Para tanto, o analista deveria, em primeiro lugar, intensificar seu próprio investimento narcísico no intuito de se ancorar nas bases de sua certeza de si, confirmando sua própria vitalidade psíquica, sem se deixar ameaçar pelo risco de se desfazer na mortificação do outro. Com isso, o analista pode voltar a se abrir para a alteridade e permitir ser afetado pelo paciente, pendendo sua balança no sentido de um investimento objetal na relação analítica, o que vai conferir ao paciente um lugar de pertencimento.

Um dos recursos técnicos utilizados na condução clínica foi o de favorecer uma experiência em que o analista se disponibiliza a emprestar semelhança a determinados traços do sujeito. Isso ocorria quando o próprio paciente esboçava alguma curiosidade em relação à subjetividade do analista. Por exemplo, no caso de Renato, a analista emprestava e partilhava signos e percepções, chegando a compor uma espécie de língua comum. Posteriormente, ele próprio foi sendo capaz de traçar semelhanças, o que se evidenciou quando Renato, em determinada sessão, anuncia a semelhança de uma parte de seu corpo com o da analista. É o mesmo que ocorre com Ernesto quando, ao falar de suas "tresloucuras", mostra-se interessado em saber se a analista reagiria como ele ou como a mãe em determinada situação. A analista responde que reagiria de uma terceira forma, surpreendendo positivamente o paciente, pois a reação imaginada lhe parece excêntrica e curiosa. Ele conclui que a analista também teria traços estranhos, como ele, o que confere alguma positividade à sua própria estranheza.

A estratégia clínica se pautou, assim, na disponibilidade do analista para imaginar e habitar o mesmo mundo que o paciente.

Dessa maneira, a visada da análise foi a de possibilitar que o sujeito pudesse se perceber como diferente dos outros, como singular, mas, ainda assim, conceber que há um lugar para ele no mundo – tendo assegurada uma experiência inaugural de pertencimento. O enquadre analítico, com sua regularidade, compartilhado com um analista confiável, possibilitou, na condução clínica com os sujeitos da pesquisa, o reconhecimento de sua singularidade, tão fundamental para a elaboração do traumático. Vejamos, a seguir, outros aspectos do enquadre capazes de produzir alguma modificação em suas dinâmicas psíquicas.

A estabilidade e a temporalidade do enquadre

Ao nos valermos de uma metodologia de pesquisa em que analisamos os casos lado a lado, foi possível desenvolver, a partir de nossa análise, uma teoria sobre a técnica. Para tanto, buscamos nos orientar observando, em cada caso, as diferenças de manejo e os efeitos de nossas intervenções. Com base no estudo do conjunto de casos, foi possível notar certa uniformidade na direção clínica da pesquisa, retirando daí o elemento técnico comum. Nossa hipótese é a de que o trabalho clínico desenvolvido se baseou na criação e estabilização de um enquadre que se mostrou, inicialmente, ruidoso. Mas o que estamos chamando de *enquadre*?

Embora Freud (1913/1995) tenha descrito de forma detalhada a organização dos elementos da situação analítica, não chegou a designar como *enquadre* essa organização, deixando uma lacuna quanto à apreciação da função do enquadre na experiência analítica. Freud certamente estabeleceu uma proposta clínica cujas regras compõem um cenário fixo, envolvendo um sujeito que se dispõe a falar de si para um completo estranho, com uma hora e um valor estabelecidos. Mas esses elementos da situação analítica e suas funções não foram por ele amplamente examinadas, o que abriu caminho para autores, como Bleger (1977), Green (1974/2017) e Winnicott (1971/1975) desenvolverem uma teorização sobre o tema – sobretudo para pensar as situações clínicas nas quais o enquadre adquire uma função diferente daquela das análises clássicas.

Bleger (1977) propõe diferenciar três aspectos presentes na análise: a situação analítica, os processos e o enquadre. Para o autor, a situação analítica corresponde à "totalidade dos fenômenos envolvidos na relação terapêutica entre analista e paciente" (p. 311), diferenciando, por um lado, a parte variável da situação analítica, chamada de processo (isto é, o conteúdo, aquilo que é objeto das interpretações e análises) e, por outro, a parte constante, o enquadre, o não processo, "marcos em cujo interior se desenvolve o processo" (p. 311). No enquadre estão contemplados o papel do analista, os fatores espaciais e temporais, além dos diversos elementos da técnica – os horários regulares, honorários, férias, e também a regra da associação livre. Bleger (1977) assinala que o enquadre tende a funcionar, nas análises clássicas, como fundo silencioso, uma regularidade constante que permite à parte variável do processo se desenvolver. Enquanto permanece silencioso, o enquadre é vivido pelo paciente como inexistente, e só passa a ser considerado por ele quando produz algum ruído, isto é, quando falha.[5]

Ora, as situações clínicas examinadas pela pesquisa serão justamente aquelas marcadas por rupturas e ataques constantes ao enquadre. Faltas, desmarcações, atrasos, dificuldade associativa, impossibilidade de escuta flutuante, dificuldade de tolerar os intervalos entre as sessões – são diversos os elementos que marcaram

5 Cabe aqui esclarecer que nenhuma situação analítica mantém o enquadre em sua forma ideal, no sentido de garantir, de forma inalterável, suas regras preestabelecidas. Bleger (1977) alerta para o fato de que todo sujeito, qualquer que seja sua organização psíquica, tenderia a não responder de forma totalmente adaptada ao enquadre, podendo romper ou questionar suas regras.

essa caracterização ruidosa. Aracy, por exemplo, foi uma paciente que, embora não conseguisse estabelecer inicialmente, na sessão, uma comunicação com a analista, enviava inúmeras mensagens diariamente. Renato não só faltava ou chegava após longos atrasos como solicitava que a analista utilizasse outros meios de comunicação, por exemplo, demandas recorrentes por telefonemas. Em alguns casos, observamos que o paciente parecia esperar pela confirmação de que o analista *queria* que ele viesse às sessões, que *queria* escutá-lo – o que indicava uma dificuldade em lidar com uma postura mais distante do analista. Era como se o analista precisasse garantir uma continuidade do enquadre, dando sinais de que estava presente, esperando por ele, ocupando-se psiquicamente do paciente, mesmo que este não viesse à sessão. Como sublinha Green (1974/2017), nos ataques ao enquadre é notável a impossibilidade do paciente se ajustar pacificamente às regras usuais da análise. O que se observou, nos casos da pesquisa, é que os pacientes exerciam tal pressão sobre o enquadre que este corria muitas vezes o risco de se romper.

Nesse contexto, a proposição de Winnicott (1971/1975) sobre a importância de o analista sobreviver aos ataques do paciente se mostrou bastante pertinente para o trabalho clínico da pesquisa. Winnicott chama a atenção para o cuidado que o analista deve ter em não retaliar as agressões explícitas ou implícitas de que é alvo, além de não se deixar destruir por elas. Para que o paciente possa ser capaz de usar o objeto, isto é, para que ele descubra a externalidade do objeto, essa experiência depende da capacidade de o objeto sobreviver, o que envolve a possibilidade de não retaliar. Winnicott ressalta ainda que se o paciente estiver, na análise, em um processo rumo à aquisição da capacidade de usar o objeto, não só o analista, mas também o enquadre, ocupa o lugar de objeto ao qual ele dirigirá suas agressões. Nesse sentido, talvez a imposição de uma manutenção inalterável do enquadre possa representar, para o paciente, uma retaliação aos seus movimentos agressivos, o que não teria uma função propriamente analítica. Como bem sugere Green (1977), "em vez de rejeitar os pacientes cuja estrutura psíquica não consegue se adaptar ao enquadramento, cabe ao enquadramento modificar-se em função da estrutura do paciente" (p. 8). A sobrevivência ou não retaliação do enquadre aos ataques, representada por sua plasticidade frente às necessidades do paciente, possibilita que o sujeito, aos poucos, seja capaz de usar o enquadre, podendo finalmente se valer de suas funções.

Convém assinalar outro aspecto importante ligado ao fator temporal do enquadre. Trata-se do ritmo contínuo, sem choques ou interrupções inesperadas, estabelecido pela situação analítica. As sessões que se repetem no tempo, com a presença do analista que se mostra disponível e confiável, sobrevivendo aos ataques, possibilitam gradualmente que o sujeito venha a se beneficiar da função da temporalidade do enquadre. Tal constância é vital para o processo em curso, pois permite ao sujeito ter acesso a uma continuidade temporal na qual a relação com o analista funciona como uma experiência asseguradora. Experiência que lhe dá as bases para vivenciar uma continuidade de si no tempo. Se, como apontado anteriormente, uma das problemáticas centrais dos casos atendidos está relacionada à perda da continuidade de si, interrompida por processos traumáticos, o sentimento de si, contínuo no tempo, ainda que incipiente, pode ser considerado uma efetiva conquista da análise.

O desafio, em muitos momentos, foi o de garantir a manutenção do "enquadre interno" do analista (Green, 2002) – enquadre internalizado graças à própria experiência de análise –, de tal forma que o analista tivesse assegurada a capacidade de pensar sobre o paciente, assim como a equipe de pesquisa pudesse pensar sobre o caso. Em grande parte do nosso material clínico, estávamos lidando com interdições, bloqueios e impossibilidades de acesso ao pensar. Como vimos, o sintoma compulsivo, em sua função de suspensão do pensamento, sugere dificuldades nessa direção. Retomando a articulação com o modelo do tique, cabe assinalar que Ferenczi (1921/2011) se refere ao tique psíquico como equivalente ao tique motor, caracterizado pela impossibilidade de reter um pensamento, o que faz com que o sujeito o comunique imediatamente pela fala. Produz-se uma representação ideativa, mas esta não pode ser contida psiquicamente; as ideias surgem e são descarregadas, sem elaboração. Para pensar, é preciso que o sujeito seja capaz de suportar a tensão psíquica de modo a reter seus próprios pensamentos.

Por fim, a direção clínica da pesquisa teve como propósito criar, com esses sujeitos, uma temporalidade propícia ao pensar – dar condições não somente para o sujeito reter seus próprios pensamentos, mas também processá-los. É nesse sentido que a clínica com sujeitos compulsivos pode propiciar uma temporalidade capaz de estabelecer um intervalo entre a sensação e o ato compulsivo, um intervalo para criar e reter pensamentos, assim como para sua elaboração. É um trabalho psíquico que vem introduzir o movimento de Eros na repetição mortificante da compulsão, de tal modo que o sujeito compulsivo possa ganhar alguma distância da imagem de Sísifo e de seu martírio torturante. À medida que o sujeito se torna capaz de reconhecer suas próprias dimensões mortificantes, os recursos para conviver com estas se diversificam, o que permite o acesso à própria vida psíquica sem a ameaça de desintegração. Criam-se, assim, outros modos de se relacionar com o que é angustiante ou perturbador, sem que seja preciso comprometer toda uma dimensão vital da experiência.

Referências

Aisenstein, M., & Denis, P. (1994). Argument. *Revue Française de Psychanalyse, 2*(58). (Compulsions du vide, compulsions de création).

Assoun, P. L. (1994). La passion de répétition: genèse et figures de la compulsion dans la métapsychologie freudienne. *Revue Française de Psychanalyse, 2*(58). (Compulsions du vide, compulsions de création).

Bleger, J. (1977). *Simbiose e ambiguidade*. Francisco Alves.

Brandão, J. S. (2010). *Dicionário Mítico-etimológico da Mitologia Grega*. Vozes.

Camus, A. (1942/2021). *O mito de Sísifo*. Record.

Castel. (2012) *La fin des coupables, suivi de le cas paramord* (Vol. II: Obsessions et contrainte intérieure, de la psychanalyse aux neurosciences). Éditions Ithaque.

Estellon, V. (2016). *Les folies compulsives*. Dunod.

Estellon, V. (2020). Sensations auto-produites et fonctionnement compulsif: une solution limite. *Le Carnet PSY, 1*(231).

Fédida, P. (1991). Auto-erotismo e autismo: condições de eficácia de um paradigma em psicopatologia. In P. Fédida, *Nome, figura e memória: a linguagem na situação psicanalítica*. Escuta.

Ferenczi, S. (1921/2011). Reflexões psicanalíticas sobre os tiques. In S. Ferenczi, *Obras completas* (Psicanálise III). Martins Fontes.

Ferenczi, S. (1929/2011). A criança mal acolhida e sua pulsão de morte. In S. Ferenczi, *Obras completas* (Psicanálise IV). Martins Fontes.

Ferenczi, S. (1933/2011). Confusão de línguas entre os adultos e a criança. In S. Ferenczi, *Obras completas* (Psicanálise IV). Martins Fontes.

Freud, S. (1894/1995). As neuropsicoses de defesa. In S. Freud, *Edição standard brasileira das obras completas de Sigmund Freud* (Vol. III). Imago.

Freud, S. (1895[1894]/1995). Obsessões e fobias: seu mecanismo psíquico e sua etiologia. In S. Freud, *Edição standard brasileira das obras psicológicas completas de Sigmund Freud* (Vol. III). Imago.

Freud, S. (1896/1995). Novos comentários sobre as neuropsicoses de defesa. In S. Freud, *Edição standard brasileira das obras psicológicas completas de Sigmund Freud* (Vol. III). Imago.

Freud, S. (1907/1995). Atos obsessivos e práticas religiosas. In S. Freud, *Edição standard brasileira das obras psicológicas completas de Sigmund Freud* (Vol. IX). Imago.

Freud, S. (1909/1995). Observações sobre um caso de neurose obsessiva ["O Homem dos Ratos"]. In S. Freud, *Edição standard brasileira das obras psicológicas completas de Sigmund Freud* (Vol. X). Imago.

Freud, S. (1913/1995). Sobre o início do tratamento. In S. Freud, *Edição Standard Brasileira das obras psicológicas completas de Sigmund Freud* (Vol. XII). Imago.

Freud, S. (1914/1995). Introdução ao narcisismo. In S. Freud, *Edição Standard Brasileira das obras psicológicas completas de Sigmund Freud* (Vol. XIV). Imago.

Freud, S. (1919/1995). O "Estranho". In S. Freud, *Edição standard brasileira das obras psicológicas completas de Sigmund Freud* (Vol. XVII). Imago.

Freud, S. (1926/1996). Inibição, sintoma e angústia. In S. Freud, *Edição Standard Brasileira das Obras Psicológicas Completas de Sigmund Freud* (Vol. XX). Imago.

Freud, S. (1936/2010). Um distúrbio de memória na Acrópole. In S. Freud, *Obras Completas* (Vol. 18, O mal-estar na civilização, novas conferências introdutórias à psicanálise e outros textos). Companhia das Letras.

Green, A. (1974/2017). O analista, a simbolização e a ausência no enquadre analítico. In A. Green, *A loucura privada.* Psicanálise de casos-limite. Escuta.

Green, A. (1977). O outro e a experiência de "self". In M. Khan, *Psicanálise: teoria, técnica e casos clínicos.* F. Alves.

Green, A. (2002). Cadre – Processus – Transfert. In A. Green *Idées directrices pour une psychanalyse contemporaine.* Presses Universitaires de France.

Iannini, G., & Tavares, P. H. (2020). Freud e o infamiliar. In S. Freud *O infamiliar e outros escritos.* Autêntica.

Kury, M. G. (2008). *Dicionário de mitologia grega e romana.* Jorge Zahar.

Ogden, T. (2013). Analisando formas de vitalidade e desvitalização. In T. Ogden, *Reverie e interpretação: captando algo humano.* Escuta.

Ogden, T. (2014). Desenvolvimento emocional primitivo, de Winnicott. In T. Ogden, *Leituras criativas: ensaios sobre as obras analíticas seminais.* Escuta.

Pinheiro, T., & Viana, D. (2011). Losing the certainty of self. *American Journal of Psychoanalysis,* (71).

Roussillon, R. (2006). *Paradoxos e situações limites em psicanálise*. Unisinos.

Schmidt, J. (2015). *Dicionário de mitologia grega e romana*. Edições 70.

Uchôa, D. M. (1959). Psicopatologia da despersonalização. *Arquivos de Neuro-Psiquiatria, 17*(3).

Verztman, J. (2016). Édipo, Narciso e o sintoma compulsivo em Freud. In J. Birman, L. Fulgêncio, D. Kupermann & L. E. Cunha (Orgs.), *Amar a si mesmo e amar o outro: narcisismo e sexualidade na psicanálise contemporânea*. Zagodoni.

Verztman, J., Pacheco-Ferreira, F., Pinheiro, T., Viana, D., & Herzog, R. (2016). Ferenczi y las compulsiones de hoy en dia. *XII Encuentro Sandor Ferenczi, 1*, 15-20.

Winnicott, D. W. (1945/2000). O desenvolvimento emocional primitivo. In D. W. Winnicott, *Da pediatria à psicanálise: obras escolhidas*. Imago.

Winnicott, D. W. (1971/1975). O uso de um objeto e relacionamento através de identificações. In D. W. Winnicott, *O brincar e a realidade*. Imago.

Sobre os autores

Ana Carolina Cubria

Psicanalista, doutoranda do Programa de Pós-graduação em Teoria Psicanalítica da Universidade Federal do Rio de Janeiro (PPGTP/UFRJ), bolsista da CAPES, mestre em Teoria Psicanalítica pela UFRJ. Membro do Núcleo de Estudos em Psicanálise e Clínica da Contemporaneidade (NEPECC/UFRJ). Autora do livro: *Ver e ser visto: considerações psicanalíticas sobre as redes sociais* (Appris, 2020).

Bárbara Andrade

Psicanalista, mestre e doutora em Teoria Psicanalítica pela Universidade Federal do Rio de Janeiro (UFRJ), com pós-doutorado em Psicologia Clínica pela Pontifícia Universidade Católica do Rio de Janeiro (PUC-Rio), membro do Grupo Brasileiro de Pesquisas Sándor Ferenczi e do Núcleo de Estudos em Psicanálise e Clínica da Contemporaneidade (NEPECC/UFRJ), professora do Curso de Especialização da PUC-Rio-Psicanálise e Contemporaneidade: trauma e urgências subjetivas.

Bárbara Cesário Navega

Psicóloga clínica, mestre e doutoranda do Programa de Pós-graduação em Teoria Psicanalítica da Universidade Federal do Rio de Janeiro (PPGTP/UFRJ). Membro do Núcleo de Estudos em Psicanálise e Clínica da Contemporaneidade (NEPECC/UFRJ).

Carolina Ruggeri

Psicanalista, mestre em Teoria Psicanalítica pela Universidade Federal do Rio de Janeiro (PPGTP/UFRJ), especialista em Psicologia Clínica com Crianças pela Pontifícia Universidade Católica do Rio de Janeiro (PUC-Rio), especialista em Psicologia Clínica-Institucional pela Universidade do Estado do Rio de Janeiro (UERJ).

Constança Pondé

Psicanalista, mestre em Literatura Comparada pela Universidade Federal do Rio Grande do Sul (UFRGS), especialista em Clínica Psicanalítica com Crianças e Adolescentes (SPIA/IPUB), membro do Núcleo de Estudos em Psicanálise e Clínica da Contemporaneidade (NEPECC/UFRJ).

Cristina Martins Tavelin

Psicóloga clínica e mestranda no Programa de Pós-graduação em Psicologia Clínica da Universidade de São Paulo (IPUSP). Bolsista CAPES.

Diane Viana

Psicanalista, mestre e doutora em Teoria Psicanalítica pela Universidade Federal do Rio de Janeiro (UFRJ), membro do Grupo

Brasileiro de Pesquisas Sándor Ferenczi e do Núcleo de Estudos em Psicanálise e Clínica da Contemporaneidade (NEPECC/UFRJ).

Diego Sanzana

Psicanalista, mestre em Teoria Psicanalítica pela Universidade Federal do Rio de Janeiro (UFRJ). Psicólogo clínico na Casa Verde – Núcleo de Assistência em Saúde Mental, membro do Núcleo de Estudos em Psicanálise e Clínica da Contemporaneidade (NEPECC/UFRJ).

Elaine Pinheiro

Psicóloga clínica no IPUB/UFRJ, mestre pelo Programa de Pós-graduação em Teoria Psicanalítica da Universidade Federal do Rio de Janeiro (PPGTP/UFRJ), mestre em Neurociência pelo programa Social, Cognitive and Affective Neuroscience da *Freie Universität Berlin* (SCAN/FU Berlin).

Fernanda Landeira

Psicanalista, doutoranda do Programa de Pós-graduação em Teoria Psicanalítica da Universidade Federal do Rio de Janeiro (PPGTP/UFRJ), bolsista da CAPES, e mestre em Teoria Psicanalítica pela UFRJ. Membro do Núcleo de Estudos em Psicanálise e Clínica da Contemporaneidade (NEPECC/UFRJ).

Julia Borges

Psicóloga clínica formada pela Pontifícia Universidade Católica do Rio de Janeiro (PUC-Rio), e membro do Núcleo de Estudos em Psicanálise e Clínica da Contemporaneidade (NEPECC/UFRJ).

Julio Verztman

Psicanalista, psiquiatra, professor do Programa de Pós-graduação em Teoria Psicanalítica (IP-UFRJ) e do Mestrado Profissional em Atenção Psicossocial (IPUB-UFRJ). Coordenador no NEPECC, autor de *Tristeza e depressão: pensando nos problemas da vida* (Vozes) e organizador de *Sofrimentos Narcísicos* (Cia. de Freud, 2012).

Luiza Leite

Psicóloga clínica formada pela Universidade Federal do Rio de Janeiro (UFRJ) e membro do Núcleo de Estudos em Psicanálise e Clínica da Contemporaneidade (NEPECC/UFRJ).

Natalia Romanini

Psicóloga, pós-graduada em Saúde Mental pelo Instituto Philippe Pinel e pós-graduada em Psicologia Clínica com Crianças pela PUC-Rio. Membro do Núcleo de Estudos em Psicanálise e Clínica da Contemporaneidade (NEPECC/UFRJ).

Ramon Reis

Psicanalista, doutorando em Psicologia Clínica pela Pontifícia Universidade Católica do Rio de Janeiro (PUC-Rio) e mestre em Saúde Coletiva pelo IMS/UERJ. É especialista em Saúde Mental pelo programa de residência do IPUB/UFRJ e em Psicopatologia Fenomenológica pela FCMSCSP. Atua como docente no Departamento de Saúde Mental da Faculdade de Medicina da UFRJ/Macaé e na Faculdade de Psicologia da Unisuam.

Regina Herzog

Psicanalista, professora aposentada da UFRJ e doutora em Psicologia Clínica pela PUC-Rio. Membro do Grupo Brasileiro de Pesquisas Sándor Ferenczi. Coordenadora do Núcleo de Estudos em Psicanálise e Clínica da Contemporaneidade (NEPECC/UFRJ). Coordenadora do Curso de Especialização da PUC-Rio – Psicanálise e Contemporaneidade: trauma e urgências subjetivas, organizadora de *Psicanálise e o pensamento moderno* (Contra Capa, 2000), co-organizadora de *Sofrimentos Narcísicos* (Cia. de Freud, 2012); *De Édipo a Narciso* (Cia. de Freud, 2014); *Diário de Bordo* (7Letras, 2021).

Roberta de Oliveira Mendes

Psicanalista, supervisora clínica e mestre em Teoria Psicanalítica, pelo IP/UFRJ, com bolsa CNPq, sucedida pela bolsa FAPERJ Mestrado Nota 10. Doutoranda do Programa de Teoria Psicanalítica da Universidade Federal do Rio de Janeiro (UFRJ), bolsista CAPES, membro docente do Círculo Brasileiro de Psicanálise, seção Rio de Janeiro (CBP-RJ).

Roberta Vinhaes

Psicóloga clínica, mestre e doutoranda do programa de Psicologia Clínica com ênfase em Psicanálise: clínica e cultura da Pontifícia Universidade Católica do Rio de Janeiro (PUC-Rio). Pós-graduanda em "Formação de escritor" pela PUC-Rio. Membro do Núcleo de Estudos em Psicanálise e Clínica da Contemporaneidade (NEPECC/UFRJ).

Selena de Araújo Leite Caravelli

Psicanalista, especialista em Clínica Psicanalítica IPUB/UFRJ, mestra e doutora pelo Programa de Pós-graduação em Psicanálise do Instituto de Psicologia da Universidade Federal do Rio de Janeiro (UFRJ), pesquisadora do NEPECC/UFRJ desde 2002.

Thais Klein

Psicanalista, doutora em Saúde Coletiva (IMS/UERJ) e doutora em Teoria Psicanalítica (PPGTP/UFRJ). Membro do Grupo Brasileiro de Pesquisas Sándor Ferenczi e do Núcleo de Estudos em Psicanálise e Clínica da Contemporaneidade (NEPECC/UFRJ). Professora adjunta da Universidade Federal Fluminense (CURO).

Teresa Pinheiro

Psicanalista, professora aposentada da Universidade Federal do Rio de Janeiro (UFRJ) e doutora em Psicanálise pela Universidade de Paris 7. Membro emérito do Grupo Brasileiro de Pesquisas Sándor Ferenczi. Coordenadora do Núcleo de Estudos em Psicanálise e Clínica da Contemporaneidade (NEPECC/UFRJ). Autora dos livros: *As bases do amor materno* em coautoria com Helena B. Vianna (Escuta, 1991), *Ferenczi do grito à palavra* (JZE/UFRJ, 1995). Organizadora de *Psicanálise e formas de subjetivação contemporâneas* (Contra Capa, 2003). Co-organizadora de *Sofrimentos Narcísicos* (Cia. de Freud, 2012) e de *Ferenczi* (Casa do Psicólogo, 2016).

Série Psicanálise Contemporânea

Adoecimentos psíquicos e estratégias de cura: matrizes e modelos em psicanálise, de Luís Claudio Figueiredo e Nelson Ernesto Coelho Junior

O brincar na clínica psicanalítica de crianças com autismo, de Talita Arruda Tavares

Budapeste, Viena e Wiesbaden: o percurso do pensamento clínico-teórico de Sándor Ferenczi, de Gustavo Dean-Gomes

Clínica da excitação: psicossomática e traumatismo, de Diana Tabacof

Do pensamento clínico ao paradigma contemporâneo: diálogos, de André Green e Fernando Urribarri

Do povo do nevoeiro: psicanálise dos casos difíceis, de Fátima Flórido Cesar

De Narciso a Sísifo: os sintomas compulsivos hoje, de Julio Verztman, Regina Herzog e Teresa Pinheiro

Em carne viva: abuso sexual de crianças e adolescentes, de Susana Toporosi

Escola, espaço de subjetivação: de Freud a Morin, de Esméria Rovai e Alcimar Lima

Expressão e linguagem: aspectos da teoria freudiana, de Janaina Namba

Fernando Pessoa e Freud: diálogos inquietantes, de Nelson da Silva Junior

Figuras do Extremo, de Marta Rezende Cardoso, Mônica Kother Macedo e Silvia Abu-Jamra Zornig

O grão de areia no centro da pérola: sobre neuroses atuais, de Paulo Ritter e Flávio Ferraz

Heranças invisíveis do abandono afetivo: um estudo psicanalítico sobre as dimensões da experiência traumática, de Daniel Schor

Histórias recobridoras: quando o vivido não se transforma em experiência, de Tatiana Inglez-Mazzarella

A indisponibilidade sexual da mulher como queixa conjugal: a psicanálise de casal, o sexual e o intersubjetivo, de Sonia Thorstensen

Interculturalidade e vínculos familiares, de Lisette Weissmann

Janelas da psicanálise: transmissão, clínica, paternidade, mitos, arte, de Fernando Rocha

O lugar do gênero na psicanálise: metapsicologia, identidade, novas formas de subjetivação, de Felippe Lattanzio

Os lugares da psicanálise na clínica e na cultura, de Wilson Franco

Luto e trauma: testemunhar a perda, sonhar a morte, de Luciano Bregalanti

Metapsicologia dos limites, de Camila Junqueira

Os muitos nomes de Silvana: contribuições clínico-políticas da psicanálise sobre mulheres negras, de Ana Paula Musatti-Braga

Nem sapo, nem princesa: terror e fascínio pelo feminino, de Cassandra Pereira França

Neurose e não neurose, 2. ed., de Marion Minerbo

A perlaboração da contratransferência: a alucinação do psicanalista como recurso das construções em análise, de Lizana Dallazen

Psicanálise de casal e família: uma introdução, com organização de Rosely Pennacchi e Sonia Thorstensen

Psicanálise e ciência: um debate necessário, de Paulo Beer

Psicossomática e teoria do corpo, de Christophe Dejours

Relações de objeto, de Decio Gurfinkel

Ressonâncias da clínica e da cultura: ensaios psicanalíticos, de Silvia Leonor Alonso

Sabina Spielrein: uma pioneira da psicanálise – Obras Completas, volume 1, 2. ed., com organização, textos e notas de Renata Udler Cromberg

Sabina Spielrein: uma pioneira da psicanálise – Obras Completas, volume 2, com organização, textos e notas de Renata Udler Cromberg

O ser sexual e seus outros: gênero, autorização e nomeação em Lacan, de Pedro Ambra

O tempo e os medos: a parábola das estátuas pensantes, de Maria Silvia de Mesquita Bolguese

Tempos de encontro: escrita, escuta, psicanálise, de Rubens M. Volich

Transferência e contratransferência, 2. ed., de Marion Minerbo

GRÁFICA PAYM
Tel. [11] 4392-3344
paym@graficapaym.com.br